中國學術思想 研究輯刊

三十編

林慶彰 主編

第4冊

耦合圖式理論與《詩經》解碼研究

牟秀文 著

花木蘭文化事業有限公司

國家圖書館出版品預行編目資料

耦合圖式理論與《詩經》解碼研究／牟秀文 著 — 初版 — 新北市：花木蘭文化事業有限公司，2019〔民 108〕
目 4+248 面：19×26 公分
（中國學術思想研究輯刊 三十編；第 4 冊）
ISBN 978-986-485-859-0（精裝）
1. 詩經 2. 研究考訂
030.8   108011708

ISBN-978-986-485-859-0

9 789864 858590

中國學術思想研究輯刊
三十編 第 四 冊   ISBN：978-986-485-859-0

耦合圖式理論與《詩經》解碼研究

作　　者　牟秀文
主　　編　林慶彰
總 編 輯　杜潔祥
副總編輯　楊嘉樂
編　　輯　許郁翎、王筑、張雅淋　美術編輯　陳逸婷
出　　版　花木蘭文化事業有限公司
發 行 人　高小娟
聯絡地址　235 新北市中和區中安街七二號十三樓
　　　　　電話：02-2923-1455／傳眞：02-2923-1452
網　　址　http://www.huamulan.tw 信箱 hml 810518@gmail.com
印　　刷　普羅文化出版廣告事業
封面設計　劉開工作室
初　　版　2019 年 9 月
全書字數　214041 字
定　　價　三十編 18 冊（精裝）新台幣 39,000 元

耦合圖式理論與《詩經》解碼研究

牟秀文 著

作者簡介

车秀文，男，文學博士，現任教於東北師範大學文學院古代漢語教研室，兼任漢語普通話國家級測試員和輔導教師，專業主攻方向爲漢語符號學，獨創「耦合圖式理論」，用以從多個維度來解碼人類有史以來的各種文獻文本，從而爲哲學的語言學轉向以來的符號學建構提供了重要的理論補充。曾赴日本留學，做過援藏教師，還曾被單位派往西班牙任國際漢語教師三年，因此擁有兼顧東西方融合的文化視野，並堅持理論聯繫實際的原則，努力將耦合圖式理論應用到具體的文本解碼實踐中去。

提　要

　　哲學的本體論是提供邏輯預設的，爲所有藝術文本的闡釋提供編解碼機制。我們從哲學的語言學轉向之後所形成的「語言是存在之家」這個哲學本體論入手，本著維度還原的原則，建構起一個維度豐盈的耦合圖式，以應對軸心時代以前的擁有「複數之志」的詩歌文本的解碼需要。

　　本書內容總體上分成如下五個章節：

　　第一章系統闡釋耦合圖式理論的建構過程，包括語言符號的耦合圖式特性、作爲「複數之文」的詩歌文本中所蘊含的多維耦合的詩性智慧、耦合圖式理論的價值和意義。

　　第二章是應用耦合圖式理論來分析《詩經》文本在物實碼位上被場、境、模三個時空相態和物靈原型激活所形成的耦合意向性。著重闡釋了巫術感應與形態共振之間的關係，以及各種物實維極上的耦合意向性所形成的審美體驗的生理與心理依據。

　　第三章是應用耦合圖式理論來分析《詩經》文本在象表碼位上分別被三個時空相態和象靈原型激活所形成的耦合意向性。著重從表象、喻象、擬象、興象四個角度，重新闡釋「立象以盡意」的內在激活和賦值機制，並對某些具體篇章形成全新的闡釋。

　　第四章是應用耦合圖式理論來分析《詩經》文本的徵信碼位上分別被三個時空相態和信靈原型激活所形成的耦合意向性。著重從文學的「白日夢」意義上去搜尋各種「夢境」的徵兆以及相關的推理機制，具體論證了作爲原型的「皇家之律」，並從正夢、類夢、反夢三個角度，對詩歌文本進行「釋夢」性耦合解碼。

　　第五章是應用耦合圖式理論來分析《詩經》文本的繹理碼位上分別被三個時空相態和理靈原型激活所形成的耦合意向性。分別從場耦激活的越閾表達、境耦激活的諧音相關、模耦激活的神話蘊含三個方面對一些具體篇章進行耦合解碼，最後著重從神諭——讖語這個原型的角度闡述從《詩經》文本中所發現的中國文化傳統特色和朝代更迭的歷史週期律問題。

目次

前　言

　　首先必須強調的一點是，面對兩千多年的《詩經》學研究資料，任何一個後來者都不過是個小學生而已，我們唯一的優勢就是站在了前人的肩頭，並藉由時代賦予的開闊視野以及學科融合所帶來的多維目光，才得以看到更爲深遠的風景。以往的《詩經》學研究，每一個時代的成果都是不容抹殺和忽視的，甚至包括被經學化的過程中所形成的政教思想，都是對詩歌文本的重要解讀或詮釋。之所以這麼說，就是因爲詩歌文本中蘊含的是多維耦合的詩性智慧，古人所謂「賦詩言志，予取予求」，正體現了詩歌文本的這一特點。

　　其次需要指出的一點是，從全人類的範圍來看，軸心時代以前的古代詩歌文本，都是作爲可以不斷重寫的「複數之文」而存在著的，如果今天的讀者們不能讀出其中蘊含著的那些維度豐盈的「複數之志」來的話，那這些文本作爲藝術作品而存在的價值就是需要質疑的。人類文明之初的這些「複數之文」都是圍繞「人是從哪裏來到哪裏去」這個終極的核心問題進行思考的，因此都蘊含著學科分野之前的多重視角，而其藝術價值也正依賴於這多重視角來展現，一旦閱讀視角局限於某一固定學科的話，就會將文本的藝術價值毀損於頃刻之間。

一、簡述古代傳統研究《詩經》的方法

　　籠統地說，關於《詩經》篇章內容的解讀，應該從第一個吟唱者就開始了，其主要方式是應用和領會。後來被搜集整理成冊，專門用於各種場合的儀式性表演，包括祭祀、宴饗、房中娛樂等等，而春秋時期外交場合上的「賦詩言志」則是這種儀式性表演的自然延伸和靈活運用。但嚴格來講，這些應

用都是領悟性的，有點類似於今天的詩歌朗誦，在節奏韻律中體驗音樂性美感，在心領神會中解悟詩性智慧。這種情況一直延續到孔子「溫柔敦厚」的詩教，他評價《詩三百》的內容是「思無邪」，這是一種基於儒教的價值判斷；他強調讀詩要「舉一反三」，是想通過詩歌文本的閱讀培養一種觸類旁通的思維方式；他告誡晚輩們「不學詩，無以言」，是強調詩歌文本對人類言說能力養成的重要作用；他強調學詩的目的是培養外交「專對」的能力，強調詩歌文本「興、觀、群、怨」的社會功能及其在「邇之事父」和「遠之事君」以及「多識於鳥獸草木之名」等方面的教化培育功能。一直到孟子「以意逆志」的體悟，荀子「引詩證言」的論辯，都是從領悟性理解的意義上進行的——這些還都不是真正的文本闡釋。

真正的文本闡釋是從漢代開始的。如果單獨從文本闡釋學角度來看的話，「五四」運動之前的主流文本闡釋法，就是積澱在各種「序」、「傳」、「箋」、「注」、「疏」等《詩經》學注釋文本中的「注釋法」，我們從中離析出一些具體的闡釋方法，它們是：詩旨說解法，音義訓詁法，章法指明法，名物考索法，義理探尋法，考據求證法。

所謂的「詩旨說解法」，就是針對《詩經》文本以及其中的具體篇章進行詩歌文本所要表達的旨意上進行闡釋。漢代的《詩序》是主要代表。據說齊、魯、韓三家詩也都有序的，但都多半失傳，唯獨《毛詩序》保存完整。《毛詩序》區分大小，《大序》寫在《詩經》文本第一首詩歌《關雎》之前，論述整個《詩經》文本的旨意，鋪陳體系，成為宣揚「詩教」的基礎，其內容包括：詩之本質、詩之功用、詩之六義、詩之四始、詩之正變等；《小序》寫在每一首詩之前，論述每一首詩歌的旨意，主要是鋪陳詩教、以史證詩、以美刺論詩等。〔註 1〕

所謂「音義訓詁法」就是指針對具體的詩歌文本中的字詞進行語言音義上的闡釋，實際上就是識字解詞，掃除語言障礙。這種方法，從漢代開始，一直到現在都在使用。西漢毛亨的《毛詩故訓傳》是訓詁學的典範。關於「故訓傳」這個名稱，馬瑞辰先生認為：「毛公傳《詩》多古文，其釋《詩》實兼詁、訓、傳三體，故名《故訓傳》。嘗即《關雎》一詩言之：如『窈窕，幽閒也』，『淑，善；逑，匹也』之類，詁之體也。『關關，和聲也』之類，訓之體也。若『夫婦有別則父子親……則傳之體也。』」（馬瑞辰《毛詩傳箋通釋》

〔註 1〕 參見：洪湛侯，詩經學史〔M〕，北京：中華書局，2002：156～177。

卷一《毛詩訓詁傳名義考》）漢代鄭玄的《毛詩傳箋》，以《毛傳》爲主，兼採三家之說，訂正《毛傳》的失誤。

所謂「章法指明法」，主要就是指用「賦」、「比」、「興」的詩歌表現手法來標注在《詩經》文本的相應之處。發端於《毛傳》，劉勰的《文心雕龍》中所謂「毛公述傳，獨標興體」就是指此而言。歷代學者關於「賦」、「比」、「興」看法的分歧很多，但有一點是可以形成共識的，那就是：它們都是作爲詩歌文本的內在表達章法而存在的。對於這種詩歌表達章法的理解，可以幫助讀者領會語言文字訓詁之外的文本信息，因此，它是一種區別於音義訓詁的闡釋方法。此外，清代王夫之著有《詩譯》，對於詩歌文本「意藏篇中」、「句有餘韻」、「字外含遠神」的藝術表達手法多有關注和闡釋，也屬於「章法指明」的性質，開文本的文學闡釋學之先河。

所謂「名物考索法」，就是針對《詩經》文本中的「名物」進行考察探索，代表作品是三國時吳人陸璣的《毛詩草木鳥獸蟲魚疏》。《詩經》文本中呈現出來的名稱，凡是能夠對應出現實物品的，就被合稱爲「名物」，對於物品來說，存在著各種別名、相關命名理據、出產地、物品性能及其功用等等，都成爲「名物考索法」的關注對象。

所謂「義理探尋法」，就是在詩歌文本中追求義理闡釋，寬泛地講「義理」，就是從詩歌文本中解讀出可以進一步演繹的內容，而不只是對宋代理學內容的稱呼。其實，這種闡釋《詩經》文本的方法，從孔子所主張的「舉一反三」時就有了苗頭，只不過到了漢代，被強調詩歌文本主旨的《詩序》所壓制，但鄭玄的《毛詩傳箋》中也存在著「通訓詁，明大義」而兼採三家說解的做法。唐代孔穎達的《毛詩正義》則本著「疏不破注」的原則，集《詩經》漢學說解之大成，其中的「說解」內容雖然雜引讖緯之說，但基本也都屬於寬泛的「義理」範圍。到了宋代的時候，疑經成爲社會思潮，開始了關於反《序》存《序》的爭論，反《序》派棄《序》言《詩》，自成宗派，主要代表人物鄭樵、朱熹、王質、楊簡等。這些人之所以反《序》，首先就是他們有了關於詩歌意旨的自我判斷，形成了關於詩歌文本的義理探尋的嶄新闡釋模式，因此不相信漢代人附會歷史和坐實爲美刺某人的說法。代表作品就是朱熹的《詩集傳》。

所謂「考據求證法」，主要是在文本注釋中羅列完整的證據鏈條，追求資料的賅博全面，典型代表就是清代的樸學。此法最初就是六經互證，後來加

上出土的甲骨金文等地下考古資料，再加上從西方引進的文化人類學方法所使用的民俗學資料，就構成了「三重證據法」。

傳統上這些文本闡釋方法，被夏傳才先生歸納爲三種，那就是訓詁、考據、義理。〔註 2〕

二、近百年來《詩經》文本闡釋的成果和缺憾

從二十世紀初開始至今的近百年來《詩經》研究取得非常豐富的成果，主要體現在去除傳統經學的遮蔽、努力還原詩歌文本眞相上，總體上可以歸納爲三個還原：史料學還原，文學還原，語言學還原。

第一，史料學還原。

所謂史料學還原，就是把《詩經》文本當作歷史文獻資料來對待，而不是以往那樣當作「經」來尊奉，這是《詩經》學史上的巨大進步。上世紀初的「五四」新文化運動，在西學東漸思潮引領之下，開始了對傳統文化典籍進行重新審視的進程。首先要做的一項工作就是將傳統上指導人們行爲、束縛人們思想的所謂「經」全部還原爲史料，這是將傳統典籍眞正納入學術視野、作爲科學研究對象、從而實現科學探討的前提。清人章學誠先生首倡「六經皆史」，開史料學還原之先河。《詩經》文本則被公認爲最可靠的史料，即便疑古派學者們對幾乎所有經典的眞實性都產生了懷疑的時候，卻只對《詩經》文本的史料價值表示認同。胡適先生甚至有些矯枉過正，他在《談談詩經》一文中說：

> 《詩經》並不是一部聖經，確實是一部古代歌謠的總集，可以做社會史的材料，可以做政治史的材料，可以做文化史的材料。萬不能說它是一部神聖的經典。〔註 3〕

胡適還身體力行，選擇《詩經》文本作《中國哲學史大綱》的最可靠的「史料」來用，他在該書導言中說：「古代的書，只有一部《詩經》可算得是中國最古的史料。《詩經·小雅》說：『十月之交，朔日辛卯，日有食之。』……《詩經》有此一種鐵證，便使《詩經》中所說的國政、民情、風俗、思想，一一都有史料的價值。」〔註 4〕並在書中引用《國風》和《小雅》中的大量詩篇作爲史料依據來推斷當時的社會狀態。

〔註 2〕夏傳才，二十世紀詩經學〔M〕，北京：學苑出版社，2005：75。

〔註 3〕轉引自：夏傳才，二十世紀詩經學〔M〕，北京：學苑出版社，2005：87。

〔註 4〕胡適，中國哲學史大綱〔M〕，北京：東方出版社，1996：16。

沿著這個思路，到了 30 年代，以傅斯年爲代表的實證新史學和郭沫若、范文瀾爲代表的馬克思主義新史學。他們的基本思路就是將《詩經》文本中的內容看作史料來進行歷史研究，通過系統分析，從實證主義和唯物史觀的角度來重新建構歷史學。傅斯年寫有《大東小東》、《周初的分封》、《夷夏東西說》等論文探討關於商族的起源等問題。郭沫若在他的《中國古代社會研究》一書中充分利用《詩經》中的重要篇章作爲史料來證明其「中國社會特殊論」，認爲「中國無奴隸社會」。

第二，文學還原。

民國以前的詩經學中，也存在著文學性的要素，比如「詩言志」、「詩緣情」等古老的提法，以及對於「賦」、「比」、「興」等具體表達方法的闡釋，甚至是漢代的「美刺」說等，但這些在漢代以來的注釋文本中，都被打上了「宗經」印記，成爲經學的附庸。新時代的到來令學者們迅速覺醒，要還原出《詩經》文本的文學面貌來，早在 1907 年，魯迅先生在《摩羅詩力說》一文中就開始對傳統上遮蔽文學的經學桎梏提出強烈的質疑和批判：

> 知中國之詩，舜云言志；而後賢立說，乃云持人性情，三百之旨，無邪所蔽。夫既言志矣，何持之云？強以無邪，即非人志。〔註5〕

魯迅先生鞭闢入裏、一針見血地指出：如果說「詩言志」是詩歌文本的宗旨的話，那麼，孔子以來的所謂「思無邪」與「持人性情」之類的說法就是強加在其上的教化思想，二者是極其矛盾的。所以說「三百之旨，無邪所蔽」，原來那個「一言以蔽之」的「蔽」眞的是一語成讖，將詩歌文本所言之「志」，「蔽」了兩千多年。

到了「五四」運動之後，沿著文學還原的思路，錢玄同等人則極力想去除「漢宋腐儒」加在《詩經》文本上的道德說教，還原出一個眞正的詩歌文本的本來面貌，錢玄同在《論詩經眞相書》一文中就尖銳地指出：

> 《詩經》只是一部最古的「總集」，與《文選》、《花間集》、《太平樂府》等書性質全同，與什麼「聖經」是風馬牛不相及的。這書的編輯和孔老頭兒也全不相干，不過他老人家曾經讀過它罷了。〔註6〕

確認了《詩經》文本的「文選」性質，就等同於還原了《詩經》文本的文學面貌。但這樣的總結顯得過於籠統，就《詩經》文本中具體的篇章而言，

〔註5〕 轉引自：夏傳才，二十世紀詩經學〔M〕，北京：學苑出版社，2005：53。
〔註6〕 轉引自：夏傳才，二十世紀詩經學〔M〕，北京：學苑出版社，2005：86。

其文學價值畢竟不完全相同，因此，古史辨派的領軍人物顧頡剛先生則努力區分《詩經》文本中的歌謠和非歌謠成分，認爲「《詩經》三百零五篇中，到底有幾篇歌謠，這是很難說的……《大雅》和《頌》，可以說沒有歌謠」。〔註7〕這種區分的結果，直接引導了文學還原思路下人們對於《詩經》文本中的具體篇章的分化理解：歌謠的文學性要比非歌謠的文學性強。於是，《國風》和《小雅》就構成了文學還原視野下所關注的熱點，形成二十世紀《詩經》文學研究的風景線。

王國維先生則主張用純文學的眼光來對《詩經》文本進行美學鑒賞，他用後代優美的詩詞作品與《詩經》文本相呼應，發現它們的不同美學特徵：

> 《詩·蒹葭》一篇最得風人深致。晏同叔之「昨夜西風凋碧樹。
> 獨上高樓，望斷天涯路」意頗近之。但一灑落，一悲壯耳。〔註8〕

郭沫若從《國風》中選擇了40篇詩歌進行文學性改寫或再創作，並命名爲《卷耳集》，成爲古往今來對於《詩經》文本闡釋最離經叛道的一種，因此，郭沫若也成了對《詩經》文本進行文學還原的急先鋒。從嚴格意義上說，他已經不是闡釋文本，而是走上了羅蘭·巴特式的「重寫」文本之路了。

聞一多先生作爲詩人兼學者，自有其浪漫和嚴謹相輔相成的特點，提出《詩經》研究的三原則：一、讀懂文字；二、帶讀者到《詩經》時代；三、用文學的眼光。這三條原則的邏輯性是非常強的，第一條是掃除研讀《詩經》文本最爲表層的障礙，第二條是去除傳統經學形成的遮蔽，第三條是實現文學的審美鑒賞。

第三，語言學還原。

作爲經學附庸的傳統小學中也涉及最爲基本的語言學問題，比如文字、音韻、訓詁等內容就是，但這些都是爲解經服務的，隨文釋義的情況非常普遍。自從馬建忠先生撰寫《馬氏文通》（1898年出版）借鑒拉丁語法來分析古代漢語的語言現象，便開創了純粹的西學視野下的語言學研究的新局面。

胡適先生的1919年發表的《三百篇言字解》就明顯是受到了西方邏輯學和語法學的影響，認爲《詩經》中出現100多次的「言」字是相當於「乃」字的連詞，有時也作代詞「之」字解。因此，開闢了「以新文法讀吾國舊籍

〔註7〕語出顧頡剛《從詩經中整理出歌謠的意見》一文，轉引自夏傳才，二十世紀詩經學〔M〕，北京：學苑出版社，2005：105。
〔註8〕夏傳才，二十世紀詩經學〔M〕，北京：學苑出版社，2005：64～65。

之起點」。〔註9〕

從此，打開了《詩經》文本的語言學研究的新局面，逐漸呈現為文字、音韻、詞彙、語法等四個方面的語言學意義上的專門研究。根據夏傳才先生總結，僅在上個世紀20年代發表的作品就有：林之棠《詩經數字釋例》、蕭和宣《毛詩本字考》、姜亮夫《委蛇威儀說　燕譽說》、徐式圭《論詩經裏面的君子》、黎錦熙《三百篇之「之」》、李孟楚《詩經語詞表》、吳世昌《釋詩書之「誕」》、林之棠《詩經重言字釋例》、胡樸安《詩經文字學》、丁以此《毛詩正韻》、楊恭恒《毛詩古音諧讀而冊》、黃侃《毛詩正韻評》、劉大白《毛詩底用紐》《毛詩中的無韻詩》《關於詩經中的停身韻和停尾韻的討論》、胡適《入聲韻》《論長腳韻》、程俊英《詩之修辭》、唐圭璋《三百篇修辭之研究》等等。〔註10〕

到了30年代，語言、文字、聲韻的研究取得了進一步的成果，光專著就有：姜亮夫的《詩騷連綿字考》，徐永孝的《毛詩重言下篇補錄》，汪灼然的《詩經篇章字句的統計》，屈疆的《詩經韻論與韻譜》，徐昂的《詩經聲韻譜》等。論文則從字詞、語法、疊字、聲韻、修辭、章法等諸多方面進行了系統地研討，據夏傳才先生粗略統計就有40來篇。

三、聞一多等文化人類學的闡釋方法

王國維先生首倡二重證據法也就是在紙上六經互證的基礎上，再加上地下出土材料，來加以補充證明。王國維在他的《古史新證》中說：

> 吾輩於今日，幸於紙上材料之外更得地下之新材料。由此種材料，我輩固得據以補正紙上之材料，亦得證明古書之某部分為實錄，即百家不雅馴之言亦無不表示一面之事實。此二重證據法，惟在今日始得為之。雖古書之未得證明者，不能加以否定，而其已得證明者，不能不加以肯定可以斷言也。〔註11〕

王國維先生充分利用出土的甲骨文、金文、石經等文字對傳統的《詩經》舊注進行訂正，比如《大雅・文王》中有「永言配命，自求多福」中的「配命」，《毛傳》注釋為「永，長；言，我也；我長配天命而行。」他根據毛公鼎做出了重新的解釋：「配命謂天所畀之命，亦一成語，永言配命，猶言永我

〔註9〕夏傳才，二十世紀詩經學〔M〕，北京：學苑出版社，2005：49。
〔註10〕夏傳才，二十世紀詩經學〔M〕，北京：學苑出版社，2005：114～118。
〔註11〕葉舒憲，詩經的文化闡釋〔M〕，西安：陝西人民出版社，2005：2。

畀命,非我長配天命之謂也。」〔註12〕

聞一多先生在王國維的啓發之下,主張在解讀《詩經》文本問題上,摒棄「經學的」、「歷史的」、「文學」的舊三法,倡導用「社會學的」方法,並充分利用考古學、民俗學、語言學將讀者帶到《詩經》的時代去。〔註13〕

聞一多先生的研究是具有開拓意義的,他以詩人兼學者的敏銳視角和學貫中西的開闊視野,不但破除了許多的經學迷信,還發現了傳統的《詩經》名物訓詁學之外的專屬於藝術文本的密碼,他說:

> 學了詩,誠如孔子說的,可以「多識草木鳥獸之名」。但翻過來講,「多識草木鳥獸之名」,未必能懂詩。如果孔子所謂「名」是「名實」之名,而所謂識名,便是能拿「名」和「實」來相印證,便是知道自然界的某種實物,在書上叫做某種名字,那麼,識名的工夫,對於讀詩的人,決不是最重要的事。須知道在《詩經》裏,「名」不僅是「實」的標籤,還是「義」的符號,「名」是表業的,也是表德的,所以識名必須包括「課名責實」與「顧名思義」兩種涵義,對於讀詩的人,才有用處。譬如《麟之趾》篇的「麟」字是獸的名號,同時也是仁的象徵,必須有這雙層的涵義,下文「振振公子」才有著落。同樣的,茉苢是一種植物,也是一個品性,一個 allegory。〔註14〕

葉舒憲先生則是承前啓後,將考古學、民俗學、文化人類學、神話學、心理學等多個學科嫻熟地應用到具體的《詩經》文本和相關意象的解碼上去,從而爲《詩經》研究拓展出一條嶄新的路子,那就是:維度還原式的多學科融合解碼。

趙沛霖先生把圖騰與《詩經》文本中的興象聯繫起來,稱之爲「圖騰興象」,從而將詩歌解碼向文化史還原的步伐又推進了一些,把讀者的視野直接帶入知識考古學的地層中。

四、上述諸多方法的不足之處

清代學者方玉潤先生說:歷來說《詩》諸儒,非考據即講學兩家,而兩家性情與《詩》絕不相近,故往往穿鑿附會,膠柱鼓瑟,不失之固,即失之妄。〔註15〕

〔註12〕夏傳才,二十世紀詩經學〔M〕,北京:學苑出版社,2005:58。
〔註13〕聞一多,聞一多全集第四卷〔C〕,上海:三聯書店,1982,5~7。
〔註14〕聞一多,神話與詩〔M〕,長沙:湖南人民出版社,2010:279。
〔註15〕洪湛侯,詩經學史〔M〕,北京:中華書局,2002:572。

　　方玉潤先生所歸納的這兩種「說《詩》」方法基本上把傳統《詩經》學研究對於詩歌文本的遮蔽效應揭示殆盡。可以說，《詩經》文本被闡釋的歷史，就是不斷被遮蔽的歷史，造成這些遮蔽現象的原因有二：一個是闡釋方法本身的問題，那就是廣義上所謂的「考據」；一個是時代背景的問題，那就是不同時代的「經學化」、也就是教條化的「講學」，正如聞一多先生所感慨的那樣：

　　　　漢人功利觀念太深，把《三百篇》做了政治的課本；宋人稍好一點，又拉著道學不放手——一股頭巾氣；清人較爲客觀，但訓詁學不是詩；近人囊中滿是科學方法，眞厲害。無奈歷史——唯物史觀和非唯物史觀的，離詩還是很遠。明明一部歌謠集，爲什麼沒人認眞的把它當文藝看呢！〔註16〕

我們先來說經學化的問題。

　　詩歌文本一旦被經學化和教條化，就是點在了詩性智慧編碼的死穴上了——滯留於單一的教化功能。在古希臘，柏拉圖對於荷馬的批評，犯的也是類似的錯誤。

　　對於《詩經》文本來說，雖然正式被經學化的起點在漢代，但那只是文本的形式而已，其實經學化早在孔子時代就開始了。孔子刪詩是否眞實我們姑且不論，但他肯定是第一個把《詩三百》當作形成民眾「溫柔敦厚」品格的教材來使用的人，他還親自界定其道德屬性爲「思無邪」，確認其社會功能爲「興、觀、群、怨」，肯定其對個人成長的價值爲「立世」和「言說」之本（不學詩，無以言）。如果說孔子還只是一個把《詩三百》看作是一種教書育人的教材的話，他還只是停留在經學化詩歌文本的倡議階段，那麼，眞正將《詩三百》經學化納入實踐歷程的，應該是儒家後學們引詩證言的風氣，主要體現在《孟子》和《荀子》的作品中。先秦諸子引詩證言最多的是孟子和荀子（《孟子》引詩共29次〔註17〕，《荀子》共引詩83處〔註18〕），而老子不引詩，莊子也不引詩，《墨子》引詩12處，逸詩3首，但有證明自己觀點的，也有作爲批判對象的，韓非子引詩很少，其目的也主要在於批判。〔註19〕由

〔註16〕聞一多，神話與詩〔M〕，長沙：湖南人民出版社，2010：288。
〔註17〕王浩，論孟子引詩的特點及成因〔J〕，寧夏師範學院學報2007（9）：11～15。
〔註18〕郝明朝，《荀子》引《詩》說〔J〕，聊城大學學報（哲學社會科學版），2002（4）：84～89。
〔註19〕葉文舉，《墨子》《莊子》《韓非子》說詩、引詩之衡鑒〔J〕，安徽師範大學學

此可見，眞正「引詩證言」的，就是《孟子》和《荀子》。

　　對於儒家來說，所謂「引詩證言」，也就是「引經據典」，他們不是把《詩三百》的文本當作藝術文本來闡釋和解碼，而是把它當作眞理來使用的，是作爲邏輯預設的大前提來使用的。在一篇論文中，先說出自己的觀點，然後就引用《詩三百》中的某一篇章中的某一句話來證明自己觀點的正確。這種論證方法的本質就是「斷章取義」，爲我所用，這就直接導致了「有用就是眞理」的功利性眞理觀，導致教條化地理解一切文本，闡釋一切文本。這種經學化的思維方式，一直作爲儒學的文化價值取向，滲透在我們的骨髓裏。經學化了的文本，就是一種經典「語錄」，成爲一切行爲的指南，自然也就成了說理和論證的大前提。經學化的思維方式將人們的價值取向導向了「權威」，導向了話語權力的操縱者，在這種情況下，衡量一句話的是非對錯的標準就從文本內容本身脫逸出來，而轉向了說話者，也就是作者。但是，經學化文本的作者已經不只是一個具體的人了，而是一種權力的象徵。比如，當漢代罷黜百家獨尊儒術之後，所有被確認爲儒家經典的文本的作者就已經不只是曾經寫作該文本的那個人了，而是當時的權力話語操縱者。因此，如果說《詩三百》的原作者們早已經死在了歷史裏，而一旦被經學化之後，它的新作者又出現了。這種作者，在漢代以前，還只是活在作爲諸子百家之一的儒家經典中，從某種意義上說，被《孟子》和《荀子》「引詩證言」的那些文本的作者已經不屬於最初吟唱詩歌的那些人了。而到了漢代以後，這個作者的位置又被世俗權力所僭越和霸佔，變身爲話語權力的操縱者，是武裝奪取政權的統治者。所謂「主流意識」也就是在話語權力下言說的主體欲望，在這種背景之下，所有的引經據典，都是一種對於文本內容的僭越和侵襲，「某某說如何如何」的潛臺詞就是：權威的話證明著我的話是對的，因此我就是權威的代言人，我就是權威。通過這樣潛在的邏輯推理之後，眞實的欲望主體就悄悄地佔據了作者的位置，並肆無忌憚地傾注自己的欲望，於是就從「我注六經」蛻變爲「六經注我」，所有的經書都異化爲彰顯自我欲望的幌子，公佈於天下。

　　然而，畢竟是一朝天子一朝臣，每個王朝的國君都擁有自己獨特的欲望和嗜好，因此，那已經被經學化了的文本又一再重複著被經學化的過程，一再被傾注著和扭曲著，最終也自然成就了聞一多先生的那段著名的感慨。

報（人文社會科學版），2004（1）：88～92。

經學化的本質，就是文本被權力話語操縱者所竊取和利用的過程。但詩歌文本的本質是呈現詩性智慧的，它是一種公開的密碼語言，而不是用來鉗制人們思想的教條。

經學化的方向與詩歌文本所蘊含的詩性智慧方向正好是南轅北轍的：詩性智慧是多維耦合，不但像太陽一樣光芒四射，而且也像群星一樣璀璨閃耀，是因其多維並存而步入澄明之境的；但經學化則是偏向一隅的，是在權力話語的操縱下滯留於某一個維極上的青蛙效應，也是因其維度單一而必然走向晦暗不明的遮蔽與盲區。

漢代人的《詩經》文本闡釋給後人造成的遮蔽最多。這種遮蔽的本質就是遠離詩性智慧的多維耦合特性，片面強調詩歌文本記錄歷史真實的一面，所以漢人對於《詩經》文本的序、傳、箋等闡釋作品附會歷史的事情非常普遍，其目的是爲政治教化服務的。此外，漢代人逐漸開始從維度豐盈而混沌的詩性思維中掙脫出來，開始對傳統的巫術和神話細節進行反思，但他們所掌握的科學知識又不能很好地闡釋相應的詩性智慧所帶來的現實效應，於是就誕生了王充這樣的「唯物主義」思想家。他們打著破除迷信、不信鬼神的旗號，將他們所懷疑的一切都解釋爲「目虛見」，這實際上不但沒有闡釋問題，反而抹除了問題。這種樸素的唯物主義和現實的功利目的（政治教化）結合起來，就形成了司馬遷式的文本闡釋學：按照自己的理解（實際上是誤解），將詩歌文本中看似不合情理的細節加以理性化的發揮和篡改，於是就導致了姜原爲帝嚳元妃，來拯救后稷無父而生的尷尬局面（漢代人理解的尷尬），將本來是放置意思的「寘」理解爲「棄」，並附會出「棄」這個行爲的原因爲姜原「以爲不祥」等理由。這就導致了對詩歌文本詩性智慧的全面遮蔽，把本來是欲望真實的神話，篡改成了坐實的歷史。關於這個問題，在第五章裏還要詳細討論，此不贅述。

其次是考據。寬泛的考據，將語義訓詁、名物訓詁、三重證據法等全部含納在其中了。

漢代以來的《詩經》闡釋學，不管是名物的，還是語義的，都存在著脫逸於詩歌文本信息內容的傾向性。

名物訓詁主要從各種名稱入手，介紹命名的理據，品物的屬性、功用和產地等等。但這種介紹不能結合詩歌文本的編碼機制來進行，比如「芣苢」這個符碼，呈現在詩歌文本中最爲重要的命名理據不是「車前」和「當道」

以及「牛舌草」之類，而是經聞一多先生考據出的「胚胎」，其物性中最爲重要的是宜於懷孕產子的藥物功效。

語義訓詁中存在著很多牽強附會的「通假」現象。的確，通假是古代文本中的常見現象，但對於詩歌文本來說，其最初的編碼機制是按照諧音原則來達到「言志」這個表達目的的，更爲主要的是，很多民間歌謠本來就是沒有文字記錄的口頭語言，因此，根本就不存在哪個是眞哪個是假的問題，結果，附會上去的所謂「臨時借用」就成爲文字實用上的「通假」現象了。比如《關雎》中的那個「流」字，很顯然就是「流水」的意思，非要看做是某個和手的採摘動作有關的詞的通假現象，就是不得要領了。

三重證據法的好處在於從不同的維度上給一個論點提供證據，使得人們不至於犯類似於盲人摸象的錯誤，尤其是能夠擺脫傳統經學的束縛，將《詩經》闡釋學帶上科學的正軌。但問題也是存在的，它對於《詩經》文本的編解碼問題避而不談，對於很多屬於詩性智慧的意向性賦值，是無法用「證據」來論證的。比如「后稷三次被棄」這個歷史公案，本來是基於司馬遷以及漢代民眾的誤讀所形成的大前提，用三重證據法來證明的話，那就是：首先，《史記》等相關文獻中存在著「被棄」的記載，其實這是第一次誤讀；其次，從發掘的地下甲骨金文等材料中考察有「棄」這個字，從字形上就能辨認出是「棄嬰」的意思，從而證明中國古代有「棄嬰」的習俗；第三，從其他民族的民俗學和人類文化學資料中也發現了「棄嬰」的現象，從而證明「棄嬰」這個古代習俗不是個別的而是普遍存在的。於是就得出結論說「后稷被棄」是歷史的眞實，並在此大前提之下進一步去闡釋「被棄」的理由。詩性的智慧是欲望的眞實，其特點就在於「不可能而可信」（亞里士多德語），古代或者眞的有棄子習俗，但和《大雅・生民》文本中所要言說的「志」未必眞有必然聯繫。

五、從符號學入手的思考

二十世紀初期的西方掀起了一場哲學的語言學轉向思潮，伴隨著索緒爾的符號學、胡塞爾的現象學以及伽達默爾的闡釋學等一系列學術主張，進行了一系列的學術反思，最後都在海德格爾提出的「語言是存在之家」的精準概括中獲得了基本共識。於是，哲學史上歷來紛爭不休的存在論問題都被引導到語言符號上來了。而任何藝術文本的解碼都繞不過哲學思考，因爲它是

一個邏輯前提，是一個賦值系統或者有色眼鏡。

　　符號的本質，是連通主客體之間的介質，也就是一種「耦」。宇宙自從進化出生命形態之後，就成為一個生命與環境相互耦合的世界（絕對的主觀與絕對的客觀都是不可能的）：所有的存在，都是在耦合意義上的存在，因此，二元對立的兩極是互本互根的。不管是老子的「反者道之動」，還是黑格爾的「正反合」，都是在強調這個道理。任何一個維極上的滯留，都會形成坐井觀天的青蛙困境，詩性智慧則打破這種青蛙困境，實現不同維度之間的意向互滲與融通，從而形成藝術文本的耦合圖式。耦合圖式的任何對立兩極都是互補的，「是」與「非」在同一個維度的兩個維極上相互依存和包容，而不同維度的耦合參驗則構成了最大限度的澄明效應。傳統的考據證明法，不允許違背同一律，也就是對於某個問題的看法不能主張既「是」又「非」，為了論證某個論點的「是」，就必須尋找各種證據，歸納法則要求論據越多越好，提倡所謂的「例不十法不立」。但問題是，當你確定某個論點之後，就滯留在耦合圖式的一個維極上，那是在某個大前提之下的邏輯賦值，於是在搜集論據的時候，則關注所有的能夠證明該邏輯賦值的證據材料，而捨棄所有相反的證偽材料，這樣作的結果就是：搜尋到的證明材料越多，陷入的青蛙困境就越深，當「天下烏鴉一般黑」這個論點，被三五隻具體的烏鴉證明的時候，證據還顯得不夠充分，而被十隻具體的烏鴉證明的時候，證據就顯得有點充分但還不算太可怕，如果被一萬隻烏鴉證明的時候，證據就非常充分但同時也非常可怕了，它就成了一種約定俗成的表象或者是習以為常的權力話語，形成阻遏人類認知範式革命的強大惰性勢力。此時，一旦有人發現了一隻白色的「烏鴉」，他所面臨的就是與傳統定勢思維之間的巔峰對決。

　　傳統上的唯物主義，就極力搜集物質決定意識的證據；傳統上的唯心主義，就極力搜集意識決定物質的證據；傳統上的理性主義，就極力搜集理念真實而感官虛假的證據；傳統上的經驗主義，就極力搜集存在就是被感知的證據。所有的證據材料，都因能夠證明自己所主張的論點正確而被彰顯和過度關注，所有的不能證明自己觀點正確的材料都被忽視甚至是被否定，於是就成了：眼睛只能看見被感官閾限所賦值的部分，因此，就拿這部分來證明「眼見為實」；耳朵無法聽見眼睛所能看到的存在要素，因此，就拿這部分來證明「耳聽為虛」。而實際上，眼睛能夠看到的是可見光的光波，耳朵所能聽到的是可聽聲的聲波，都無所謂虛實。一個具體的實物，在白天就呈現為視

覺感官閾限內的影像，在夜晚則隱形匿跡；被敲擊的物體因震動而發出聲波，聲波和耳膜發生共振就呈現爲聲音，否則就默不作聲。因此，實物的存在問題，本身就是維度呈現問題，維度呈現問題的本質則是具體感官閾限內的維極賦值，用被賦值了的維極存在來證明這個維極的賦值機制，當然沒有問題，這種證明的方法，本質上是一種循環論證的圓圈邏輯，實際上就是同語反復。對於科學研究來說，這種論證方法及其協同的思維方式是非常致命的，其根源就在於用某個維極的賦值來替代全體維度賦值所形成的遮蔽效應。

　　三重證據法中的六經互證，犯的是道聽途說的毛病，傳統經書上所記載的內容，有很多本來就是歷代相互因襲和轉抄的，用兩個相互借鑒和轉抄的版本來作爲各自論點正確性的證據，很有法理學上講的「串供」之嫌。地下出土材料，本身的眞假問題暫且不論（竹簡和帛書都存在造假問題），即便全部是眞實的某個時代的記錄，而用作某個論點的證據也只能是從某個維極賦值的角度來看待。比如，商代的甲骨文反應了當時人們的占卜行爲非常盛行，於是就有人得出商代人很「迷信」的結論。其實，「占卜行爲」和「迷信」之間的證據鏈是被人爲賦值的，唯物主義認爲「唯心主義」是「迷信」的，而「占卜行爲」也被看作是「唯心主義」的，於是，「占卜行爲」就成爲了思想「迷信」的證據。但「占卜行爲」從心理科學的角度來講卻是一種「心理暗示」或「催眠效應」，會激發生命個體的生理潛能，從而爲實現某種既定的目標提供充足的動力，爲取得戰爭或狩獵的勝利提供必要的保障，這又恰恰證明了「占卜行爲」不是「迷信」的而是「科學」的。因此，面對同樣的出土材料，可以得出完全相反的結論，這足以說明「證據」本身的證明力也是被維極賦值的結果。人類學和民俗學資料使用的則是類推原則，也就是首先假設整個人類進化歷史具有相同的步驟，然後發生在各個不同民族內部的文化歷史材料就可以相互比併類推。而實際上，人類歷史上，因不同的地理環境和具體的時代機遇等要素所形成的類似於「蝴蝶效應」中的初始條件那樣的差異的可能性非常大，狩獵民族和農耕民族的習俗是不同的，陸地文明和海洋文明的規則是不同的，熱帶地區和寒帶地區生活習性是不同的。農耕文明的英雄將腳牢牢地吸附在土地上，因此，后稷出生就被放置在「隘巷」裏；而海洋文明的英雄將腳踩踏在帆船上，因此，阿喀琉斯出生後就被母親倒提著雙腳浸泡在冥河裏。不同民族之間即便有可相類比的地方，也只能是在共同的維極賦值之下，比如在「食色」之性這個本能維度上，不同民族之間是

大同小異的。因此，第三重證據法也是需要從維極賦值的意義上來把握的。

　　關於詩旨問題，由於傳統經學受到《毛序》的束縛太多，導致宋代以來的反復出現質疑和廢棄的主張，這甚至讓梁啓超這樣的大學者都頗有感慨，他認爲「研究《詩》旨，卻不能有何種特別的進步方法，大約索性不去研究到好。」〔註20〕他還引用戴東原的話說：「就全《詩》考其字義名物於各章之下，不必以作《詩》之意衍其說。蓋字義名物，前人或失之者，可以詳覈而知，古籍具在，有明證也。作《詩》之意，前人既失其傳者，難以意見定也。」〔註21〕

　　這也正是傳統《詩經》研究的問題之所在，總是偏向兩個極端，要不就像漢代人那樣隨意附會歷史，臆斷詩旨，要不就把詩歌文本當作研究名物、語言、歷史等學科的資料，作脫逸於文本信息內容之外的繁瑣考據。其實，學者們彷彿是被漢代人的主觀臆斷給嚇怕了，但因噎廢食的辦法也是要不得的，讀詩如果最終弄不清楚詩旨，那些繁瑣的考據也是沒有什麼用處的，甚至可能是虛假和錯誤的。如果把欲望的眞實當作歷史的眞實來解讀，再繁瑣的考證也是無的放矢的鬧劇而已。

　　要讀懂詩歌的意旨其實也並不難，關鍵要結合詩歌文本弄清楚「詩言志」是怎麼回事，而不是脫離詩歌文本搞上綱上線的經學化那一套。那麼，詩歌文本是如何「言志」的呢？其編碼機制是怎樣的，爲何這樣編碼就能夠「言志」？這就要首先弄清楚，「志」到底是什麼，語言和「志」是什麼關係，審美體驗和「志」是什麼關係，審美體驗的本質是什麼？

　　面對古老的《詩經》文本，我們既不能單純地使用西方的花樣翻新的理論作時髦的闡釋，也不能任性地回歸東方古老的經學和樸學傳統，而是要打造一套東西合璧的符號學理論──耦合圖式，來建構出一套健康而開放的文本闡釋系統。

　　「詩言志」，是中國詩歌文本信息學最爲古老的一句斷語，它像神諭一般屹立在歷史的源頭，構成詩歌闡釋學的邏輯預設──詩學本體論。按照當下的學科融合視野，「志」是一個多維耦合體系，既包括記憶、記事、懷抱、情志等，也包括欲望、信仰、意念、體驗、求知等多個維度。而俄國語言學詩學先驅雅各布森認爲，語言的詩歌功能，是指向信息本身的。這一點，與中

〔註20〕梁啓超，中國近三百年學術史〔M〕北京：東方出版社，1996：209。
〔註21〕《詩補傳》序目轉引自：梁啓超，中國近三百年學術史〔M〕北京：東方出版社，1996：209。

國古代的「詩言志」說不謀而合。表面上看，一個在說「志」，一個在說「信息」，彷彿是兩回事，而實際上，則是一個問題的兩個方面。

在耦合圖式符號學視野之下，文本信息是欲望主體的意向性賦值，而蘊含在詩歌文本中的「志」，就是欲望主體的多維耦合意向性，它構成文本信息的核心內容。既然語言的詩歌功能就是針對信息本身的，那麼，詩歌文本的編解碼機制就必然超越語言的詞典意義，它不等同於語言的詞典意義本身，而是附著在語義周圍的多維耦合意向性。

我們嘗試建構耦合圖式符號學理論，來闡釋詩歌文本的編解碼機制，從而洞悉隱藏在詩歌文本中的隱秘信息。

耦合圖式理論使用古代東方老子的擁有「物」、「象」、「精」、「信」等四個維度的處於可言說與不可言說之間的那個「道」為核心的賦值框架，並在福柯的相似性原理和普通語法理論的支持下形成激活框架，建構一個關於多維存在的原型耦合體。在這個原型耦合體中，蘊含著墨子和公孫龍等人的符號學思想，也蘊含著索緒爾和皮爾斯等人的符號學思想，同時還是東方的象喻中心主義和西方的邏各斯中心主義以及近代生存本體論以及精神分析學派的欲望主體思想的融合，是對現象學、結構主義以及解構主義等流派的綜合，是東西古今合璧了的一個維度還原系統。

作為一個符號學體系，在音位學和義位學的啟發下，提出信息的「意向碼位」理論。在具體的文本編解碼過程中，靜態的音位學和義位學理論都無法派上用場，一般來說，一個文本的信息內容既不是要傳遞作為能指的聲音，也不是傳遞作為所指的語義，而是傳遞一種耦合意向性。對於詩歌等藝術文本來說，似乎尤其如此，「自牧歸荑」中的那個「荑」被欲望主體之間相互耦合出來的那個意向性是「愛情的信物」，這和「荑」這個詞的義位和音位都沒有太大的關係。因此，要把詩學也納入符號學之內來研究的話，就不能簡單地停留在索緒爾的邏各斯中心主義符號學的視野中。即便從單純的信息符號學的意義上來看，邏各斯中心主義傳統也是一個致命的障礙，只能形成某種盲區效應。

除了四個意向碼位，耦合圖式擁有三個時空耦，取決於以觀察者為節點的耦觀時空。耦觀時空是依靠觀察者的觀察角度而形成的三個相態時空。

古希臘學者普羅泰格拉早就說過：人是萬物的尺度，是存在者存在的尺度，是不存在者不存在的尺度。也就是說，當宇宙的某一處節點進化成觀察

者的時候，所謂的「存在」就只能是一種耦合效應的產物了——康德所謂的「物自體」不可能自行顯現，呈現在觀察者的視野裏的存在都被觀察視角所決定，而正是這些觀察視角與觀察對象相互耦合著，才造就了不同的時空相態。

當觀察者位於觀察對象之內的時候，就形成了「境時空」，托勒密以及軸心時代以前的絕大多數文化形態都擁有這個視角，它依託地球爲背景，主要依賴視覺觀察，形成一個局限於封閉而有限的生態圈層的感知視域，人在其中看宇宙，就形成了「地球中心說」。

當觀察者位於觀察對象之外的時候，就形成了「場時空」，最早可以追溯到古希臘的阿里斯塔克，最後成形爲哥白尼的「日心說」就擁有這個視角，它不只是依賴視覺感官，還依靠邏輯推理和嚴密的數學運算，將視角挪移到有限的感官視域之外來考察地球和太陽之間的關係。

當觀察者位於觀察對象的對面，並將自我欲望投射到觀察對象上，觀察對象上呈現出自我意識的鏡像來，那就是皮革馬利翁面對傾注了自己全部心血的雕刻作品的時候，看到了心儀的伴侶，那其實是自戀的鏡像。這種鏡像來自於觀察者本身，彷彿是以觀察者爲模具複製出來的一個產品一樣，因此，我們把這樣的時空相態稱之爲「模時空」。

位於莫比烏斯帶上的耦合節點呈現爲三個時空相態。人是宇宙進化的一個節點，這個節點就是一個耦合節點，這個點彷彿是莫比烏斯帶上的一個指定的位點，觀察者則是位於莫比烏斯帶上的另一個位點，二者相互耦合的結果就呈現爲不同的時空相態：境，場，模。凡是在境時空中呈現的點，都是可以用行爲到達的，這個點與觀察者處於同一平面上，構成平面上一條線的兩端；凡是在場時空中呈現的點，都是只能用邏輯推理或思考才可以到達的抽象概念之點，它與觀察者分別位於被莫比烏斯帶的邊界隔離開的兩個面上；凡是模時空中呈現的點，都是以自我爲模本複製的鏡像，位於鏡子裏面。

在人類軸心時代以前的詩歌文本中，蘊含著維度豐盈的耦合信息，這些信息體現著當時人們在學科尚未分野的情況下的整體思考，內容包括歷史事實的、夢幻想像的、哲學推理的、情感宣洩的、天文地理的、習俗信仰的等等。因此，在這樣一個衆多維度交融在一起的耦合信息文本面前，任何輕率斷定其單一的學科性質的言論都顯得捉襟見肘甚至自相矛盾：文本中的歷史真實和夢想真實之間就是矛盾的，情感真實與哲理真實也是對立的。這就難

怪面對如此複雜的古代詩歌文本的時候，走進軸心時代入口處的智者——蘇格拉底在內心深處萌生出來的由衷感慨：「詩人說謊」。他還特意為此編織了一個象徵故事：在克里特島有一個詩人，不但聲稱「自己是克里特島人」，而且還聲稱「所有的克里特島人都是說謊者」。這就是典型的說謊者悖論，他將詩人與說謊者捆綁在一起，目的就是想要揭穿詩人說話在邏輯上前後矛盾的荒謬性：A 如果是 B，那麼 A 就不是 B。

那麼，到底是蘇格拉底說的對，還是詩人說的對呢？當我們面對象《荷馬史詩》與《詩經》這樣的古老文本時，問題就赤裸裸地呈現出來了，你沒有辦法繞過。其實，還真的就有人主張把這些古老文本當做歷史文本來讀，把其中記載的內容當做真實的歷史材料來使用：早在 2500 年前的孔子就對《詩經》文本情有獨鍾而發出「思無邪」的感慨，漢代的司馬遷就曾把《詩經》文本的部分章節當做史料來用的，疑古派學者胡適也曾經只對《詩經》文本的真實性表示認可。甚至是很多現代學者們，也基本上都把《詩經》看做是所謂的「現實主義」文學的代表。針對這個問題，亞里士多德在他的《詩學》裏特意強調了「可信而不可能發生的」和那些「可能或已經發生的」事件進行了區別，前者是夢境的真實，後者是歷史的真實，詩歌文本中經常描寫或者雜糅進這些夢境的真實，也就是弗洛伊德所謂的「白日夢」。而正是雜糅在詩歌文本中的這種「白日夢」的成分，被蘇格拉底和柏拉圖斥之為「說謊」。

這實際上直接涉及到軸心時代以來所形成的非此即彼的二元對立的邏輯問題，所謂的「排中律」和「同一律」就是針對這些而言的。其局限性就在於被德里達所總結並終生致力於解構的「邏各斯中心主義」，其本質就是「唯……主義」，就是思維方式上的維極滯留。其實，任何一個作為推理的大前提都是一種邏輯預設，而作為邏輯預設的大前提則都是無法證明和證偽的公理，因此，對於那些針鋒相對的二元邏輯總要選取一個作為推論的「信條」來遵守。問題正出在這個「信條」上，它是被立場所決定的，是屁股決定腦袋，是角度決定眼睛，是用自身的閾限內尺度去丈量整個世界。對於西方傳統的邏各斯中心主義來說，胡塞爾提出了「現象學還原」的方法來解決這個「先見」問題，但是對於東方的象喻中心主義來說，我們需要用彰顯什麼的方法來「擱置先見」呢？很顯然，東方所缺失的，正是西方所過剩的，「現象學還原」解決不了東方文化所面臨的問題，這也正是孔子以來的學者們沒有像蘇格拉底和柏拉圖那樣發現「詩人說謊」的情況，因為這些學者們採用的

「立象以見意」的思維方式與詩歌文本的象喻思維方式不謀而合——眼睛固然看不到眼睛自身的缺陷。如果模仿康德和胡塞爾的做法，我們應該寫一本名稱叫做「純粹感性批判」的書和提出「邏輯理念還原」的主張，因爲我們的文化中缺少這些維度，但鑒於當下東西方文化已經開始走向融合的狀況，再去片面地矯枉過正顯然有點不合時宜。因此，我們提出「維度還原」的主張，並建構「耦合圖式理論」，來系統解決由於歷史上所形成的片面單一維極據守所形成的維極滯留思維問題：唯物主義的，唯心主義的，唯理主義的（超驗主義或純粹理性或邏各斯中心主義），唯象主義的（經驗主義或純粹感性或象喻主義），主觀主義的，客觀主義的，等等。

　　耦合圖式的本質是維度還原，維度還原的本質是系統的「耦合子」還原，反對單一的「孤立子」還原。最需要強調的就是：生命的本質屬性不能向單一的物質元素上還原，古代文本的本質屬性不能向單一學科還原，符號的能指和所指不能向單一的語音和概念還原。

　　《詩經》文本中蘊含著的詩性智慧，是一種耦合智慧，它的主要特點就是維度豐盈，在文本中呈現爲信息表達的「複數」性。在意向碼位原理的支配下，四種賦值方式和三種激活方式，將足以保證這種詩性智慧的深刻領悟和整體呈現。

　　海德格爾曾經熱切地呼籲人類要「詩意地棲居在大地上」，然而就在當下，工具理性和商業逐利觀念已經像飄蕩在空氣中的霧霾一樣遮蔽著人類的心靈，等待著古老詩性智慧的喚醒。因此，一個嶄新的名詞「生態詩學」（Ecopoetics）應運而生。二十世紀九十年代以來在美國興起的「生態詩學」是在西方工業文明所帶來的環境危機日趨嚴重的情況下提出來的理論口號，目的在於喚醒人們從文學批評和創作實踐的角度來關注人與環境協同進化的思想意識。

　　其實，古老的詩性智慧中，本來就是「生態詩學」實踐的源頭。古代先民們把自己看作是環境的產物，天人合一地嵌入在其中，在農耕文明的視野中，人就像大地上的植物一樣蓬勃生長，后稷作爲一個農耕穀物的符號剛剛出生就被放置在大地上，就意味著從人類肉體的「小母親」的子宮裏移植到環境的「大母親」懷抱中，從而完成了生命的第一次嫁接；在海洋文明的視野裏，人就像大海的孩子一樣勇敢頑強，阿喀琉斯同樣是作爲一個大海之子的符號剛剛出生就被母親倒提著雙腳浸泡在冥河中，這也是意味著個體生命

從人類肉體的「小母親」的子宮類移植到環境的「大母親」懷抱裏，從而完成了生命的第一次洗禮。

　　古老東方的《詩經》文本中，隨處都蕩漾著與自然協同進化的生態思想和詩性智慧，等待著我們去解碼和鑒賞。

第一章　耦合圖式理論建構及其應用價值

　　關於存在的問題，一直就被軸心時代以來的人們作爲本體論問題持續地關注著，構成哲學思考的邏輯預設。而哲學史則經歷了從關注本體論、到關注認識論、再到關注方法論的過程，經歷了上個世紀初「現象學」反思和哲學的語言學轉向，最後是海德格爾的一句名言總結了這個時代學者們的心聲：「語言是存在的家。」〔註 1〕

　　恩格斯在 1886 年寫的《路德維希・費爾巴哈和德國古典哲學的終結》一書中曾經指出：哲學的根本問題，是思維和存在的關係問題。〔註 2〕在今天看來，這個問題本身就存在問題，「思維和存在的關係」問題其實是一個僞命題，我們分析如下：

　　首先，存在並非只是客觀實在，它還包括人類的情感經驗、理性思考、宗教觀念。因此，可以說，思維本身就是一種存在，而簡單地把存在和思維對立起來，從而就把「存在」異化爲「觸手可及的實在」了，這是一個類似於「眼見爲實」的常識性錯誤，因此這種二元對立本身就是一個僞命題。其次，當人們把「存在」簡單化爲「物質實在」的時候，物質和意識的對立就呈現爲不可調和的極端對抗狀態，於是也就出現了到底誰決定誰的問題——這是判定唯物主義和唯心主義的標準。但物質和意識之間並不存在誰決定誰的關係問題，而是既對立又互補的兩個維極意向性。愛因斯坦用一個簡單的

〔註 1〕〔德〕馬丁・海德格爾，路標〔M〕，孫周興譯，北京：商務印書館，2000：366。

〔註 2〕參見：馬克思恩格斯選集第 21 卷〔M〕，北京：人民出版社，1965：315。

公式，已經將物質和能量統一起來，那麼，現在如果要問：到底是物質決定了能量，還是能量決定了物質——你將如何回答？按照宇宙大爆炸的理論來看，現在宇宙中的所有物質都來自於一個能量的奇點，也就是說，能量產生了物質。如果按照唯物主義的思路來推理的話，就是：意識是物質的產物，物質是能量的產物。那麼我要再往下追問：能量來自哪裏？其實都不用推到能量那，只要推到物質那，宗教就已經給出一個造物主上帝的答案了，而宇宙大爆炸的理論，據說已經給宗教信仰者們提供了上帝控制能量來創造物質世界的最好證據。也就是說，即便你堅持物質產生意識，意識是從物質中進化出來的，你也擺脫不了上帝的糾纏，因為存在著一個絕對的邏輯預設就是：有造物主（超越物質世界的精神）存在著。因此，物理學家相信以下的說法是成立的：

> 按照一種邏輯說，存在著精神；再按照一種邏輯說，存在著肉體；這兩種說法都完全正確。但是，這兩種說法並不是指有兩種不同的存在。〔註3〕

　　人類文明進化到目前的狀態，我們終於恍然大悟，所謂的「存在」，其實是一個由人類語言表達出來的認知範疇，它首先是一個整體，其次呈現出很多維度。步入文明世界以來的人類，不斷從各自的視角出發，發現其中的奧秘，漫長的歷史文化積澱直接導致了軸心時代以來的人類思想爆發：在中國出現了先秦諸子，在古希臘出現蘇格拉底前後的各種哲學流派，學科分野的鼻祖是亞理士多德，正是他開啓了近現代意義上的「科學」之門。

　　我們之所以使用「維度」一詞，目的就是要強調存在的整體性：不同的學科分野，並不是各自看到了不同的存在，而是面對著共同的存在，各自在自己的視野裏看到了不同的風景，不同的側面。然而，面對存在，每當我們打開一扇窗子的時候，總要關閉很多窗子，從而形成盲區。

　　因此，一個最為重要的前提就是維度的還原（學科分野所作的工作可以看作是維度的離析），也就是把人類文明史以來的所有學科分野都統一到一個存在整體的不同維度上來，從而建構起一個能夠呈現各個認知角度、能夠儘量掃除盲區的理論框架。

　　人類從野蠻步入文明，經歷了三個重要的認知階段：物質凸顯、能量凸顯、信息凸顯。信息學理論自從上個世紀中葉前後被學者們提出和建構，經

〔註3〕〔英〕保羅戴維斯，上帝與新物理學〔M〕，徐培譯，長沙：湖南科學技術出版社，2007：111。

歷了僅僅六十多年的時間，就已經把人類帶入到信息時代了。信息學雖然很年輕，但信息卻很古老，它伴隨著整個宇宙生命的歷史。

時間，空間，物質，能量，信息，被愛因斯坦的物理學統一了四個。然而，缺少了信息的彎曲時空，實在是太過死寂，甚至有些令人不寒而慄。終生信奉宇宙和諧的偉大的愛因斯坦，不知道是否最終領悟出：生命，是否應該被排除在他的彎曲時空之外？而進化出生命的宇宙，還是否能夠維持在四種自然力支撐的彎曲狀態呢？

愛因斯坦自己都對自己大腦的神奇思考能力感覺到了某種不可思議的興趣。但，就是這樣一個在他自己身上的神奇存在，卻沒有被他納入到宇宙存在的真實狀態中來，而是把它放在了彎曲時空之外。進化出生命的宇宙，物質和能量已經不局限在四種自然力的支撐之下了，生命力以其獨特的方式，建構起一個由物質、能量和信息共同支撐的世界來，由生命的欲望所形成的張力，時刻充滿著這個時空中，因此，這是一個雙重彎曲的時空，也就是欲望時空。

關於第五種力的問題，美國學者約翰・塞爾曾經做過一個大膽的推論：

在宇宙中的四種基本力——重力、電磁力、弱核力、強核力——之外，我們還要加上第五種力，即神力（divineforce）。或者更有可能是，我們把其他幾種力看成是神力的不同形式。[註4]

不知道為什麼，就在咫尺之遙的地方，塞爾止步不前了，很可能也是來自於某種畫地為牢式的自限。其實所謂的「神力」，正是人類的智慧所創造出來的一個邏輯預設，其本質就是生命的欲望，而信仰則是欲望的一種意向性，人類按照自己的形象，創造了上帝這個傾注精神信仰的象徵符號。人是宇宙進化出來的一個節點，是宇宙本身，而「神力」的本質，其實就是人類的智力，歸根結底是宇宙本身的智慧，四種自然力不是「神力」的表現形式，而是被這種智慧支配的形式：所有的生命形態都在基因的主宰下駕馭著電子層面上的化合能，而生命進化到今天的人類，又在原子核的層面上駕馭了核能。

經過維度還原之後的欲望時空，才是現階段宇宙的真實狀態。支撐欲望時空的核心，不是別的，正是生命基因，它以遺傳密碼的形式存在，不斷發出信息指令，組織物質和能量，建構生命世界。

耦合圖式理論，就要在此基礎上孕育而生。

[註4]〔美〕約翰・塞爾，心靈、語言和社會，〔M〕，李步樓譯，上海：上海譯文出版社，2006：37。

第一節　耦合圖式的維度還原與重建

一、語義上溯與概念界定

帶有「語義上溯」〔註5〕性質的概念界定，是任何的理論建構都無法迴避的——尤其在哲學的語言學轉向以來的學科融合視野之下，更是如此。任何語言符號中所蘊含的語義，都不是一成不變的，它總是歷史地生成著，也總是在不同的學科系統中滲透著參差錯落的視野壁壘中被應用的，因此，意在謀求相互理解的敞開和澄明效應而進行的「語義上溯」就勢在必行。

（一）耦合

「耦合」的定義來自於物理學中的「Coupling」一詞，指的就是一種看不見的感應磁場作用下所形成的共振效應，就是變壓器、揚聲器等物理元件的工作原理，也是生命體信息構成的重要機制：視聽等感官都是依賴這種共振效應工作的。古代傳遞信息的符節，是一分為二的兩塊實物，依靠事先制定好了的凸凹形狀所形成的吻合效應建構起一個信息通路，是約定信息得以生成和傳遞的關鍵所在，依靠每一次斷開和連接構成一個信息解碼過程。這也就是一種耦合效應。神經元依靠軸突和樹突彼此建立起連接網絡，也是充分利用了節點處的耦合效應，而更為普遍的耦合效應則是植物的根莖葉之間、動物的各個關節之間以及建築物的門窗通道等等。

用漢語所表達的「耦合」一詞，源自於墨子的「名實耦，合也。」〔註6〕——這個經典的語言學表述。我們將用於具有西方色彩的當代物理學中的「Coupling」和具有東方色彩的古代語言學中的「耦合」這兩個詞，通過「語義上溯」的方法整合出一個專門概念，意指一切「既分又合」、「既斷又連」或者「藕斷絲連」的存在要素，這一點與量子物理學所定義的「波粒二相性」相一致：波動性決定了連接性，粒子性決定了斷裂性。

我們還可以把漢語中的「耦」字單獨拿出來定義為一種介質，或者說是

〔註5〕美國學者蒯因在他的《詞與物》一書中指出：「當爭論從有關毛鼻袋熊和獨角獸的存在進展到有關點、英里、類等的存在時，我們認識到這裡確實有一個從談論對象到談論詞語的轉變。我們如何能說明這一點呢？我認為，只須對我稱之為語義上溯（semantic ascent）的一種有用而且常用的方法做出適當的說明就足夠了。」參見：涂記亮、陳波，蒯因著作集第四卷〔C〕，北京：中國人民大學出版社，2007：463。

〔註6〕譚戒甫，新編諸子集成：墨辯發微〔M〕，北京：中華書局，1964：166。

一種聯繫的紐帶和溝通的橋樑，包括有形的和無形的，可實可虛，可顯可隱。「耦」作為一個存在的要素，凸顯事物之間彼此關聯著的節點或界面，可以是神經元突觸之間的可分可合的連接點，也可以是水的三種相態之間的臨界點。

　　如果把「合」單獨拿出來界定，漢語中源自於墨子的「名實耦，合也」的「合」，與黑格爾的「正反合」〔註7〕中的「合」是一致的，它是一個結構整體，包含正反兩個極端在內，也包括連接兩個極端的介質或紐帶在內，是三位一體的存在要素。因此，套用墨子的表述方法來表述黑格爾的「正反合」，就應該是：正反耦，合也。也就是說，黑格爾的對立統一、質量互變、否定之否定等辯證法所揭示的「正反合」，本質上是一個涵蓋了從一個極端（正）到另一個極端（反），再到貫通兩個極端的樞紐（耦）的整個過程（合），而不是一個簡單的結果。

　　因此，我們這裡所謂的「耦合」，與其他諸如「混合」、「融合」、「化合」、「整合」等概念不同，最大的差異就體現在單獨界定的「耦」：「耦」的功能是紐帶作用，而最為重要的是：這個「紐帶」是多維度或多相態的。生長在母腹中的胎兒與基因母體的子宮之間的臍帶是一種「耦」，而出生之後的嬰兒與環境母體（相對封閉時空中的空氣、溫度、濕度、磁場等）之間的相互匹配則是另一種「耦」，生命個體與開放的宇宙之間的關聯性（無處不在的萬有引力和背景輻射等）又是另一種「耦」。

（二）圖式

　　「圖式」一詞來自於由德文轉譯為英文的「schema」，它的發明專利權歸屬於康德。康德的圖式理論認為：理性範疇與感性表象之間存在著一種媒介，那就是「先驗」的「圖式」。康德在他的《純粹理性批判》一書中闡釋到：

> 此必有第三者，一方與範疇同質，一方又與現象無殊，使前者能應用於後者明矣。此中間媒介之表象，必須為純粹的，即無一切經驗的內容，同時又必須在一方為智性的，在他方為感性的。此一種表象即先驗的圖型。〔註8〕

　　此處，藍公武先生將「schema」一詞譯為「圖型」，也就是我們所說的「圖式」。之所以使用漢語的「圖式」這個詞，主要原因是借鑒了中國古代文化中

〔註7〕〔德〕黑格爾，邏輯學〔M〕，楊一之譯，北京：商務印書館，1966：71。

〔註8〕〔德〕康德，純粹理性批判〔M〕，藍公武，北京：商務印書館，1960：145。

的「式盤」這個概念所意指的存在要素——式，它是位於主體和客體之間的一種思維範式。思維範式構成人類認知的重要前提，美國學者託馬斯・庫恩撰寫《科學革命的結構》一書，系統總結了範式革命給人類的認知行為所帶來的革命性突破與進展，揭示了從常規科學範式的形成到大量反常現象的出現，再到危機到來——科學革命開始的系列過程。〔註9〕

　　皮亞傑借用康德的「圖式」概念建構自己的理論體系認為：主體面對客體的認知和行為過程中，總是存在著一種需要通過不斷地「同化」和「順應」才能建構起來的「概念圖式」作為中介，他在《結構主義》一書中論述到：

> 我們並不懷疑基礎有無可置疑的第一性，而認為在「實踐活動」和實踐之間，中間總有一個中介，這就是概念圖式；一個物質，一個形式，雙方都剝掉了獨立的存在，通過概念圖式的運算合成了種種結構，也就是同時既有經驗性的而又是有可理解性的種種存在實體。〔註10〕

　　我們看到，康德的「圖式」強調溝通感性和理性的橋樑作用，皮亞傑的「圖式」凸顯溝通主體和客體的橋樑作用，二者的區別在於，前者從主體認知的角度來建構感覺認知和理性認知之間的連接關係，強調圖式的先驗性；後者從主體行為實踐的角度來建構主體本身和他所生存的環境之間的同化和順應關係，強調圖式的經驗性與建構性。

　　另外，美國學者威爾遜主張「基因圖式」說，他把基因編碼看作是生命個體和種系以及環境之間的連接紐帶。他在《新的綜合——社會生物學》一書中總結基因對於生命行為的作用時說：

> 總之，不管是哪種動物行為，都在基因的控制之下。基因對動物行為的控制是間接的（由於存在著時滯），但仍然是十分強有力的。基因對動物的終極影響，是通過支配機體及其中樞——大腦來支配。大腦是執行者，它的基本生命策略來自基因。基因對動物行為的控制是間接的（由於存在著時滯），但仍然是十分強有力的。基因對動物的終極影響，是通過支配機體及其神經系統的建造的途徑實現的。此後的一切由神經系統及其中樞——大腦來支配。大腦是

〔註9〕　〔美〕託馬斯・庫恩，科學革命的結構〔M〕，金吾倫、胡新和譯，北京：北京大學出版社，2012：1～200。

〔註10〕　〔瑞士〕皮亞傑，結構主義〔M〕，倪連生、王琳譯，上海：商務印書館，1984：77。

執行者，它的基本生命策略來自基因。在神經系統相當發達、大腦接管了越來越多決策機能的情況下，基因最終只能給大腦一個全面性的指令：採取任何你認爲最適當的行動，以利於保證我們的生存和傳播。因此，大腦之所以存在，是因爲它增進了指導它自身合成的那些基因的生存與繁殖。人類的精神是基因生存和生殖的設施，思考能力正是它的各種技巧中的一種。〔註11〕

　　這樣，就實現了「圖式」概念從康德的先驗哲學範疇拓展到皮亞傑的結構主義心理學領域之後，再進一步延伸到生命科學領域的轉化，使得「圖式」一詞作爲普遍意義上的「耦」的功能性不斷被彰顯出來，其多學科領域的適應性也不斷擴展和增強，最後形成一個學科融合視野下無法迴避的表達方式和言說範式。也就是說，作爲介質存在的「圖式」，維度在不斷分蘖和增殖。關於這一點，可以參照李學英先生在《信息接受論》一書中對康德、皮亞傑、威爾遜的圖式理論所進行的介紹。〔註12〕

〔註11〕　〔美〕愛德華・奧斯本・威爾遜，新的綜合—社會生物學〔M〕，陽河清，編譯，成都：四川人民出版社，1985：58。

〔註12〕　李學英的《信息接受論》一書認爲：康德的「先驗圖式」是封閉的、僵死的，一成不變的「圖式」。……皮亞傑的「圖式」，不是從研究康德哲學思想基礎上提出的，而是作爲一個生物學家，從生物對環境適應的過程中得到啓示，認爲心理的發展也是一種對環境的適應過程，既然動物的胃結構能使動物進食和消化，那麼心理完全可以像身體一樣具有結構。……康德的「先驗圖式」是固定不變的，且是先於經驗的，而皮亞傑「圖式」卻是處在「不平衡」狀態中，不斷發生改變。皮亞傑借用生物學的術語來闡明「圖式」的發展變化。他用「同化」與「順應」來說明「圖式」的建構過程。所謂同化，就是主體用原有的「圖式」對外來事物進行加工、整合後得出的認識，這種認識必然留下原有圖式的印痕。……所謂順應，就是原有圖式對新的刺激物不能作出正確的認識，被迫修改原有圖式或者創造新的圖式來適應。……皮亞傑的「圖式」構建沒有涉及遺傳因素。……當代生物學家威爾遜站在生物分子水平來分析主體的整個精神過程，他認爲從遺傳圖式到神經系統集合，再到學習行爲過程；然後行爲選擇一定的文化基因，又使遺傳基因頻率改變，便是他提出的「基因—文化系統進化論」的主要內容。威爾遜從生物分子—基因水平來分析主體的行爲，認爲主體的社會行爲一方面受遺傳基因的影響，另一方面又可使基因的排列順序發生改變。他說：「精神過程不僅看作神經細胞的活動，而且將之視爲任何信息佔有裝置的具體化。……他們強調軟件而不是硬件，即強調程序內容而不是電路的物理形式。他們認爲，心理意向不是爲了款待哲學家而提出的智力測驗之謎，而是可以被設計的大腦神經細胞中的眞實程序，既可以由人的手來設計，也可以通過有機進化來設計。」這就是說，主體的行爲可以使大腦中的神經元的組合方式和相互作用方式發生變更，所謂音樂家的耳朵，實則是音樂家在反覆不斷地演奏彈唱過程中，使他的神經

（三）耦合圖式

康德在邏各斯中心主義的西方傳統和二元對立（笛卡爾是極端的代表）思維模式的激發下提出「圖式」說，黑格爾則在康德的啓迪下，把人類歷史上所有的經歷了兩極對立之後的否定之否定思維範式全部稱之爲「正反合」，認爲這是人類認知進化過程中所必須經歷的命題階段——悖論。康德在《純粹理性批判》一書中提出四種悖論，他稱之爲「先驗理性之矛盾」：時空有限和無限、複合體由單純體構成和由複合體構成、世界一切現象發生都依據自然因果和不依據自然因果、世界上有絕對必然的存在和無絕對必然的存在〔註13〕。在人類文明進化史上，每一次悖論的出現，都意味著一個新維度的拓展。每一個嶄新維度不是二元對立，而是三位一體。如果借用黑格爾的表述方式來還原人類進化史上的相關維度的話，那麼就存在如下的轉換：正反合＝正←耦→反，意思是將極端化了的正反對立的觀點耦合起來。如果將人類進化史以來所形成的每一對二元對立的極化狀態被拓展而成的三位一體的存在維度都看做是一個「正反合」，那麼，n 個「正反合」疊加起來就構成爲如下公式：耦合圖式＝n 個正反合＝（正←耦→反）^{n}。

這裡必須強調的是，黑格爾的「正反合」主要是建立在「否定之否定」的辯證法基礎之上的，是在擁有兩個極端化了的彼此各不相容的對立觀念之後的「合」，是一個經歷了兩個極端對立的悖論思維之後的不斷揭示眞相的認知過程，因此，這裡的「反」又與老子的「反者道之動」〔註14〕中的那個「反」相一致了。關於有與無的統一問題（也就是有無的正反合，用老子的話說就是「有無相生」），黑格爾有過專門論述。〔註15〕

細胞對聲音保持特別敏感的性能；畫家的眼睛也不過是畫家在無數次的作畫、捕捉形象過程中，他的視覺細胞具有與眾不同的接通功能。威爾遜認爲，人的中樞神經系統是在基因與文化之間發展過程中不斷完善的，人類基因有一種使信息長期儲存的能力，從而使人類反應的靈敏度大大提高，還有預先確定社會行爲的意圖、平價外界的刺激以及選擇行爲的能力，而人類某些基因的增加、減少或改變，均要受到人類社會行爲的制約，社會行爲的選擇又要受到人類基因的影響。依威爾遜的觀點來看，皮亞傑的「圖式」不過是一個巨大的、紛繁複雜的基因程序設計系統。參見：李學英，信息接受論〔M〕，武漢：湖北教育出版社，1994：163～170。

〔註13〕參見：〔德〕康德，純粹理性批判〔M〕，藍公武，北京：商務印書館，1960：330～367。

〔註14〕陳鼓應，老子注釋及評介〔M〕，北京：中華書局出版社，1984：223。

〔註15〕黑格爾認爲：所以純有與純無是同一的東西。這裡的眞理既不是有，也不是

類似「有與無」這樣的極端的二律背反主張，還有很多，比如：理性與感性，主觀與客觀，物質與精神，肉體與靈魂等等，也都構成了彼此對立。把所有的這些兩極對立的主張進行「正反合」之後，就構成了維度豐盈的「耦合圖式」。因此也可以說，上述康德、皮亞傑、威爾遜等三人的「圖式」都是單一維度的耦合圖式，而將三者進一步耦合起來，使其各自承擔某個座標維度，就成為多維耦合圖式。

（四）耦觀時空及其真實相態

關於耦觀時空及其真實相態的問題，我們的探討要先從下面這幅網絡上流傳的動畫截圖開始。

（圖片採自網絡）

當你面對這張網絡上流傳著的據說是美國耶魯大學耗時 5 年的時間研發出來的動畫時，不知道是否還會相信「眼見為實」這句流傳了千載的成語的真實可靠性。只要你注視著它，它就可能一會兒順時針旋轉，一會兒逆時針

無，而是已走進了——不是走向——無中之有和已走進了——不是走向——有中之無。但是這裡的真理，同樣也不是兩者的無區別，而是兩者並不同一，兩者絕對有區別，但又同樣絕對不曾分離，不可分離，並且每一方都直接消失於它的對方之中。所以，它們的真理是一方直接消失於另一方之中的運動，即變（Werden）：在這一運動中，兩者有了區別，但這區別是通過同樣也立刻把自身消解掉的區別而發生的。參見：〔德〕黑格爾，邏輯學〔M〕，楊一之譯，北京：商務印書館，1966：71。

旋轉，據說這種情況是由於左右腦的分工所導致的。由此可見，所謂的「有圖有眞相」中的那個「眞相」，既不是固定的順時針旋轉，也不是固定的逆時針旋轉，而是取決於一個觀察者與那個圖之間的耦合效應，也就是耦合圖式。左右對稱，本質上是手性對稱，也就是鏡像對稱，這就是模相態時空的眞相。眞相不可能是你所觀察到的任何一個極端狀態——「正」和「反」或者「順」和「逆」，而是主客體之間的耦合效應下所呈現出來的某種形態。其實所謂的眞相，都是在某種時空相態之下呈現出來的存在形態。

人類本身就是宇宙進化出來的一個節點，本身就是一種耦。同時，作爲一個觀察者，又依據觀察者的自身尺度和觀察視角來確認宇宙時空的存在狀態，並成就了不同體系的時空觀。這就是「耦觀時空」。

古希臘的普羅泰格拉早就提出「人是萬物的尺度」，正是依據這種尺度，才形成了所謂「宏觀」、「微觀」、「中觀」這樣的時空觀，其實，這種尺度是因生命形態而異的，因此，更爲確切的說法應該是：觀察者是萬物的尺度。不同生命形態的觀察者各自擁有自己的身體官能所形成的耦合閾限：人類只能看到可見光，蜜蜂能看到紫外線，鷹隼能看到紅外線，蝙蝠則充分利用超聲波……莊子說「夏蟲不可以語冰」，就是指處於不同耦合閾限之下的生命形態擁有不同的時空觀，不同的時空觀把生命形態帶入各自不同的「時空眞相」中。

即便只是針對人類這個觀察者來說，也存在著因觀察視角不同而形成的「時空眞相」，也就是時空的眞實相態，我們稱之爲「時空相態」。在人類作爲觀察者的認知歷史上，就存在著觀察者身在其中的觀察視角所形成的「托勒密體系」，觀察者身在其外的視角所形成的「哥白尼體系」，觀察者身爲模本的視角所形成的自我複製式的「鏡像投射體系」。這就形成了我們所謂的「時空相態」，區分爲三：身在其中的「托勒密體系」形成「境相態」，身在其外的「哥白尼體系」形成「場相態」，身爲模本的「鏡像投射體系」形成「模相態」。

人類之於宇宙，既嵌入，又凸顯，同時還能利用自己的觀察和思考來重建宇宙的早期歷史，從而形成耦觀世界。下面是美國學者約翰·惠勒關於觀察者和宇宙之間關係的繪畫，其中充滿著耦觀時空的象徵意蘊：

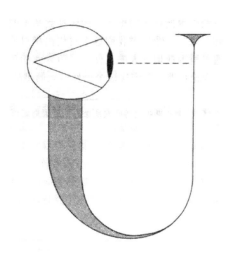

（圖片採自《上帝與新物理學》）

關於這幅圖畫，英國學者保羅‧戴維斯作了如下闡釋：

> 圖畫表示宇宙是一個自觀察的系統。惠勒以令人驚訝的方式……表明了可以讓今天的一個觀察者來部分地產生遙遠的過去的實在。圖畫中的尾部可用以表示宇宙的早期，而後來的意識對宇宙的早期進行的觀察使宇宙的早期升格為具體的實在。同時，意識本身也是依存於它所形成的實在的。〔註16〕

耦觀時空的三種相態可以大致對應存在要素的三種形態：波動態，粒子態，信息態。實際上，三種時空相態是存在要素在觀察者面前所呈現出的耦合相態，耦合相態取決於觀察者面對宇宙時空的耦合方式：波動態的耦合方式是背景面嵌入的（也就是身在其中的或者「涉身的」），粒子態的耦合方式是對立面凸顯的（也就是身在其外的或者「外身的」），信息態的耦合方式是鏡像面複製的（也就是身為模本的或者「反身的」）。當欲望主體在這三個時空相態中存在著的時候，就分別呈現為境耦效應、場耦效應、模耦效應。

存在要素單一相態的粒子性呈現單位，被德謨克利特命名為「虛空」中的「原子」；存在要素單一相態的波動性呈現單位，被當代物理學命名為「量子」；而被萊布尼茲命名為「單子」的存在要素則在粒子性中蘊含了「靈魂」，「靈魂」在古代則被看做是一種暗在的能量或信息。在耦合圖式理論之下所形成的耦觀時空中，擁有多個維度屬性的基本構成要素被稱為「耦合子」，比

〔註16〕〔英〕保羅‧戴維斯，上帝與新物理學〔M〕，徐培譯，長沙：湖南科學技術出版社，2007：150。

如擁有波粒二相性的存在要素可以稱爲二維耦合子，同時兼有物質、能量、信息等多個維度的存在要素，就稱爲三維「耦合子」。「耦合子」的本質就是存在要素被還原出多維屬性來。

耦觀時空之下，任何一個存在要素都被看做是整個網絡上的一個耦合節點，都彷彿神經元一樣擁有耦合功能，而耦合節點的維度是無限豐盈的，它可以被無限還原下去，直到欲望主體和宇宙完全耦合在一起。耦觀時空之下，分類標準發生了巨大的革命性變化。被耦化了的存在要素都將因爲具有耦合功能而被類聚到一起，比如《詩經》文本中：「雎鳩」、「黃」、「斧」等等，全都具有了「媒」的功能，都是某種耦合介質。

（五）維度還原

「維度還原」是針對「現象學」與「結構主義」的局限性而提出來的操作範式，是耦合圖式理論所賴以建構的基本原則。胡塞爾的「現象學還原」是針對絕對的邏輯預設所形成的「先見」而提出的，而所謂「絕對邏輯預設」主要還是傾向於柏拉圖的「絕對理念」，因此，被德里達批評爲「稀奇古怪的『現在』」〔註17〕。結構主義和格式塔理論強調「整體大於部分之和」的「整體性還原」則是針對只關注局部構成要素的原子主義研究所形成的盲區效應的，但由於沒有把所有的維度都納入進來，就導致了「部分要素」統計不全，比如沒有把功能要素和秩序要素看做是有機構成部分，這實際上就形成了維度缺失的盲區，最典型的例子就是用西醫對身體結構解剖的方法無法發現中醫學上的功能經絡。

維度還原，首先不「擱置」任何「先見」，而是正視正反兩個極端的「先見」，從而還原出一系列擁有兩極一耦的「正反合」維度來；其次提出與結構主義完全相反的「整體等於部分之和」的主張，努力將所有不同維度遮蔽之下的「部分」全部發掘和還原出來，尤其是將研究的目光引導向那些感官閾限之外的存在要素上去，從而實現對於「眞相」世界的全面解蔽。

維度還原的關鍵在於尋求到「耦」，它可以以「耦合節點」、「耦合界面」等方式呈現，或者把一切存在要素看做是「耦」，它可以以「原子」、「量子」、

〔註17〕 蔡錚雲先生認爲：「德里達認爲胡塞爾的理性批判還是離不開理性的預設：『理性於是乎現身出來了，胡塞爾說過理性即展現於歷史中的道理（logos）。它用自己的眼光，在自身顯現處，向自己陳述並聆聽自己爲道理，藉此穿越存有。』」參見：蔡錚雲，從現象學到後現代〔M〕，北京：商務印書館，2012：140。

「單子」、「神經元」的方式呈現，這樣還原出來的世界，所有的維極都成為基於欲望時空中的一種耦合意向性，而不是世界的本源。

從維度還原的意義上說，物理學上的同素異形體之間的差別就很容易理解了，雖然原子的排列順序和位置不算是粒子性構成元素，但它卻是一個非常重要的功能維度，這個維度就是不同的排列順序形成的原子之間不同的張力結構。生理學上的人體幹細胞作為一個「全息胚」存在著，隨時都可以按照人體內部的組織要求生長出任何局部構成要素，就是因為「全息胚」本身是維度豐盈的，其維度與整個人體的維度是完全一致的。

二、耦合圖式座標系統

引入觀察者的耦觀時空，也就是欲望時空具有多維耦合屬性，正如提出耗散結構理論的學者普里戈金所說的那樣：

> 即使在最簡單的細胞中，新陳代謝的功能也包括幾千個耦合的化學反應，並因此需要一個精巧的機制來加以協調和控制。……生物學的有序性既是結構上的，也是功能上的，而且，在細胞的或超細胞的水平上，它是通過一系列不斷增長複雜性和層次性特點的結構和耦合功能表現出來的。這和孤立系統熱力學所描述的演化概念正好相反，熱力學的演化概念只是導致具有最大配容數的態，因而也就是導致「無序」。〔註18〕

欲望時空是開放而有序的耗散結構，同時也是複雜而多維的演化系統，是一個不斷增殖和分蘖的生態鏈條，是被第五種力〔註19〕滲透著的時空狀態，因此，欲望時空是由多個「正反合」提供維度參數所建構起來的座標系──多維耦合圖式，它需要進行一系列的維度還原與重建。

（一）先驗時空的維度還原

「圖式」是康德和皮亞傑以及威爾遜共同使用的概念，他們的主張表面上看是各有側重的，但實質上都是以「先驗時空」作為依託的，也就是三個被還原出來的「正反合」維度耦合在「先驗時空」這個節點之上，分別構成

〔註18〕〔比利時〕普里戈金從存在到演化〔M〕，曾慶宏、嚴士健、馬本堃、沈小峰譯，北京：北京大學出版社，2007，50。
〔註19〕〔美〕約翰・塞爾，心靈、語言和社會，〔M〕，李步樓譯，上海：上海譯文出版社，2006：37。

三個彼此垂直的座標維度軸。而這個「先驗時空」本身就是一個彎曲時空，只是不同於愛因斯坦的物理學意義上的彎曲時空，而是被引入觀察者（欲望主體）的欲望時空，它可以是叔本華意義上的「意志時空」，或者柏格森所謂的「綿延時空」，或者說是弗洛伊德意義上的「力比多時空」，榮格意義上的「原型時空」等等。總之是在生命形態這個欲望主體的「欲望力」支撐下的「先驗時空」。

要想對「先驗時空」進行徹底還原，還必須從康德這裡入手。康德本來是用「圖式」（schema）這個概念來定義超驗（transzendent 超越的狀態）的理性世界和經驗（experience）的感性世界之間的媒介，並在「超驗」（transzendent）一詞上加詞尾「－al」構成「超越論的」（transzendental 關於超越是如何可能的理論）這個概念（後來被我們的前輩學者們翻譯爲「先驗」這個漢語詞彙）來定義「圖式」的性質。這樣一來，實際上就將傳統哲學中的「唯理主義」和「經驗主義」的對立統合起來，或者說是在笛卡爾的「二元論」上加載一個中間項——先驗時空，也就是先驗的「耦」。我們發現，康德實際上建構起了一個擁有一個原點和兩個正反維極這三項內容的「耦合」世界：超驗理念——先驗時空——經驗表象。這就構成了維度還原的第一步：將康德的「圖式」世界定義爲一個以「先驗時空」爲原點、以超驗理念和經驗表象爲兩個極性端點的單一維度。維度還原的第二步是：從這個單一維度裡進一步抽象出一個原型來，那就是：超驗——先驗——經驗。其中的「超驗」是對立於「經驗」而言的，二者形成兩個極端，是生命形態自身與世界相互耦合著的關於認知的兩個對立維極，而「先驗」則是溝通「超驗」與「經驗」的中間介質，同時也是這兩個維極世界所賴以生成的本源，也就是作爲觀察者的生命形態與四維時空相互耦合著的一個座標原點。

那麼，這個所謂的「先驗時空」構成的座標原點的本質是什麼呢？用康德的話說，就是「一方與範疇同質，一方又與現象無殊。」實際上就是生成兩個極端世界的本源，我們稱之爲「意向賦值耦」。但是遺憾的是，康德並沒有深入探究擁有觀察者視角的「時空」所存在的「相態」問題，如果把「時空相態」問題考慮進去，那麼，「先驗時空」就不是單一絕對的時空問題，而是三個相態耦合在一起的，自內向外分別爲：模，境，場。模時空位居維度原點，向外層展開依次爲境時空和場時空。這一點正好合乎威爾遜的「基因圖式說」。也就是說，在欲望時空中，位於核心原點處的那個「先驗時空」不

是別的，正是生命的「基因圖式」。

上述三個時空相態都可以單獨賦值出一個耦合圖式來，如果那個耦合圖式被簡化爲一維狀態的，於是就有：把康德最初提出的圖式維度看作是賦值感性和理性兩個極端的場耦軸，主要負責認知活動；把皮亞傑的圖式維度看作是賦值主體和客體兩個極端的境耦軸，主要負責實踐活動；把威爾遜的圖式維度看作是賦值肉體和靈魂兩個極端的模耦軸，主要負責情慾活動。而現在，則是一個三維六極的「知行欲」耦合圖式座標系就重建完成了，它等同於三套耦合圖式的耦合體，也就是按照三個時空相態來區分的話，則每個時空相態都擁有一個三維六極的耦合圖式。

（二）三維立體座標系

弗洛伊德、榮格、叔本華等都沒有使用「圖式」這個概念，但他們使用了「力比多」、「原型」、「意志力」等詞匯，來表達蘊含在每一個生命形態個體內部的生命力，也是存在於欲望主體和客體之間的一種「耦」，其依託的先驗時空是「欲望時空」，因此其本質就是一種耦合圖式。而弗洛伊德提出的「本我——自我——超我」理論，則與我們從康德的先驗圖式中抽取出來的原型圖式「超驗——先驗——經驗」這一模式不謀而合。其實那個「自我」就是以一個「先驗」的「駕馭者」〔註20〕的身份，呈現爲最初的基因模本，每個生命個體都是基因的宿主，生命繁衍的本質是基因的自我複製，因此，也可以說，真正的「自我」是基因自我。基因自我構成欲望圖式的座標原點。

作爲座標原點的基因模本在不同的維度軸上呈現爲不同的賦值功能，在情慾維度上賦值肉體本我和靈魂超我這兩個維極；在行爲維度上賦值主體本我和客體超我；在認知維度上賦值表感本我和理念超我。

這樣，一個以基因模本爲座標原點的欲望圖式座標系就被還原並置換出來了。那是一個三維六極的座標系，區分爲三個經驗維極和三個超驗維極。經驗維極就是指身在其中的閾限內的維極，分別爲：物實維極、主體維極、象表維極；超驗維極就是指身在其外的閾限外的維極，分別爲：徵信維極、客體維極、繹理維極。三個經驗維極是人和動物所共享的，三個超驗維極，是人類所獨享的。

〔註20〕弗洛伊德曾經將「自我」和「本我」的關係比作「騎馬者」和「馬」的關係，而認爲「超我」是「一切道德限制的代表」。參見：〔奧〕弗洛伊德，精神分析引論新編〔M〕，高覺敷譯，北京：商務印書館，2004：44～60。

下面是欲望圖式的三維立體座標系：

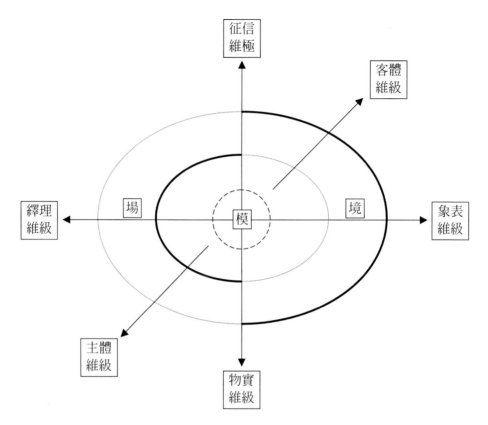

面對這個三維立體座標系，首先需要說明的是：所有六個維極，都只是某種意向性而已，而不是實體，我們遵循奧卡姆剃刀的原則：如無必要，勿增實體。我們把目光關注在「耦」上而不進行任何的維極滯留。即便是「主體」和「客體」，也都只是意向性而已，它們隨時都在發生著變化，正如海德格爾所洞察到的那樣：

> 在中世紀，obiectum〔客體〕的意思是：被迎面拋給和遞給直覺、印象、判斷、願望和直覺的東西。相反地，subiectum〔一般主體〕……意味著：自發地（並非由某種表象迎面帶來的）現成擺著的東西、在場的東西，例如：物。Subiectum 和 obiectum 兩詞的含義與它們在今天流行的含義恰恰相反：subiectum 乃是自為地（客觀地）實存的東西，而 obiectum 乃是僅僅（主觀地）被表象的東西。〔註21〕

〔註21〕 〔德〕海德格爾，路標〔M〕，孫周興譯，北京：商務印書館，2000：80。

此外，除了前述座標原點和三維六極之外，還多出來三個圈層，被圈起來的部分可以自內向外分別代表三種時空相態。但這三個圈層都是虛實相間的，說明並不是完全封閉的界限，場相態範圍最廣，遠處可達遙遠的宇宙時空，近處可及生命形態的身體之內，境態時空則彷彿是生命形態背負著的貝殼一樣包裹呵護著生命體，模態時空則蘊含在生命體內部，支撐著整個欲望圖式。三種時空相態是疊置耦合在一起的，每一個維極意向性都受制於這三個時空相態。

還有，現象學還原主張擱置一切先見，還原到現象上來。耦合圖式理論主張擱置單一的時空相態研究，還原出一個維度豐盈的真實世界。所謂的真實世界，是指維度豐盈的存在狀態，也就是各個相態都儘量不被遺漏的開放的存在狀態，而不是只關注單一相態的封閉的存在狀態。就像水的三態構成水的真實而豐盈世界那樣，之所以能夠認識到這一點，是因為我們將水分子與其周圍的環境要素（溫度、壓力等）耦合在一起，從而形成一個開放的世界——任何狀態下的水分子都不是孤立的水分子本身，而是與周圍時空耦合在一起的耦合子。

（三）耦合節點與耦合界面

不同時空相態之間的臨界點就是耦合節點，我們採用「芝諾節點」這個具有象徵意蘊的說法來表述這種臨界點的功能屬性。眾所周知，有一個著名的芝諾悖論是這樣表述的：如果想從 A 點到達 B 點，就必須首先到達二者的中點 C，要想到達中點 C，就必須首先到達 A 和 C 的中點 D，以此類推，那個無限延宕下去的「中點」將越來越接近起點 A，於是得出結論就為，要想從 A 點到達 B 點，就永遠也到達不了 B 點。芝諾用一個「中點」的概念，巧妙地將時空相態從在境狀態的 A 和 B（都是可以立足和到達的具體場所）那裡置換為在場狀態的抽象範疇，而對於這樣的「至小無內」的「點」，人的行為只能跨越，而不能到達，具身的人在那裡將無處立足。也就是說，芝諾所提到的這個「中點」，表面上看與 AB 兩點相同，實則不同，在「點」這個語言符號之下遮蔽著不同的時空相態，成為「暗度陳倉」的機關。耦合圖式的座標原點就是這樣一個耦合節點，它本身就蘊含著不同的時空相態，隨時可能被置換出不同的與某一時空相態相應的賦值機制。

在耦合圖式理論視野中，位於欲望主體和客體之間的不是皮亞傑意義上的簡單的經驗圖式，而是一個擁有四個維極和三個時空相態的耦合界面。這

個耦合界面我們用莫比烏斯帶來闡釋。下圖就是一個莫比烏斯帶：

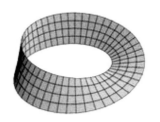

（圖片採自網絡）

假如莫比烏斯帶就是擺在欲望主體與客體之間的耦合界面，而主體和客體都是分佈在這個帶子上的兩個點，那麼，這兩個點之間就存在著三種關係：其一是位於一條線上的兩端，這就是境相態的時空；其二是位於彼此分開的兩個面上，這就是場相態下的時空；其三是互爲鏡像式的手性對稱，這就是模相態下的時空。

三、耦合圖式的生成歷史

（一）意向維極的拓展

其實，人類的耦合圖式是在進化史中不斷形成的，等待我們的工作就是進行維度還原和重建。超驗的維極是人類所特有的意向性標誌，它的形成過程大致經歷了兩個階段：人類歷史從神話時代經歷英雄時代（這是維柯的提法，實際上拓展出精神信仰和主體意識這兩個維極），到達軸心時代（這是雅斯貝爾斯的提法，實際上拓展出永恆理念維極），從實踐上完成了耦合圖式的維極拓展；從康德到皮亞傑再到威爾遜，又從理論上完成了耦合圖式的哲學定位。

意大利學者維柯的三個時代理論，在一定程度上闡釋人類在場維極的生成積澱過程。維柯認爲，人類經歷了三個時代的發展：神的時代，英雄的時代，人的時代。而詩性智慧必須向神和英雄的時代去尋求，因爲那是一種「無聲」的「象形文字」和介於「土語」和「徽紋」之間的語言，是充滿了神性和象徵意味的語言。〔註22〕

〔註22〕維柯認爲：由於神、英雄和人都是同時開始的（因爲畢竟是由人想像出來而相信自己的英雄性是神性和人性的混合），所以神的，英雄的和人的三種語言也是同時開始的。每種語言都有和自己同時發展起來的字母或文字，不過三種語言開始時就有些很大的差別：神的語言是幾乎無聲的，或只稍微發點聲

　　實際上，所謂三個時代的語言，已經非常明確地表達出這種歷時性的進化程序，而維柯在這裡偏偏說「三種語言是同時開始的」，這是為什麼呢？究其原因就在於語言意向碼位的累積疊加效應，也就是說，不管是「神的時代」還是「英雄時代」的語言意向性一旦進化出來，就會作為語言的一個意向維度積澱為「心頭詞典」（維柯語），構成一種多維耦合圖式。因此，當「人的時代」到來的時候，此前的意向碼位已經像地層中的化石一樣，不但積澱著生命的進化史，還時刻支撐著語言的現狀，並經常參與到信息傳遞和情感表達之中，那個被榮格稱為「集體無意識」或者「原型」的東西，就蘊含在語言的地層中，因此，拉康才說：「無意識具有語言的結構。」語言生成是歷時的，語言應用則是共時地激活那些歷時積澱起來的層次或維度，激活的層次越深，越接近古老的「神的時代」；激活的維度越豐盈，就越接近於詩性智慧。

　　這裡維柯還使用「無聲」一詞來表達「神的語言」，其實，所謂的「無聲」並非沉默不語，而是沒有輔音聲母，只有元音的呼喊。維柯關於語言和詩歌的起源問題，做了如下闡釋：

> 　　關於歌唱和詩格（verse），既已說明了人們原來是啞口無言的，
> 那麼，他們開始發的元音（vowel）一定是用歌唱的方式發出來的，
> 像啞巴發出的音那樣……元音易發而輔音難發……各種語言都從歌
> 唱開始……英雄體詩之所以起來，是由於各民族的創始人心思遲鈍
> 和舌頭僵硬……最後，心思和舌頭都變的最靈敏，散文就發展出來
> 了，散文彷彿是用理性的「類」來說話的。〔註23〕

　　元音依靠韻律節奏來達到表意的目的，但這種表意，顯然已經和動物之間用吼叫來傳遞信息有所區別了，那就是：動物世界沒有神的觀念。因此，所謂「神的時代」，就是人類初民擁有了「神」的觀念而跨入人類門檻的時代，作為傳遞信息的媒介第一次從物的標記狀態上升為「神」的標記，這就是象徵的表達手法，所形成的意向碼位就是我們所謂的「徵信碼位」。徵信碼位的

　　音：英雄的語言開始時是有聲與無聲的平均混合，因此就是土語和英雄們用
　　來書寫的文字——即荷馬稱之為 sēmata（符號）的二者的混合；至於人的語
　　言則幾乎全是發音的，只是有時發音較輕或是啞口的。沒有哪種土語豐富到
　　有足夠的詞去表達一切事物。參見：〔意〕維柯，新科學〔M〕，朱光潛譯，
　　北京：商務印書館，1989：229。
〔註23〕〔意〕維柯，新科學〔M〕，朱光潛譯，北京：商務印書館，1989：236～238。

誕生，起源於對物實維極的抗拒和「反動」（老子的「反者道之動」），比如說：鳥的足跡、聲音和氣味等，對於獵食鳥類的動物來說都構成信息媒介，這種信息媒介是作為鄰近的相似性（福柯的符號學）存在著的符號系統——標記符號（皮爾斯的符號學）的原型而存在的，它可以代之以巴甫洛夫式的間接的鈴聲或標籤（心理學家教動物說話的門限），代之以一個約定的聲音信號就成為擁有單一的物實碼位的語言的雛形，它幾乎是人類之前的所有動物們共有的一種信息識別符碼；但是，到了初民時代的人類，也就是擁有了神靈觀念的人類，伴隨著命名行為，他們把看到的所有事物都賦值了靈魂，於是，那些最初單純標記事物的媒介，就同時擁有了標記神靈的功能，而所謂的「靈魂」，不過是對於未知的超自然力量的象徵性表達而已。於是，那些最初的專有名詞，就首先擁有了雙重意向性：物實和徵信。這就是伴隨徵信維極的拓展所形成的語言的徵信碼位的形成過程。

英雄，是介於神和人之間的一種稱謂，也代表著人類進化的一個時代，那就是從一切依靠神靈信仰到擁有了自由意志的過程，其典型的象徵符號就是夏娃的偷食禁果和被逐出伊甸園。擁有了自由意志的人們首先開始了出走的旅程，他們出走的唯一目的就是對抗神諭的命運，俄狄浦斯王構成這類主題的典型象徵。英雄也是各個民族史詩中的祖先符號，因此，英雄出走又帶上了拯救或救贖的象徵意味，因此多半都形成一個固定的模式，美國神話學者坎貝爾先生稱之為「英雄歷險」，其大致過程是：啟程—啟蒙—歷險—回歸。他把神話看成是集體的夢，把夢看成是個人的神話，把每一個人都看成是英雄，特別看重神話對於人類認識宇宙奧秘的意義：

> 每個人都擁有一座神廟……若說神話是一扇開啟的秘密門扉，宇宙無窮無盡的能量經此注入到人類的文化，是不為過的。
> 〔註24〕

因此，也可以說，英雄根本就不是一個個體的人，而是一種人格品行，是人的一個構成維度。正是這個維度的全面開啟，才將人類帶入到一個嶄新的時代——英雄時代。英雄時代的人類擁有了自由意志和命運意識，他們開始了與命運抗爭的旅程。

維柯所謂的「英雄時代」的語言是「有聲與無聲的平均混合」，或者說是

〔註24〕〔美〕約瑟夫‧坎貝爾 Joseph Campbell，千面英雄〔M〕，朱侃如譯，北京：金城出版社，2012：1。

處於「土語」和「徽紋」的融合狀態。實際上，就是語言之中蘊含著「徽紋」維度，而這個「徽紋」維度，就是英雄出走的自由意志維度，就是在對抗中不斷向客體深處執著探求的維度。因此，我們也可以說，自由意志維度，實際上就是客體意向性維極，那是一個向無限的宇宙敞開胸襟的意向性，是和外部的宇宙太空相互接軌和擁抱的意向性，也就是一種頂天立地而無所畏懼的英雄情懷。這個意向性所對抗的是物我不分的宿命意向性，二者構成「正反合」（黑格爾語）。

人的時代，使用的是「土語」，開始形成了「類」的概念。〔註25〕

因此，維柯所謂的「人的時代」，也就是雅斯貝爾斯所謂的「軸心時代」，抽象的邏輯思維在一群愛智者們的頭腦中就像雨後春筍般萌生出來，這就開闢出人類認知的一個嶄新的維度，就是邏輯演繹維度，我們稱之為「繹理」維極。這個維極是在前面兩個再生維極（徵信意向和客體意向）的基礎上，從感官表象的對立面衍生出來的，它的代價就是否定感官而極化理念，形成理性主義和經驗主義的對立，最終引起康德的關注，並從而用「圖式」來整合二者的裂隙。

（二）意向維極的滯留、對抗與初步耦合

人類歷史到達軸心時代，耦合圖式的基本維極已經全部拓展出來了，從此，真正的哲學思維開始從綜合的詩性智慧中離析出來，人們對構成世界的本體論問題開始萌發出空前的興趣。但直到康德以前，基本上都是徘徊在單一維極滯留的一元論狀態中，笛卡爾提出「二元論」學說，則是兩極對抗的極端化表達形態。

一元論從作為客體對象的水、火、土、氣等具體形態上確立世界的本體，

〔註25〕維柯說：我們已說明了：由於人性的必然，詩的風格比散文的風格先起，正如由於這種人性的必然，寓言故事或想像性的共相比理性哲學的共相先起，哲學的共相正是通過散文的手段來形成的。……例如「血在我心中沸騰」這樣一個詩性語句就根據全人類的一個自然的，永恆的共同特性。人們把「血」，「沸騰」和「心」擺在一起形成一個單詞，彷彿形成一個類，在希臘語裏叫做 stomachos，在拉丁語裏叫做 ira，在意大利語裏叫做 collera（漢語裏叫做「怒」）。仿照這個模式，象形文字和英雄時代的文字（或徽紋）就壓縮成少數一些土俗字母，作為同化無數不同的語音於其中的一些類，這是需要決定天才的一項艱巨工作。通過這些土俗的詞和字母的類，各族人民的心智就成長得更快，發展出抽象能力，這樣就為哲學家們的來臨開闢了道路，讓哲學家們形成理智型的類。參見：〔意〕維柯，新科學〔M〕，朱光潛譯，北京：商務印書館，1989：236～238。

形成所謂的「四根說」，到德謨克利特提出抽象的原子論，是一大進步，再到蘇格拉底和柏拉圖關於的理念世界的思考，就更為抽象了，與此同時也便形成了唯物主義和唯心主義的兩極對立，從此，一元論的維極滯留開始盛行。

整個中世紀，基督教用上帝信仰征服了原始的物靈崇拜和巫術思想，從而鞏固了徵信維極的地位；哥白尼則通過嚴密的數理邏輯否定了托勒密的地心說，從而進一步清晰拓展出一個外在於主觀世界的客觀視角，這就鞏固了客體維極的地位；到了文藝復興時代後期，伴隨著理性主義和經驗主義的極端對立，笛卡爾提出「我思故我在」的主張，從而與經驗主義形成勢不兩立的矛盾對抗，進一步鞏固了繹理維極的地位。軸心時代以來的哲學思考，從一元論的固守到二元論的對抗，基本上完成了一個對於單一極化世界觀的否定過程，並從而建構起正反兩極之間的巨大張力系統。

緊接著二元對抗思想苗頭的形成，萊布尼茲開始使用了「單子」這個概念〔註 26〕，將「靈魂」納入到單純物質形態之中，從而完成了對「原子」論維度過於單一傾向的範式革命，這就從本質上形成了一種基於二元對立而又統一的「耦合」觀念了，從此，「原子」不再可能是一個單一的物質實體，「原子」之外也不像德謨克利特所謂的「一片虛空」：「靈魂」作為一個未知的主宰要素就滲透在「單子」中，可能是與「物質」相區別的「能量」，也可能是構成生命支撐的「隱德萊希」。但不管那個未知要素是什麼，用「單子」替代「原子」來表述本體論，就意味著一種「耦合」的哲學思考開始了。「單子」的本質就是「耦合子」。

很顯然的是，二元論是耦合論的前提和基礎，「耦合子」則是耦合圖式誕生的先兆和啟蒙。正是在這樣的學術背景之下，康德的「圖式」概念應運而生。「圖式」作為連通理性世界和感性世界的橋樑存在著，因此本質上就是一種「耦」。黑格爾則充分發揚了康德這種連通兩個極端世界的思維方式，提出人類認知歷史上經歷不斷的否定之否定過程所形成的「正反合」辯證思維模式，從而將人類軸心時代以來維極思辨的追問模式牽引到耦合思辨的認知模式上來。

〔註26〕 海德格爾認為：單子概念具有形而上學的存在學的意圖。所以，萊布尼茨也就沒有把這些點稱為數學的點，而是把它們稱為 points metaphysiques，即「形而上學的點」。後來，萊布尼茨還把它們叫做「形式的原子」，而不是質料的原子……參見：〔德〕馬丁·海德格爾，路標〔M〕，孫周興譯，北京：商務印書館，2000：90。

（三）耦合圖式的還原與重建

在黑格爾之後，與耦合圖式還原與重建相關的理論體系呈現爲紛繁複雜的局面，包括現象學還原、結構主義、解構主義、耗散結構、控制論、信息論、系統論等等一系列活躍在二十世紀的理論體系，無不與耦合圖式密切相關，篇幅所限，我們這裡不能一一展開，而只能從哲學的語言學轉向的角度入手，來闡釋之。

最能體現哲學的語言學轉向的一句話，是海德格爾提出的：「語言是存在之家。」〔註27〕但仔細琢磨起來，這句話並不具有範式革命的意味，反而具有某種向古希臘思想還原的味道，它本來就是邏各斯中心主義傳統思維模式下的產物，是在胡塞爾的現象學還原理論基礎上的邏各斯中心主義的改頭換面。實際上，存在並不完全依賴於語言，這一點，東方老子的「道」顯得維度更加豐盈一些。在西方的傳統中，相當於東方的「道」這個初始符號的本來就是「邏各斯」，但「邏各斯」到了亞里士多德時代之後，維度就開始逐漸變得有限而狹隘起來，幾乎成爲單一理性的代名詞了——也就是邏各斯中心主義。這有點類似老子的「道」到了儒家那裡就嬗變爲「人間倫理」的情況。老子對「道」的生成過程及其運行狀況是這樣描述的：

> 有物混成，先天地生。寂兮寥兮，獨立不改，周行而不殆，可以爲天下母。吾不知其名，強字之曰道，強爲之名曰大。大曰逝，逝曰遠，遠曰反。故道大，天大，地大，王亦大。域中有四大，而王居其一焉。人法地，地法天，天法道，道法自然。〔註28〕（《道德經》第二十五章）

在老子看來，這個「先天地生」的「道」，一方面類似於康德所謂的「物自體」，它本來是不可言說、不可知曉的；但另一方面，這個「物自體」一旦「強字之曰道」而被說出的時候，就成爲「可道」之「道」了。這個可以言說的「道」，就是「道說」的「道」，因此所謂的「太初有道」，本應該包括「太初無言」和「太初有言」兩個意思。這就是耦合圖式的初始形態，充滿著彼此矛盾和直接對立的「有」與「無」、「可道」與「不可道」等認知張力，是初始形態的「正反合」。老子用「道可道非常道」指出其構成狀態，用「反者

〔註27〕〔德〕馬丁·海德格爾，路標〔M〕，孫周興譯，北京：商務印書館，2000：366。
〔註28〕陳鼓應，老子注釋及評介〔M〕，北京：中華書局出版社，1984：163。

道之動」來言說其運行規律，並體悟和追問著它的多維耦合意向性：

> 孔德之容，惟道是從。道之爲物，惟恍惟惚。惚兮恍兮，其中
> 有象；恍兮惚兮，其中有物。窈兮冥兮，其中有精，其精甚眞，其
> 中有信。〔註29〕（《道德經》第二十一章）

老子隱約領會出存在於那個不可言說的「道」中的某些可被勉強言說的
對象要素，它們分別呈現爲：「象」，「物」，「精」，「信」。關於這些對象要素，
究竟對應現代漢語中的哪些名詞概念，或者說到底應該如何闡釋，現在還存
在著見仁見智的爭議，尤其是那個「精」字，新出土的漢代帛書中就有寫作
「請」或「情」的——這裡先擱置這些細節問題，我們眞正關注的是：老子
已經在從不同的維度上領悟著「道」這個人類初始耦合圖式中所隱含著的存
在維度了。很顯然，老子心中的「道」，是一個多維耦合體。我們姑且把這四
個對象要素理解爲「道」這個多維耦合體在老子的心中所呈現出來的耦合意
向性，它們分別對應著：物——體驗的，象——經驗的，精——先驗的，信
——超驗的。

其實，關於「邏各斯」，最初也是擁有多維屬性的，意大利學者維柯在他
的《新科學》中闡釋說：

> Logic（邏輯）這個詞來自邏葛斯（logos），它的最初的本義是
> 寓言故事（fabula），派生出意大利文 favella，就是說唱文。……邏
> 葛斯（logos，即詞）對希伯來人來說，也可以指事蹟，對希臘人來
> 說，也可以指實物。〔註30〕

但到了亞里士多德時代，「邏各斯」的意思就開始偏於單一的理性並用以
作爲人區別於動物的標誌了。德國學者伽達默爾在他的《哲學闡釋學》一書
中進行了如下敘述：

> 亞里士多德爲人的本質下了一個經典性的定義，根據這個定
> 義，人就是具有邏各斯的生物。……它表明，人是具有理性的動
> 物……實際上，邏各斯這個詞的主要意思是語言。亞里士多德用如
> 下方法來區別人和動物：動物之間是通過互相指示哪些東西在激起
> 它們的欲望從而可以去尋求這種東西，哪些東西在傷害它們從而可

〔註29〕陳鼓應，老子注釋及評介〔M〕，北京：中華書局出版社，1984：148。
〔註30〕〔意〕維柯，新科學〔M〕，朱光潛譯，北京：商務印書館，1989：197～198。

以避開這種東西而相互理解的。這就是動物的本性所能做到的。唯
有人除了本性之外還有邏各斯。〔註31〕

很明顯，根據伽達默爾的理解，亞里士多德是主張「邏各斯」主要代表
人類的理性言說的，而把動物之間的溝通信息與交流情感的媒介直接剝離在
「邏各斯」的範圍之外，這就導致了人類與其他生命世界的絕對裂隙。也就
是說，在亞里士多德心中，邏各斯強調的是人類的理性，那理性中蘊含著對
上帝的信仰、對真理的追問、對邏輯的探求等等，所以邏各斯又可以等同於
上帝、真理或邏輯，它只是關於真理和邏輯的言說符號，是人區別於動物的
標誌。

法國學者德里達在解釋「邏各斯」的時候，則直接把它歸結為索緒爾符
號學中的概念所指，並指出其「邏各斯中心主義」的屬性：

> 此處的邏各斯可以從以下幾種意義上去理解：在前蘇格拉底或
> 哲學的意義上，在上帝的無限理智的意義上或人類學的意義上，在
> 前黑格爾的意義上或在後黑格爾的意義上。但是，邏各斯與語音
> （phonè）的原始的本質的聯繫並未割斷。……符號概念始終在自身
> 中包含能指和所指的區分，即便它們像索緒爾（Saussure）論證的那
> 樣只是同一片樹葉的兩面。這一個概念也屬於邏各斯中心主義……
> 〔註32〕

這樣，我們大致就可以做出如下判斷：邏各斯中心主義思維方式下的語
言系統主要強調的是人類語言中的理性（包括上帝信仰和邏輯概念）要素，
並把人類語言和動物之間交流信息的媒介嚴格區分開來；而老子的「道」則
在強調其不可言說的情況下，將「物」凸顯出來，並將「象」、「精」、「信」
等維度全部包容進去。我們隱約領會到老子的卓爾不群的智慧之所在：他敏
銳地把握住了一個悖論式的問題──在可道與不可道之間，符號開啟了一扇
門，它既為人類和動物劃分出界限，同時也留出了通道。「物」和「象」，是
人和動物所共享的信息維度，「精」和「信」是人類所獨享的信息維度。

由此看來，老子關於符號的四維框架，足以涵蓋亞里士多德以後的西方
「邏各斯」這個單一的維度，其缺陷在於過度流連在恍惚之間的多維體悟上，

〔註31〕　〔德〕漢斯-格奧爾格・伽達默爾，哲學闡釋學〔M〕，夏鎮平、宋建平譯，上
　　　　　海：上海譯文出版社，2004：61。
〔註32〕　〔法〕雅克・德里達，論文字學〔M〕，汪堂家譯，上海：上海譯文出版社，
　　　　　2005：13～15。

而缺乏對於單一維度的執著追問。而「邏各斯」的優點正在於其對邏輯理性維度深刻而精準的追問，其缺陷在於忽視了人類與動植物共享的其他維度從而將人類與世界完全對立起來。從老子的「道」這個符號上，我們看到的是一個連續而多維的世界，從亞里士多德的「邏各斯」這個符號上，我們看到的是一個離散而孤立的世界。因此，達爾文的進化論對西方的邏各斯傳統構成了致命的打擊，而對東方的天人合一觀念則構成了合理的闡釋。

我們汲取邏各斯言說真理的精華而揚棄其維度單一的局限，將其植入「道」的多維框架內，就還原出一個原型耦合體來：以「耦合時空」為核心的擁有逐層累進的四個耦合意向性的圖式系統。其中的「精」就是指無法感知到的先驗的邏輯理念（先驗世界），其中的「信」就是指對未知世界的信以為真的精神信仰（超驗世界），其中的「象」就是指被感官經驗到的事物表象（經驗世界），其中的「物」就是指被肉身體驗到的物質實體（體驗世界）。這樣，我們就在東方「道」的多維耦合意向系統中植入了西方「邏各斯」的信息儲備，生成一個東西合璧的符號學系統。在本質上，「邏各斯」構成「道」的部分維度，「道」保留著「邏各斯」的早期屬性。

其實，西方針對邏各斯中心主義傳統，早在德里達就已經開始了轟轟烈烈的解構運動。而福柯，更是早在德里達之前就在尼采的啟發下，默默地開始了對這一傳統的反思和對抗。針對亞里士多德以來的語音能指中心主義，德里達提出了「書寫的延異」說；針對上帝操控話語權力的現狀，尼采大膽地宣告「上帝死亡」；針對氾濫的理性主流所形成的話語霸權，福柯甚至宣告了「人也得死」。這到底是怎樣的一個瘋狂的世界呀？他們為什麼對邏各斯中心主義如此痛徹肺腑地敵視呢？

事實已經證明的是，尼采的宣告並不是聳人聽聞的噱頭，而是精準的預言，並非尼採自己殺死了上帝，而是瘋狂的人性殺死了上帝，通過兩次世界大戰的血腥屠殺之後，上帝被那些瘋狂的劊子手們從自身的人的維度上抹除了，而抹除了上帝維度的真正主謀，恰恰不是淳樸的愚昧，而是笛卡爾以來的工具理性。莫偉民先生認為：

> 福柯發掘間斷性、斷裂、界限、裂口、個體性、力量關係等，主要都是為了殺死把人類意識看作一切生成和一切實踐的原初主體這樣的傳統哲學家的大寫的歷史的神話。在這方面，福柯毫不猶豫地站在康德、黑格爾、馬克思、哥德曼、盧卡奇、狄爾泰、19世紀

的黑格爾主義者們、霍克海默、薩特等人的對立面。〔註33〕

　　福柯之所以和那麼多人站在相反的立場上，就是因爲他領悟到邏各斯中心主義所帶來的主體維度單一性萎縮所形成的遮蔽和盲區效應。柏拉圖以來的邏各斯中心主義將理性看作是人類主體的全部，亞里士多德把邏各斯看作是人類區別於動物的標誌，發展到笛卡爾「我思」的時候，甚至發生了靈魂與肉體的斷裂，這就導致了單一理性維度的高度滯留，索緒爾正是秉承著這樣的理念，將「所指」定義爲驅逐實物形態的邏輯範疇──概念。這種單一理性維度的高度滯留，與單一感性維度的高度滯留，所收穫的遮蔽效應是相同的。同樣，滯留在中國式的「民以食爲天」的物質主義上和滯留在印度式的苦行僧精神信仰中，盲區也是一樣的。也就是說作爲人類的累積著多個進化維度的主體，不可能是單一的「唯……主義」的，這個維度豐盈的主體，固然擁有「我思故我在」的維度，但同時還擁有「我信故我在」的維度，擁有「我視聽故我在」的維度，擁有「我飢餓故我在」的維度，所有這些維度，都是被歷史生成和積澱著的，就像個體重演種群進化的歷史那樣，被疊置和堆積在主體身上。對於一個健康的人來說，任何一個維度缺失，都將構成致命的損傷：低等維度的缺失，直接威脅生命機體存活狀態，高等維度的缺失，則將人類擱淺在蒙昧野蠻的沙灘上，飲鴆止渴般地啜吸著與低等生命相同的幸福體驗。

　　表面上看來，高等維度的缺失並不致命，實際上並非如此，美國心理學家馬斯洛先生關於人的需求等級理論，已經揭示了這樣一個事實：伴隨最本能的低等生命需求被滿足，就會產生更高的需求渴望，當更高的需求渴望得不到有效滿足的時候，就會發出「不自由毋寧死」的呼喊，這不只是對「好死不如賴活著」的低端需求口號的否定，更是對某種文化價值取向的否定。當然，否定所代表的並非簡單的是非對錯，而是兩種極端維度的張力效應，代表的正是人類主體的不同維度之間的「意向弧」〔註34〕被充分打開的豐盈狀態。而更爲重要的是，當一個高端的維度需求被有效彰顯，恰恰證明著一種文化的進步和一種人生境界的提升，那個「不自由毋寧死」的口號也並非

〔註33〕〔法〕米歇爾‧福柯，詞與物〔M〕，莫偉民譯，上海：上海三聯書店，2001：14。

〔註34〕意向弧：指不同意向性位點之間在耦合圖式座標球面上所呈現出來的張力弧度。參見：〔法〕莫里斯‧梅洛－龐蒂，知覺現象學〔M〕，姜志輝譯，商務印書館，2003：8，181。

主張輕易地去「死」，而是強調要爭取維度豐盈地「活」，寧可以犧牲維度單一的低端生命爲代價。

自由的本質，是夏娃的偷食禁果和被逐出伊甸園，也就是蕩漾在人類心中的自由意志，是有效對抗上帝信仰的另一個張力維極。其實，「上帝」不過是人類自己打造的一個未知維度，並以此來意指「絕對的道德律令」，就本質而言，「上帝」就是一個以「禁令」或「信仰」爲所指的能指符號。因此，人類的自由意志對它構成強大的威脅——那是一種相反的否定性的張力，那麼，與人類的自由相互伴生的，就是「上帝之死」的可能性。但是，如果上帝眞的死了，那麼，人也不可能維度豐盈地活著，因爲「上帝」構成了人類進化歷程中一個不可或缺的維極，而「上帝之死」就意味著：支撐人類文明的豐盈維度的意向弧崩裂了，維度高度缺失了的人，就不能稱其爲「人」了。〔註35〕

由此看來，殺死上帝的，正是西方的工具理性本身。自從牛頓的經典物理學問世以來，人類的意識裏就不斷地孳生著僭越上帝的衝動，而工具理性，就是邏各斯中心主義的產物。工具理性對於上帝位置的僭越，就直接導致了人類的不同維度之間的張力失衡，最終使人類自身暫時逃脫了上帝的監視，卻立刻淪爲工具理性的奴僕，成爲單向度的生物。

在符號理論問題上，和亞里士多德（主張「人是邏各斯的動物」）、海德格爾（主張「語言是存在之家」）、恩斯特・卡西爾（「主張人是符號的動物」）等人的主張完全相反，福柯將人的存在和邏各斯對立起來。〔註36〕

〔註35〕莫偉民先生指出：在西方哲學史上，「上帝之死」這個觀念經歷了不同的發展階段。福柯指出，在黑格爾那裡，「上帝之死」指的是「大寫的理性佔據了上帝的位置，人類精神逐漸實現了自身」；在費爾巴哈那裡，「上帝之死」指的是人清除了使人異化的上帝的虛幻，人意識到了其自由；但到尼采那裡情形就有所不同了，尼采第一個奮起攻擊把主體與意識等同起來的先驗哲學，第一個與非常穩固的和持久的西方哲學傳統進行徹底的決裂。對尼采而言，「上帝之死」意味著形而上學的終結，人殺死了上帝，但人並未佔據這個仍然空閒著的位置，超人則在同時超越著上帝的缺場和人的缺場。福柯同尼采一樣拒絕在先驗層面上把主體與思維的我等同起來。參見：〔法〕米歇爾・福柯，詞與物〔M〕，莫偉民譯，上海：上海三聯書店，2001：13。

〔註36〕對於這一點，《詞與物》的翻譯者莫偉民先生如此評價說：福柯的批判首先聚焦於近現代主體哲學的創始人笛卡爾的理性主義。在古典時代，以笛卡爾理性主義爲代表的西方文化的大寫的理性的獨白把癲狂壓制到沉默無聲的地步。如果說福柯的批判對象，在古典時代是笛卡爾的理性主義的主體哲學，那麼，在現時代，從康德和 18 世紀末起，就是人類學了。由於從 17 世紀中

福柯的批判，直指邏各斯中心主義傳統的死穴——把邏各斯看做是人的單一意識主體來和動物分離開來並對立起來，批判的結果是得出了與海德格爾的「語言是存在之家」完全相反的結論，那就是：「人的存在與話語的存在是不相容的。」這就很有點類似於老子的不可言說的「道」的意味，也有點像東方民族的「桃李不言下自成蹊」的沉默智慧。

其實，這個東方智慧正是蘊藏在老子的「道可道非常道」的「道」中的詩性智慧。那是怎樣的一個「道」呢？它是一個剛剛被說出來就立刻被解構了的「道」，是一個介於可言說與不可言說之間的「道」，是被西方世界摸索了兩千多年之後終於被德里達和福柯等人領悟出來的「道」。這個「道」不是「邏各斯」，而是蘊含著邏各斯這個維度在內的更加多維的耦合系統。基於此，我們無論如何也無法迴避開老子這位東方賢聖的「大智若愚」了。

關於老子，羅根澤先生力主其為戰國時人，他列舉了十一條理由〔註 37〕來證明自己的主張，其中有兩條是關於《道德經》一書中的思想的：一是反對尚賢，二是反對禮教。而尚賢和禮教，是儒家和墨家的思想，這說明《道德經》一書是有批駁的靶子的，也就是所謂「有為而言之也」。我們認為羅根澤先生的主張是有道理的。現在看《道德經》一書，不光是批駁儒家和墨家，而且還融合了一些名家的思想，將「道」和「名」等列起來，這非常類似於古希臘的「邏各斯」和言說的比併。也就是說，到了雅斯貝爾斯所謂的「軸心時代」，人類的東西方同時開始了關於哲學本體論問題的思考，這種思考從語言符號開始，經歷了兩千多年的反覆追問和辯駁，最終在二十世紀初，又在現象學還原和結構主義的思潮中實現語言學轉向，實際上是走向了回歸之路。

在經歷了「五四運動」以來的一百多年歐風美雨的沖刷之後，當我們猛然回頭的時候才突然發現：其實我們懷瑾握瑜，擁有著一個詩性智慧的內核，那就是維度豐盈的原型耦合體——道。或者也可以這樣說，強調不可言說的

葉至 18 世紀末起，對語法或財富體系作研究時，只需通過能對物之序作表象的話語，而無需通過人文科學，所以，人在古典知識內部並不存在。只有從 19 世紀初起，當話語失去了它在古典知識中曾經擁有的組織作用和對經驗世界的法則力量時，人才存在，人文科學才產生。也就是說，人的存在與話語的存在是不相容的，人之序與符號之序是不相容的，活著的、勞動著的和講著話的人只存在於話語消失的地方。〔法〕米歇爾·福柯，詞與物〔M〕，莫偉民譯，上海：上海三聯書店，2001：8。

〔註 37〕羅根澤，說諸子〔M〕，上海：上海古籍出版社，2001：201。

東方之「道」和強調必須言說的西方之「邏各斯」，正好是人類文明史以來的一對最大的「正反合」——以語言言說爲節點的耦合圖式。

（四）多維耦合著的真相世界

「物自體」的真相永遠隱藏著，我們這裡所謂的「真相」，是指呈現在耦合圖式中的時空的「真實相態」，那是一個多維耦合著的意向世界，我們就生活在這個維度豐盈的耦合意向世界中，這個世界中不存在絕對獨立的主體和客體，也不存在彼此截然不同而又各自封閉的對立，即便是擁有最大張力的兩個維極之間，也只是存在著某種維度參數的差異，因此，所有對立面都可能伴隨維度參數的改變而實現相互逆轉和置換。〔註38〕

肉體和意識是同一種「元素」呈現出的不同維度，而不是彼此分開的兩種東西，就像物質和能量相互耦合在一起那樣，像粒子性和波動性相互耦合在一起那樣。主體和客體本來就是同一個世界，只是觀察的視角不同才形成了維極差異：以生命個體爲中心的也就是托勒密體系的世界中，主體就是生命體，客體就是周邊環境；以整個宇宙天體爲中心的也就是哥白尼體系的世界中，主體就是宇宙天體，生命體變成了客體——像寄生在我們體內的細菌病毒一樣寄居在宇宙天體之上。

一個多世紀之前的奧地利學者馬赫敏銳地發現：自我其實是一個由三個層次要素組成的複合體。在他的《感覺的分析》裏，清楚地表述並論證了一個耦合世界的圖景。〔註39〕

〔註38〕撰寫《生命是什麼》一書的薛定諤認爲：正是同樣的元素組成了我的意識和我的世界。對任何他人的意識及其世界而言，情況也是如此，儘管它們之間有不可思議的大量的「相互參照」。我只被賦予了一個世界，而不是存在和感知分開的兩個世界。主體和客體是同一個世界。它們間的屏障並沒有因物理學近來的實驗發現而坍塌，因爲這個屏障實際根本不存在。……爲什麼在我們描繪的科學世界的圖畫中任何部分都找不到感覺、知覺和思考的自我？原因可簡單用一句話來表示：因爲它就是那幅畫面本身。它與整個畫面相同，因此無法作爲部分被包括進去。參見：〔奧〕埃爾溫·薛定諤，生命是什麼〔M〕，羅來鷗、羅遼復譯，長沙：湖南科學技術出版社，2011：128～129。

〔註39〕複合體分解爲要素……我們把上述要素用字母 ABC…，KLM…，αβγ…來表示。爲清楚起見，把那些叫做物體的、由顏色、聲音等等組成的複合體稱爲ABC…；把那些叫做我們的身體的、在前一類複合體中以某些特點爲優異標誌的一部分複合體稱爲 KLM…；把意志、記憶印象等等構成的複合體稱爲αβγ…。通常把組成自我的複合體 αβγ…KLM…與組成物質世界的複合體ABC…置於對立的地位。但是，有時只把 αβγ…視爲自我，把 KLM…ABC…

　　馬赫的三組要素構成的複合體，實際上可以看做是一個套嵌結構，就是如下圖所示的一個耦合系統（參見《感覺的分析》第 27 頁，稍作改動）：

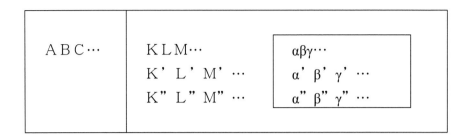

　　這個耦合要素系統大致反應了共處於一個大環境中的不同生命個體的存在狀態。從在境的角度看，每個生命個體都是從環境中生長出來的一個節點，而那環境，可以無限地延伸到宇宙時空的縱深處，意識又是寓於身體之中的，因而是一個彼此無法分割開來的連續統，呈現為一種波動性。從在場的角度看，每個生命個體的意識、身體和環境，又都分屬於不同的要素組，彼此獨立，彼此隔離和分開，是離散體，呈現為一種粒子性。

　　根據我們的理解，馬赫所謂的複合要素 ABC…主要指生命個體身體之外的環境要素，KLM…主要指生命個體身體的各種感覺要素，而 αβγ…主要指生命個體內在的意識內容。從今天的科學背景上看，意識是多維度的，存在著機體性下意識，個體潛意識和集體無意識，感覺的意識，信仰的意識，理性的意識等等。我們把所有的這些意識，都統稱為意向性。

　　所有這些意向性都屬於生命個體從不同的進化維度上所體驗到的存在狀態：ABC…是身外之物，構成新陳代謝和功利佔有的主要對象，對應欲望主體的物實意向性；KLM…是身體上的感覺，構成體驗和情緒情感的主要對象，對應欲望主體的象表意向性；αβγ…構成人類特有的意識形態對象，對應欲望

　　視為物質世界。初看起來，好像 ABC…是離自我而獨立的，並且是與自我相對立的。可是，這種獨立性只是相對的，一經細究，就消失了。固然，αβγ…這種複合體可以有很多變化，而不引起 ABC…那種複合體上多大看得出的變化；反過來，也一樣。可是，αβγ…的好多變化卻能通過 KLM…的變化而波及 ABC…；反之，也一樣（例如，人的強烈思想變為行動，或是環境引起我們身體上看得出的變化）。同時，KLM…與 αβγ…的相互聯繫，或 KLM…與 ABC…的相互聯繫，比後兩種複合體的相互聯繫更緊密。三種複合體的這種關係，恰好在通常的思想和言語中表現出來。參見：〔奧〕馬赫，感覺的分析〔M〕，洪謙、唐鉞、梁志學譯，北京：商務印書館，1997：7。

主體的徵信意向性。所有這些功能，都是一種意向性的賦值行爲，形成信息素：物實信息素，象表信息素，徵信信息素。這些都是在境信息素。與之對立的是在場信息素。

人類認知世界的前提是：人類作爲環境的產物就在其中，當剛剛出生的嬰兒發出第一次哭聲的時候，便正式宣告了個體生命和環境耦合的開始，從此，呼吸便一直伴隨生命的過程，直到終了。耦合產生了意識到的一切，包括實物、表象、信仰和理念等。因此，世界圖式既不是純然客觀的實在，也不是純然主觀的構想，而是生命體和環境之間耦合起來的狀態。

圖式不斷成長，在剛剛出生的嬰兒頭腦裏，反映出的世界基本是一片混沌的，但伴隨生命體的成長，世界的圖式逐漸清晰起來，當所有的感官都完成了和環境的耦合與對接之後，整個世界的圖景便呈現出來了。但即便是此時，也並不是身處其中所有的環境要素都能夠呈現出來，而只是和感官限閾相對應的一部分被呈現出來，比如相應頻率的聲音和相應譜段的光波。沒有呈現的，也就是沒有被感官閾限所耦合到的。世界圖式表現爲那些被耦合的要素構成的存在狀態。

世界本身是智慧的，生命體的 DNA 遺傳信息編碼非常精緻，但當我們不知道的時候，它已經默默無聞地伴隨地球上的生命形式幾十億年了，而這些，只有當我們的認知能力發展到今天的水平時，它才呈現爲我們的認知結果。世界上還有多少不爲我們的認知能力所知的秘密，我們無法知道，因此，我們所言說的「世界」，就是和我們的認知能力相耦合的世界。各種信息，時刻都在湧流著，只有被我們成功解碼的，才構成我們的知覺系統。

因此，我們認爲，這種耦合世界存在著境、場和模三個視角的區別。簡單來說，所謂「境」，就是以欲望主體爲中心著眼點所形成的「托勒密視野」，所謂「場」，就是以欲望客體爲中心著眼點所形成的「哥白尼視野」，所謂「模」，就是以鏡像對稱爲中心著眼點所形成的「皮革馬利翁視野」。

境和場的區別，本質上是生命體閾限內外視角的正反對立。凸顯閾限內感知要素的耦合，就是在境的耦合；凸顯閾限外邏輯要素的耦合，就是在場的耦合。打個比方來說，在一個磁場中有一塊鐵和一塊銅，從磁性閾限外的角度來說，它們都是在場呈現者，但就磁性閾限而言，鐵在其中，銅不在其中。因爲鐵處於磁性閾限內感應到磁力的存在，銅則處於磁性閾限之外而感應不到磁力的存在。我們把感應到的磁力存在的狀態，看作是在境，而把感

應不到磁力存在但在某個固定時空中呈現的存在狀態，看作是在場。

　　生命體在環境中生存，一個關鍵的感應要素就是基因宿主的欲望力，這相當於上文中所說的磁場中的磁性或磁力，實際上就是生物磁場，中國古代稱之爲「氣」或亞里士多德稱之爲「靈魂階梯」中的「靈」所象徵表達的意向中，主要包含的就是這種要素。一個無機物（比如一塊石頭），和一個生命體（比如草木禽獸等）之間的差別就在於引發感應的決定要素——欲望力的有無。而欲望的本質則是基因模本的自我複製，它構成生命形態最爲內在的自由意志。

　　與學者遙相呼應的是詩人。美國著名詩人惠特曼在他的《自我之歌》中所確認和吟詠的那個「自我」，也正是一個集靈魂、肉體、宇宙意識於一身的耦合體，其所對應的正是基因模本的、在境生存的、在場澄明的三個時空相態相互耦合著的圖式系統。〔註40〕

　　最後，我們用一個故事片段來結束本節內容並開啓下一節的門扉：語言符號的耦合圖式系統。眾所周知的是，蘋果是造物主賜予人類的天然美食，但上帝卻使用一個蘋果做了四件事情：第一件事情是引誘夏娃來偷食並由此激活了她內心深處的自由意志（作爲禁果被吃掉了）；第二件事情是賦值海倫以美貌並由此引發了特洛伊戰爭（作爲美的標誌被鑒賞著）；第三件事情是開啓了牛頓的智慧並由此掀起了近現代工業革命（作爲萬有引力的載體被計算著）；第四件事情是召喚出喬布斯的靈感並由此打開了網絡信息時代的大門（作爲一個商標被崇拜著）。於是就有：夏娃引領了人類的肉欲主體性覺醒，海倫引領了人類的感官主體性覺醒，牛頓引領了人類的理性主體性覺醒，喬布斯引領了人類的精神主體性覺醒。喬布斯像一個精神教父一樣燃燒著短暫的生命和天賦的智慧，將個人電腦小型化和微型化，最終將每一個生命個體都安置在超越時空的信息網絡節點上，彷彿大腦中神經網絡系統中的一個個神經元那樣，從而眞正把人類帶入了作爲一個耦合節點存在著的信息時代。

第二節　耦合圖式符號學

　　索緒爾將符號區分爲「能指」和「所指」，首開關於語言的「符號學」研究之先河。而所謂的「能指」和「所指」，就是一個二元對立且互補的關聯項，

〔註40〕李宜燮、常耀信，美國文學作品選〔C〕，天津：南開大學出版社，1991：283
　　　～297。

它符合整個人類文明史以來的黑格爾所謂的「正反合」辯證法，也就是我們所謂的（正←耦→反）^{n} 的原型模式。尤其是在哲學的語言學轉向背景之下，學者們開始扭轉傳統上語言作為工具的看法，那語言如果不是工具的話，到底又是什麼呢？〔註41〕我們認為，語言就是耦合圖式，甚至可以套用正反合的公式表述為：（能←耦→所）^{n}。

其實，把語言看作圖式，並不是我們自己的主觀臆想，法國學者茨維坦‧托多羅夫早就持這種見解。他在《象徵理論》一書中介紹了謝林結合康德和歌德的相關理論所提出的關於圖式、寓意和象徵這三項對比系列之後，發表自己的看法認為：「最常見的圖式顯然就是語言」。〔註42〕

但問題是，寓意和象徵，也多半是通過語言來表達的，或者說是語言表達的某種技巧，因此單獨說語言是圖式，而又把圖式和寓意、象徵區別開來對待，顯然是自相矛盾的。更何況，圖式的本質屬性是一種「耦合」，而不是「一般和特殊這兩個基本範疇間的不同組合」。

〔註41〕 德國闡釋學者伽達默爾認為：語言並不是意識藉以同世界打交道的一種工具，它並不是與符號和工具——這兩者無疑也是人所特有的——並列的第三種器械。語言根本不是一種器械或一種工具。因為工具的本性就在於我們能掌握對它的使用，也就是說，當我們要用它時可以把它拿出來，一旦完成它的使命又可以把它放在一邊。但這和我們使用語言的詞匯大不一樣，雖說我們也是把已到嘴邊的詞講出來，一旦用過之後又把它放回到由我們支配儲備之中。這種類比是錯誤的，因為我們永遠不可能發現自己是與世界相對的意識，並在一種彷彿是沒有語言的狀況中拿起理解的工具。毋寧說，在所有關於自我的知識和關於外界的知識中我們總是早已被我們自己的語言包圍……我們所有的思維和認識總是由於我們對世界的語言解釋而早已帶有偏見。進入這種語言的解釋就意味著在這個世界中成長。在這個意義上可以說語言是人的有限性的真實標誌。語言總是超越我們。個體的意識並不是衡量語言存在的標準。參見：〔德〕漢斯－格奧爾格‧伽達默爾，哲學闡釋學〔M〕，夏鎮平、宋建平譯，上海：上海譯文出版社，2004：63～65。

〔註42〕 茨維坦‧托多羅夫在他的書中如是說：謝林可以說是集中了康德關於圖式和象徵，以及歌德關於寓意和象徵這兩組對立，得出了一組三個項的系列。但是這幾個詞的內容卻變了。謝林所下的定義較之他的兩位前人的定義更符合邏輯：三個概念間的差別來自一般和特殊這兩個基本範疇間的不同組合。「這種一般意指特殊或者特殊必須通過一般才能把握的表象（Darstellung）就是圖式。然而那種特殊意指一般，或者一般必須通過特殊才能把握的表象就是寓意。兩者綜合起來，這時一般並不意指特殊，特殊也不意指一般，而是兩者完全合成為一體，這就是象徵。」圖式就成了一般對特殊的指稱。最常見的圖式顯然就是語言：總是表示一般的語詞能夠指稱個別的現實。參見：〔法〕茨維坦‧托多羅夫，象徵理論〔M〕，王國卿譯，北京：商務印書館，2005：264～265。

耦合圖式符號學把語言看作是耦合圖式，將寓意、象徵、隱喻等傳統修辭手法或語言表達技巧全部納入信息編碼系統中來進行闡釋，從而還原出一個統一的文本信息系統來。

一、語義上溯和概念界定

（一）語言信息

語言信息是欲望主體以自然語言作為媒介的意向性賦值系統。這裡面存在著三個關鍵點，一個是何為信息？一個是何為語言信息？一個是語義和語言信息是什麼關係？

首先，信息是欲望主體的意向性賦值系統。

到目前為止，關於信息的定義有很多，此不贅述。我們選取最得要領和靠譜的那個來開啟我們的探討，也就是控制論先驅維納的否定式定義：信息既不是物質，也不是能量，信息就是信息。〔註43〕維納用否定的方式首先將信息與物質和能量區分開來，這頗有點索緒爾將符號的所指概念與事物區分開來的意味，從而掃清了人類認知旅程中的最根本障礙——維度混沌不清。

我們在維納的啟發下給信息的定義是：信息是與物質和能量相併列的一個存在維度，是位於欲望主體和客體之間的耦合意向性，就其本質而言，是基於生命基因的耦合圖式。因此，信息在本質上是排斥單純的物理時空的，我們必須引入欲望主體的意向性作為必要參數，從而進入柏格森意義上的「綿延時空」或叔本華意義上的「意志時空」或弗洛伊德意義上的「欲望時空」。

只有在欲望時空中，信息才呈現為信息。信息是由三個部分組成的耦合體：信源、信道、信宿。信源是編碼者，信宿是解碼者，信道是信息賴以傳遞的媒介。信息的三個有機構成部分缺一不可：缺失信源，信息就無法誕生；缺失信道，信息就無法傳遞；缺失信宿，信息因無法被解碼而處於淹寂狀態，就像時刻蕩漾在我們周圍的無線電波和宇宙背景輻射那樣，只要沒有遭遇到可以相互共振的調頻接收器就無法呈現為有序的負熵，而有序的負熵沒有遭遇到能夠解碼的人這個信宿的話，也一樣等同於鴨子聽雷——莫名其妙。就拿最為典型的性信息素「雄二烯酮」和「雌四烯醇」來說，如果沒有作為信息編碼者的某種動物個體存在，沒有蘊含求偶的特殊意向性，那它就只是單純的化學元素而已；如果沒有作為信道的流動空氣——風，信息就無法傳遞；

〔註43〕〔美〕N，維納，控制論〔M〕，郝季仁譯，北京：科學出版社，2009：102。

如果沒有一個接收和解碼信息的動物個體，即便是隨風飄蕩著那些化學元素，也無法最終呈現爲信息，而只是停留在物質元素的狀態。

就本質而言，信息是欲望主體面對環境世界的一種耦合效應，其初始原型就是生命基因所呈現出來的意向性賦值。擁有生命意志的綿延時空中，欲望主體既是信源，也是信宿。作爲信源，它編碼和發出信息，表達自己的意向性；作爲信宿，它接收和解碼信息，領會環境的意向性。

其次，文本信息是以自然語言爲耦合介質而傳遞主體意向性的賦值系統。也就是說，雖然文本的內容是由自然語言構成的，但自然語言不就是文本信息，而是文本信息的載體。這就直接關係到第三個問題，那就是語義與語言信息不同。

語義是由義素叢聚集起來的義位構成的，而語言信息則是被語義召集和承載著的各種意向性賦值，二者彷彿是二進制編碼與其所承載的信息內容的關係。或者說，語義是詞典意義，語言信息則是說話者與聽話者之間所傳遞的信息內容。

（二）意向碼位

「意向碼位」這個概念，是從「音位學」和「義位學」那裡借鑒來的，音位是最基本的語音單位，義位是最基本的語義單位，意向碼位則是最基本的語言信息單位。意向碼位被耦合圖式的意向維極所賦值，位於主客體之間的耦合圖式呈現爲一個耦合界面，因此存在著與四個意向維極相互對應的四個意向碼位，它構成自然語言符碼信息的基本單位。

生命在與環境不斷協同進化的過程中，形成了階梯意向性，儲存在基因編碼裏：與機體臟器相互耦合的物質實在意向性（物實），與表感器官相互耦合的音象表達意向性（象表），與精神官能相互耦合的徵兆信仰意向性（徵信），與範疇官能相互耦合的演繹邏輯意向性（繹理）。而這些階梯意向性，近似於亞里士多德所說的「靈魂階梯」，或者我們所謂的「志」，因此，「志」和「靈魂」也都是多維耦合體，是使得信息呈現的內部支撐要素。

人類思維的進化與語言的進化是同步的，因此，自然語言累積蘊含這些不斷進化的階梯意向性。比如：專有名詞，主要是對應物實意向性的，而通用名詞則主要對應繹理意向性，抽象名詞主要對應徵信意向性，性狀名詞主要對應象表意向性。依靠這些階梯意向性建構起自然語言詞典中的「義項」，是被「義位」所凝固起來的，這些「義位」構成自然語言的語義內容。但是，

當這些承載語義內容的符碼在文本中運行的時候，本身只是一個語言代碼而已（彷彿是二進制通用代碼），不能構成文本信息的基本單位。眞正的文本信息來自於欲望主體的意向性，因此，語言信息的基本單位不是自然語言的「義位」，而是信息符碼的「意向碼位」。自然語言的「義位」只構成文本的表層符碼。表層符碼和意向碼位之間，也就是語言中詞的「義位」和文本信息的碼位之間，存在著重要區別。

意向碼位雖然區別於語言的「義位」，但它必須在自然語言的音位和義位的夾持之下才能表達出來，它屬於人類的意向性賦值的範疇，與人類智慧的進化維度相吻合。因此，在文本編解碼機制中，就不會簡單地滯留在詞典所規定的「專名」或「通名」之類的「義項」上，任何一個符碼，由於意向維度的不同，都會呈現出不同的信息內容來，就像阿拉伯數字「10」在不同的賦值系統中呈現出不同的值（在十進制中所表達的數值是十，在二進制中所表達的數值是二）那樣，「蘋果」這個詞匯在不同維度的意向性中也呈現出不同的價值：物實，象表，徵信，繹理。

意向碼位存在著「本體」和「變體」的區別。比如：普通類屬名詞（通名）的本體碼位是繹理碼位，專有名詞的本體碼位是物實碼位，精神信仰類名詞的本體碼位是徵信碼位，形容詞類的本體碼位是象表碼位。變體碼位就是在實際的能指鏈中形成信息內容時被激活的狀態，比如，一個普通名詞可以被激活物實碼位：這個蘋果；一個形容詞也可以被激活概念碼位：顏色是紅的；實物專有名詞也可以被激活徵信碼位：日神精神和酒神精神；徵信碼位的名詞也可以被激活物實碼位：鬼才知道。

（三）境耦

境，本來是指從欲望主體身在其中的視角來看待的生命體與環境緊密連接在一起的天人合一時空相態。在耦合圖式符號學中則是指在具體的文本中，從連接的角度來審視不斷被激活和延宕開來的能指和所指之間的關係（不斷被能指化後所形成的新的能指和所指關係），能指和所指在原來斷開的基礎上連接起來，這種耦合意向就形成了「境耦」，其激活符號爲「∫」。被境耦賦值的能指和所指之間的關係彷彿是一條線的兩端，呈現在莫比烏斯帶的同一側面上。符號的境耦，最終將通過能指和所指之間的連接關係還原爲主體嵌入環境的連接關係。

（四）場耦

場，本來是指從欲望客體身在其外的視角來看待的生命體和宇宙之間的關係，生命體反客爲主，被看作是與環境相互對立的分離狀態。而在耦合圖式符號學中則是指在具體文本中，從斷開的角度來審視不斷被激活和延宕開來的能指和所指之間的關係（不斷被能指化後所形成的新關係），能指和所指在原來的連接基礎上斷開了，這種耦合意向就形成了「場耦」，其激活符號爲「｜」。被場耦賦值的能指和所指之間的關係彷彿是一張紙的兩面，呈現爲莫比烏斯帶的不同側面上。符號的場耦，最終將通過能指和所指之間的斷開關係還原爲主體與客體之間的對立關係，並將不同符碼的所指意向性之間的關係也同化爲邏輯清晰的在場關係。

（五）模耦

模，本來是指耦合圖式的一種時空相態，其原型便是基因的自我複製，這種自我複製，彷彿從模本中複製出來的產品一樣，同時也像本體和鏡像一樣具有手性對稱的特點。正是它造就了生命形態之間的家族相似性，那是彼此的血緣紐帶，是母子之間的臍帶。從生命基因到社會文化基因，就形成了所謂的「模因說」，這也是「模耦」一詞的來源。在耦合圖式符號學中，具體文本被激活的時候，能指和所指之間存在著一種鏡像意向性，構成「模耦」，其激活符號爲「⊙」。被模耦賦值的能指和所指之間的關係彷彿是莫比烏斯帶上的鏡像結構：一個點與其背面對稱的點構成鏡像對稱或手性對稱的關係，這是藝術世界的典型意向性：其一是模仿性（模仿說），其二是皮革馬利翁式的自戀性投射（雕刻的形象實際上是他的自我欲望的投射）。

（六）原型耦

存在著兩個「原型」需要進行「語義上溯」：一個是榮格的「原型」是指一種集體無意識；一個是萊考夫的「原型」是指一個概念範疇內的類屬成員中的核心典型。從耦合圖式符號學的角度來看的話，它們都是一個「耦」。這種「耦」就是符號的靈魂，它位於耦合圖式的核心，與亞里士多德的「靈魂階梯說」中的「靈魂」相表裏。原型耦的表達符號爲「ϕ」。被原型耦賦值的能指和所指之間的關係是混沌模糊的，類似於道教的陰陽魚圖案，呈現出前邏輯狀態的思維特質，其中蘊含著多維耦合的意向性。

語言符碼的義位構成詞典意義。但作爲「義位」呈現在詞典中，是指義

素的耦合體本身，而萊考夫的「原型」則是指最符合這個義素耦合體的典型成員。因此，原型，也不是語言的義位，而是圍繞義位的距離最爲切近的家族成員，其本質也屬於信息的意向碼位，只不過其意向性不是向四周分散，而是向核心靠攏。從這一點來看的話，萊考夫的作爲家族系統中典型成員的「原型」〔註44〕就與榮格的作爲「集體無意識」的「原型」相一致了。它基本就是一個圍繞語言義位這個靶心的模糊意向性，其核心主宰被看做是莫名其妙的「靈」。

軸心時代以前的自然語言的信息，就是充分利用這樣的擁有一個靶心——「靈」的模糊區域，依靠圍繞著這個靶心點的一定區域內的意向性標記——「名」被傳遞，也就形成了原型意向耦。如果向外圍充分拓展，則形成四個維極的意向碼位。

二、信息的基因本體論

關於信息，控制論創始人維納有一句名言是：信息既不是物質，也不是能量，信息就是信息。這個表面上看來幾乎什麼也沒說的定義，用了兩個否定句，首先將物質和能量排除在外，用以清理人們對於「信息」概念的混亂思緒，是具有篳路藍縷意義的開創之舉。從本質上說，它是將信息這個維度從物質和能量中剝離出來，從此，物質、能量、信息分別構成了世界的三個維度，而不是三個結構要素。物質、能量、信息是作爲三個維度相互耦合在一起的，它們無法各自分離開來，也不能彼此替代，因此，信息是作爲世界耦合子的一個維度呈現的，從維度屬性上講，它是在區別於物質和能量這兩個維度屬性的基礎上才被定義的。

我們把著眼於不同維度耦合存在的考察對象稱之爲「耦合子」，也就是耦合圖式中的維度豐盈的「全息胚」。而把著眼於單一維度的考察對象稱之爲「孤立子」。德謨克利特的「原子」就是「孤立子」的典型，而萊布尼茲的「單子」則是「耦合子」的典型。

因此，信息是作爲耦合子的一個維度屬性而存在的要素。而信息呈現的必要條件則是欲望主體的耦合意向性。不同的意向性，又構成了信息的不同

〔註44〕萊考夫關於「家族相似性」的學說來自於維特根斯坦關於「遊戲」概念的闡釋，其用以隱喻的原型就是基於家族血緣關係而形成的相貌特徵相似性，這在初民時代就是一種集體無意識。參見：〔奧〕維特根斯坦，哲學研究〔M〕，李步樓譯，北京：商務印書館，2005：48。

維度。信息是作爲欲望主體的意向性賦值系統而存在的。維納認爲：

> 信息這個名稱的內容就是我們對外界進行調節並使我們的調節爲外界所瞭解時而與外界交換來的東西。接收信息和使用信息的過程就是我們對外界環境中的種種偶然性進行調節並在該環境中有效地生活著的過程。〔註45〕

基因擁有意向性，它彰顯著作爲宇宙全息胚的基本功能。宇宙進化到生命形態的出現，就從四種基本力的基礎上生成了第五種力，也就是我們所謂的欲望力，它是一切生命形態處理自身與環境關係的耦合節點，它以信息編碼的形式呈現爲基因圖譜。因此，基因並非生命體自己的事情，而是宇宙的事情，是宇宙的進化形態，無論是偶然進化出來的，還是必然進化出來的，都無法改變生命作爲宇宙進化節點的真實狀態。作爲宇宙的全息胚，必須擁有宇宙的所有維度，基因是到目前爲止，我們發現的最接近宇宙多維屬性的存在要素，它本身是由物質、能量和信息構成的，擁有最基本的元素：碳氫氧磷等物質屬性的要素，擁有包括欲望力在內的五種基本力，擁有複製自我的信息指令。其他任何一種無機物，都由於缺失欲望的意向性而無法成爲宇宙的全息胚。

萊布尼茲曾經針對德謨克利特的孤立物質形態的「原子」說提出過「單子」說，意在建構宇宙的全息胚。但是，由於當時缺少基因研究這個學術背景，缺少知識框架上的支撐，他只能止步於「靈魂」這個層次上，將宇宙的全息胚看作是「物質」和「靈魂」的耦合體。那麼，靈魂到底是一個什麼樣的存在要素呢？

曾經因發現脫氧核糖核酸——DNA 的雙螺旋結構，而與沃森（Wilkins）一起獲得 1962 年諾貝爾生理及醫學獎的克里克（Crick）在其著作《驚人的假說——靈魂的科學探索》一書中，將靈魂的引發要素歸結爲神經元的「脈衝振盪現象」〔註46〕，實際上就是通過對神經生理現象的系統考察將靈魂和信息聯繫起來了。

就傳統習慣而言，當我們說一個人擁有「通靈」功能的時候，就是說擁有一種與常人不同的知曉未知奧秘的能力，其本質，就是獲取隱藏在現象背

〔註45〕〔美〕維納，人有人的用處——控制論與社會〔M〕，陳步譯，北京：北京大學出版社，2010：13。

〔註46〕Francis Crick，驚人的假說——靈魂的科學探索〔M〕，汪雲九，齊翔林等譯，長沙：湖南科學出版社，2001。

後的閾限外信息的能力。現象本身不是信息，必須在意向性的賦值下，才能夠成為信息，比如：一束光本身只是現象，當它照射在石頭上的時候，呈現為能量的輻射和流動，但是，當它照射在一株小草上的時候，就成為信息，刺激植物基因發出光合作用的指令；映現在人的視野裏，就成為判斷事物存在的表象，成為鑑賞繪畫和雕刻等藝術作品的圖像，成為判斷季節變化的兆象，成為呈現內在規律的外在表象。而這些，都是基因賦值的結果。

正是在基因意向的指令下，生命和環境不斷協同進化。同時，基因也不斷將協同進化的數據編碼成信息藍本，構成嶄新的自我賦值的指令系統。但是，基因在運作的過程中，是生命個體面對當下的環境必須做出自己的決策，這個決策，並不完全等同於基因藍圖，也就是說，生命個體並不是完全按照基因圖譜進行生命建構的，很多隨機性的因素，都會改變建構生命的實際狀態。環境中的很多要素，諸如磁場和聲波，以及其他協同進化效應，都會直接影響當下的生命建構。甚至，像姜堪正先生所做的實驗那樣，被人工放大了的生物電磁場，可能從外界獲取某種基因模本信息的數據並隔空傳遞，從而定向改變基因程序，引起定向進化意義上的基因突變，遺傳給下一代。〔註47〕

環境的協同效應如此巨大，甚至讓美國生物學家利普頓先生由衷感歎道：「環境才是幕後老大」。他把這種理論稱為「環境至上論」，用以對應傳統的「DNA 至上論」，並提出「雙向信息流」的概念。〔註48〕

〔註47〕 參見：姜堪政、袁心洲，生物電磁波揭密——場導發現〔M〕，北京：中國醫藥科技出版社，2008：1～229。

〔註48〕 利普頓闡釋如下：新科學揭示，控制生物學的信息從環境信號開始，而環境信號又轉而控制調節蛋白與 DNA 的結合，調節蛋白管理基因活動。DNA、RNA 和基因的機能與「DNA 至上論」一章中所描述的相同。注意：信息流不再是單向的。在二十世紀六十年代，霍華德·泰明以實驗證明 RNA 能夠與預測中的信息流反向而行從而改寫 DNA，向中心法則提出挑戰。泰明最開始因他的「胡說八道」而受到冷嘲熱諷，但後來因描寫逆轉錄酶獲了諾貝爾獎。逆轉錄酶是 RNA 用以改寫遺傳密碼的分子機制。逆轉錄酶現在聲名狼藉，因為它被艾滋病毒的 RNA 用來強佔受感染細胞的 DNA。現在我們還知道，DNA 分子中的變化，如添加或移除甲基化學基，會影響調節蛋白的結合。蛋白質也必須能夠抵制預測中的信息流，因為免疫細胞中的蛋白抗體參與了對細胞中合成蛋白質的 DNA 的改變。指示信息流的箭頭的大小並不一樣。反向信息流有嚴格的限制，這種設計能夠防止細胞基因組的根本變化。參見：〔美〕布魯斯·H·利普頓，信念的力量〔M〕喻華譯，中國城市出版社，2012：34～61。

這種「雙向信息流」的學說，和皮亞傑的圖式理論中的同化和順應原則已經是異曲同工、不謀而合了。作爲耦合子，一個細胞和一個生命體的生命代謝機制是一致的。

英國學者道金斯在《自私的基因》一書中提出「模因」概念〔註 49〕，用以表述文化領域裏面出現的類似基因現象。其實，我們完全可以把文化領域裏的所謂「模因」現象看作是基因進化出來的不同維度。人類的語言能力，就是最爲典型的例子。也就是說，人的說話能力，是與生俱來的基因決定的，這毫無問題。而與語言相伴生的文化，曾經被榮格先生命名爲「原型」的人類集體無意識，也具有某種程度的遺傳效應，這是榮格自己也極力主張的。根據榮格的考證，原型在詞源上，等同於「理念」，甚至等同於「上帝」〔註50〕。由此，我們發現，「原型」實際上是一個意向於「本體」的存在，而在這個本體所圍繞的核心處，就蘊藏著生命的基因。

由此我們看到，基因其實是被原型耦合體包裹著的，而那些呈現出來的表象，就是基因不斷進化出來的維度。這些維度本身也就是目前人類所瞭解的宇宙維度。

基因意向性，是宇宙的某種運作功能，它作爲一個邏輯預設，遠要比人類歷史上的其他本體論的視野更加開闊，是到目前爲止，人類認知能夠和宇宙維度同步的極限。它超越物質本體論，靈魂本體論，理性本體論，經驗本體論，主觀本體論，客觀本體論等等，而成爲一個以基因模本爲核心要素的耦合本體論。

三、語言信息的四個意向碼位

關於語言信息的問題，維納說：

> 從控制論觀點看來，語義學上具有意義的信息乃是通過線路以及過濾器的信息，並非僅僅通過線路的信息。換言之，當我聽到一段音樂時，大部分聲音都進入我的感官並達到我的腦子。但是，如果我缺乏感受力和對音樂結構的審美理解所必需的訓練的話，那麼這種信息就碰到了障礙，反之，如果我是一個訓練有素的音樂家，那它就碰到了可以對它作出解釋的結構或組織，從而使這種模式在

〔註49〕 〔英〕道金斯，自私的基因〔M〕，盧允中、張岱雲譯，科學出版社，1981。
〔註50〕 參見：〔瑞士〕卡爾·古斯塔夫·榮格，榮格文集第五卷：原型與集體無意識〔M〕，徐德林譯，北京：國際文化出版公司，2011：6～7。

有意義的形式中展示出來，由是產生了審美價值和進一步的理解。語義學上具有意義的信息，在機器中一如在人體中那樣，乃是能夠通過接收系統中的激活機構的信息，儘管存在著人或自然乃至人和自然二者結合起來的搗亂企圖。從控制論的觀點看來，語義學界定了信息意義的範圍並使它在通信系統中免於逸失。〔註51〕

在這裡，維納雖然是在強調機器理解自然語言的必要前提——能夠被接收系統激活，而實際上，他是在肯定了另外一個更大的前提，那就是：自然語言信息必須是語義學上具有意義的信息，是能夠被接收系統激活的信息。

信息只有被接收系統激活，才能呈現為信息。因此，語言信息也只有被接收系統激活，才能呈現為語言信息。而傳統上認為語言詞典上的詞義——義位系統就是語言信息，實際上是一種誤解。信息是一種意向性賦值機制，而不是詞典上確定了的意義。關於這個問題，早已經被很多學者前輩敏銳地察覺到了，比如英國哲學家羅素先生在《心的分析》一書中，就如何理解詞的問題時說：

> 理解詞並不在於知道它們的詞典定義，或者能指明適應於它們的對象。……一個詞的意義不是絕對確定的：總是存在或多或少的模糊性。意義是一個類似靶子的區域：它可以有靶心，但隨著我們進一步地遠離靶心，靶子的外沿部分仍在一種逐漸減弱的程度上或多或少地處於意義的範圍內。隨著語言變得更精確，靶心外的部分越來越小；但是，靶心絕不會縮為一個點，而且總有一個不確定的區域而繞著它，不管那個區域多麼小。〔註52〕

美國語言學家本傑明·李·沃爾夫更是一針見血地指出：

> 我們的常識誤以為任何具體的詞都有「確切的意義」。我們已經看到，高層心理處理的符號並沒有固定的所指，而是像空白支票那樣，根據需要被填寫，它們表示特定變量的「任意值」……〔註53〕

沃爾夫的著作意在說明不同民族的語言與其精神狀況和思維方式之間的密切聯繫。但他接下來列舉了很多擁有不確定意義的語言現象，卻是人類語

〔註51〕 〔美〕維納，人有人的用處——控制論與社會〔M〕，陳步譯，北京：北京大學出版社，2010：79。

〔註52〕 〔英〕羅素，心的分析〔M〕，賈可春譯，北京：商務印書館，2010：172。

〔註53〕 〔美〕本傑明·李·沃爾夫論語言、思維和現實——沃爾夫文集〔M〕，高一虹等譯，長沙：湖南教育出版社，2001：265。

言所共通的，這無意間給我們提供了很好的證據。比如他說「樹」在波蘭語中，還擁有「木頭」的意思；「狗」在霍皮語中，可以表示任何一種寵物或家養動物；「手」在英語中則可以表示「時針」、「水手」和「園藝好手」、「一手好牌」和「佔了上風」等多種意思。其實，這三個詞在漢語中也是如此：古代的「木」就是「樹」的意思，當我們說「伐木工人」的時候，「木」就是「樹」的意思，當我們說「木料」的時候，「木」就是「木頭」的意思；「狗」，從命名理據上說則是「駒」這樣的「小動物」，在「蠅營狗苟」一詞中則是「像狗一樣」的意思；「手」的情況，英語和漢語幾乎沒有什麼差別，「舵手」不是指「手」這個肢體部位而是指稱一個人的整體功能，「手氣好」也並不是說「手」這個肢體部位好，而是指稱人的「運氣」好。

當然，這些語言現象，可以用傳統的修辭和語用理論來解釋，諸如借代、比喻、象徵等等，但這些傳統闡釋是散亂而不系統的，更爲主要的是，它們都沒有從信息的生成機制角度來解釋這些語言現象，沒有把握住作爲信息內容最爲核心的基本單元要素——意向碼位，因此也無法揭示其本質屬性。

語言信息的意向碼位都處於被音位和義位夾持著的生成狀態，是以語言義位的意向性賦值的身份呈現在主客體之間的耦合界面的四個維極之上的，因此可以說，義位是所有意向碼位的核心耦（被初民時代的造詞者的初始意向賦值），其向周圍輻射賦值，依次呈現爲原型意向耦（蘊含其他三個時空相態耦）和四個維極意向耦。

其中滲透著萊考夫的家族相似性「原型」、榮格的集體無意識「原型」以及叔本華意義上的「意志」和亞里斯多德意義上的「靈魂」等的原型耦，就可以稱爲「名義耦」，其「名」爲能指，其「義」爲造詞時代的初始所指，其「耦」就是基因意志。

四個極化意向碼位分別對應四種耦：物實碼位對應名實耦，象表碼位對應名象耦，徵信碼位對應名信耦，繹理碼位對應名理耦。賦值耦的存在，就是作爲文本信息的意向碼位的生成理據。

先說名實耦，它的命名來自於《墨子·經說上》，原文如下：

　　　　說：所以謂，名也。所謂，實也。名實耦，合也。〔註54〕

這是中國歷史上最早的關於符號如何構成的理論，其中的「所以謂」和「所謂」，正對應索緒爾的「能指」和「所指」，但各自的內涵不完全相同，

〔註54〕譚戒甫，新編諸子集成：墨辯發微〔M〕，北京：中華書局，1964：166。

關鍵就在於對一個「實」字如何理解。如果把它理解成單純的物質實體，那就和索緒爾的符號理論南轅北轍了；如果把它理解成精神實體或者理念實體，那就和索緒爾的符號理論完全等同了。但就一般東方的學者來看，還是傾向於把這個「實」字理解成「物質實體」的，比如，譚戒甫先生就認爲：

此在邏輯（Logic）及文律，實爲主詞（Subject），名爲賓詞（Complement），主詞賓詞各立一端（Terms），而爲之居中綴繫者爲繫詞（Copula）：三者皆成辭（Proposition）之資也。例如「此書是墨經」一辭：「此書」先出，爲實，主詞也；「是」字居中，爲合，繫詞也；「墨經」後承，爲名，賓詞也……〔註55〕

譚先生把「所謂」和「所以謂」分佈在邏輯判斷的句式中來探討二者的關係，固然是比較聰明的做法，因爲在西方邏各斯中心主義的思維模式下，概念本身就蘊含著命題判斷，任何一個意指概念的符碼都存在於命題判斷的網絡節點之上。但由此將「是」字判定爲墨子學說中的「合」，是有問題的，因爲在古代漢語中，尤其是墨子時代，這個繫動詞「是」根本就不存在。而即便從隱含著的判斷語氣來看，那個構成繫聯作用的要素也應該是「耦」，而不是「合」。

其實在這裡，墨子的表述是非常清楚不過的：名實耦，合也。也就是說，「名」和「實」耦連在一起，就是「合」。非常明顯：「耦」就是耦連，連接；「合」就是包括「名實耦」三項要素在內的一個符號整合體。如果說這個符號整合體中蘊含著某種繫聯關係，那麼，用以表達這個繫聯關係的符號就是繫動詞「是」。而這個繫動詞「是」，在墨子的語境中就是「耦」。

表面看來，墨子彷彿是把「名」和「實」看作是分開的，這一點在當時已經很進步了，因爲那時候的習俗是把「名」誤以爲「實」的。但實際上，墨子精心選用了一個「耦」字來表達這個意思，而不是選用「接」或「連」之類的詞，是非常有道理的。

我們將墨子學說中的「耦」與「合」這兩個概念結合起來就是「耦合」，也就是我們前文所界定的那個概念，它構成了中國傳統符號學的本體論。在墨子之後的公孫龍等人的批評和補充完善後，形成一個和西方邏各斯中心傳統既相對立又相互補的符號學體系——耦合圖式符號系統。此系統是這樣的：

我們按照上述譚先生的闡釋方法，將分佈在耦合意向網絡節點上並蘊含

〔註55〕譚戒甫，新編諸子集成：墨辯發微〔M〕，北京：中華書局，1964：168。

著邏輯判斷的「賦值耦」還原成句子，像「此書是墨經」這樣的例子，就可
以舉出很多，尤其是那些專有名詞作主詞的判斷句，都屬於這一類的，比如：

這是書。

太陽是天體。

地球是天體。

月亮是天體。

這裡的「這」、「太陽」、「地球」、「月亮」都具體指稱一個實體，而「書」
和「天體」是這些實體事物的通名，當我們說「書」和「天體」的時候，就
涵蓋了這些具體的實物，所以，我們也可以說「書」、「天體」和這四個具體
實物之間的關係就是「名實耦」。但有的時候，問題會麻煩起來，比如：

課本是書。

行星是天體。

恒星是天體。

當表達類屬概念的通名作主詞的時候，並不一定具體指任何一個實在的
「書」或「天體」，而是一類「書」或「天體」，此時的「課本」、「行星」和
「恒星」都可以不指稱具體的某一個體，而是籠統地指稱一個概念的外延，
很顯然，我們不能再用「實」來表達類似「課本」、「行星」和「恒星」這樣
的通名。這種情況，索緒爾所謂的「概念所指」就呈現出來了，他一再強調：
「所指」不是實物，而是「概念」，並堅決認為符號是由語音形式的能指和概
念的所指構成，二者就像一片樹葉的兩面，是結合成一體的，符號不能涉及
外在的客體。這一點，在他的《普通語言學教程》中有明確強調：

> 語言符號連結的不是事物和名稱，而是概念和音響形象。後者
> 不是物質的聲音，純粹物理的東西，而是這聲音的心理印記，我們
> 的感覺給我們證明的聲音表象。它是屬於感覺的，我們有時把它叫
> 做「物質的」，那只是在這個意義上說的，而且是跟聯想的另一個要
> 素，一般更抽象的概念相對立而言的。〔註56〕

但像專有名詞這樣的符號，如果沒有了實物存在的話，符號將無所依託。
而即便是通名類的名詞，在具體的上下文語境中，也經常指稱某個具體的實
物。這個問題被美國符號學家皮爾斯敏銳的察覺到，所以，他的符號理論構

〔註56〕〔瑞士〕費爾迪南·德·索緒爾，普通語言學教程〔M〕高名凱，北京：商
務印書館，1980：101。

成是三維的，就是在所指中加上了「指稱對象」這一項〔註57〕。

這樣一來，如果我們還堅持從墨子學說的角度立論的話，那麼，「合」的範圍就應該擴大了：我們可以把「概念」命名爲「理」，於是，除了「名實耦」之外，還應該加上一個「名理耦」才對，套用墨子的話說就是：名理耦，合也。

然而，問題還遠沒有就此結束，如果我們再看一下下面這個句子，誰都會發出質疑的：

上帝是造物主。

「上帝」是關涉到信仰的一個虛擬對象，它既不同於實物性專有名詞直接指稱的「實」，也不同於通名類名詞直接蘊含的概念，而是「信則有、不信則無」的精神對象。那麼，當「造物主」這個「名」蘊含了「上帝」這個指稱對象的時候，一個嶄新的問題就出現了：「合」的範圍是否還要擴大？當然，不擴大，就無法涵蓋這些語言現象。由於「上帝」的存在與否是完全依據信仰的有無來支撐的，因此，我們就可以模仿前面的「名實耦」和「名理耦」，來稱之爲「名信耦」了。

此外，中國古代的形名學者公孫龍提出著名的「白馬非馬」說，當時的很多人都認爲他是在詭辯，其實這就是邏輯學的萌芽。他敏銳地捕捉到一個不同於「實物」的「表感」維度，論述道：

> 馬者所以命形也，白者所以命色也；命色者非命形也，故曰「白馬非馬」。〔註58〕

公孫龍受到象形的漢字字形能指的影響，把「馬」稱之爲「命形」，而從語音能指的角度來看，被抽象了的「馬」就很容易被看作是「命理」了，這也就是索緒爾在總結拼音文字記錄的語言現象基礎上所形成的能指和所指之間具有「任意性」賦值關係的結論：把所指看作是概念，把能指看作是語音形式，而記錄語音的拼音文字和語義之間沒有任何的理據性聯繫，因此說，能指和所指之間是任意約定的，而不是自然形成的。當然，這種看法與同樣是西方學者的福柯和德里達等學者的意見顯然是相左的，我們在後文中再論述。

〔註57〕　參見：趙毅衡，符號學文學論文集〔C〕，天津：百花文藝出版社，2004：9～12。

〔註58〕　王琯，公孫龍子懸解〔M〕，北京：中華書局，1992：42。

　　只能說，由於漢字象形的功能，直接導致了公孫龍在敏感地把握了「色」這個表感維度的同時，卻由於「形」的困擾，錯失掉發現「理」這個概念維度的機會，這固然不是他的過錯，而是作為文化載體的語言文字——漢字系統使然。但他的「命形命色」說，已經非常明顯地將區別於「物質實體」的指稱作用的表感之門打開了，僅憑這一點，就足可以擊碎傳統的「眼見為實」的偏見，已經很不容易了。

　　公孫龍之學，出自於墨家學派，但分明已經形成突破，這一點早已經被學者先賢們關注過：

　　　　公孫龍之學，出於墨氏；然墨子言「白馬馬也」，公孫龍則云「白馬非馬」。〔註59〕

　　這種突破的意義是非常重大的，無疑是一種理論上的維度發現：語言信息中存在著一個不可忽視的區別於「實」的維度。相反的，墨子則過多地關注於「實」這個維度，即便他的「名」之下的「達、類、私」，也都無法離開這個維度，這固然成為一種時代的局限：

　　　　經：名，達、類、私。

　　　　說：名，「物」，達也；有實必待文多也命之。「馬」，類也；若實也者必以是名也命之。「臧」，私也；是名也止於是實也。〔註60〕

　　由此可見，正是由於墨子將他的三類「名」——「達、類、私」全部貫之以「實」，所以才有他的所謂「名實耦，合也」的說法。這一局限，被公孫龍及時發現並突破了。這樣就形成了東西方關於「名」到底是意指什麼內容的整體分歧：到底是命實、命象（形色），還是命理、命信？

　　雖然，能指被索緒爾定義為「任意」的「聲音形象」，認為它和「所指概念」之間的關係是「約定俗成」的，但其實，語言中有很大一部分摹聲擬態詞是不能被忽略的，而記錄漢語的漢字本身還具有強烈的超語音的象形表意功能。因此，模仿自然現象的「象」作為一種能指，是可以被接受的。但這些「象」能指呈現在語言中的時候（尤其是漢字能指），也是以「名」的方式表達的，也就是說，這些「象」首先需要成為「名」這個能指的所指，然後才考慮其實體性指稱對象，表示性質狀態的形容詞就屬於這一類的「名」。我們把所有和五官感性相關呈現的屬性，都稱之為「象」，包括公孫龍所謂的「命

〔註59〕譚戒甫，公孫龍形名發微〔M〕，北京：中華書局，1963：146。
〔註60〕譚戒甫，新編諸子集成：墨辯發微〔M〕，北京：中華書局，1964：162。

形」和「命色」在內。因此，還應該存在著一類「名象耦」的「合」，它們是包括形容詞在內和一些擁有自然理據的摹聲擬態類詞，以及漢字中的象形書寫方式等。比如：

這是一本好書。

蘋果是紅色的。

喜鵲喳喳叫。

其中的「好」、「紅」、「喳喳」等，都是性質狀態類的語言編碼，傳統上稱之爲形容詞和擬聲詞。

這樣，按照耦合界面的四個維極意向性，語言符號就呈現出四種意向耦來，它們分別爲：名實耦、名理耦、名信耦、名象耦。如果這個「名」是一個通名（普通類屬名詞）的話，我們就可以很容易地把這四種「耦」看作是在同一個「名」之下的四個「意向碼位」。

人類的自然語言是信息的載體，而自然語言符碼是音位和義位的結合體，也就是語言的音位和義位結合體構成信息的載體，裏挾著信息的基本單位——意向碼位。義位被義素所賦值之後，形成一個詞匯的基本義項，比如「鳥」這個詞，構成其義位的義素分別爲：＋生物，＋卵生，＋羽毛，＋會飛，＋兩足，這就構成了「鳥」這個詞的原型義位。但實際上通過這個「鳥」符碼所傳遞出來的信息卻不完全都是符合這個原型義位的，比如，鴕鳥和企鵝就不會飛，《山海經》中記載的很多鳥都是擁有「人面」的，漢代壁畫中的鳥則是三足的，《生民》文本中的鳥則是可以覆翼后稷的，等等，不一而足。這些信息，我們就使用「意向碼位」來定義，構成文本信息的基本單位，其本質就是欲望主體面向客體的賦值耦。

從語言發生學的角度來說，文本信息的意向碼位和詞語的音位義位結合體是耦合在一起的，它們都來自於欲望主體對於環境的意向性賦值：從感知到的現象中分辨和識別欲望對象，從而收穫某種解碼效應，就成爲信息。人類語言最初就是充分利用這些現象（鳥獸蹄迒之際）來進行語義賦值的，這一點，我們可以從漢語中的「名」和「鳴」具有同源性上得到領會。在《山海經》文本中，經常出現「其名自詨」、「其鳴自號」、「其鳴自叫」之類的闡釋語，用以說明一些鳥獸的命名理據，比如：

　　《南次二經》之首，曰櫃山，……有鳥焉，其狀如鴟而人手，……

　其名曰鴸，其名自號也。

《南次三經》之首，……有鳥焉，其狀如鴶，而白首、三足、人面，其名曰瞿如，其鳴自號也。

令丘之山，……有鳥焉，其狀如梟，人面四目而有耳，其名曰顒，其鳴自號也。

《西次三經》……，鹿臺之山，……有鳥焉，其狀如雄雞而人面，名曰鳧徯，其鳴自叫也。〔註61〕

這種闡釋命名理據的方式在《山海經》一書中是普遍的，「名」與「鳴」顯然具有同源關係，如果把「名」和「鳴」聯合起來看，四個意向碼位就更加清晰了：用自然語言模仿鳥鳴叫聲來指代某個具體的鳥，就是物實碼位；用自然語言來模仿鳥的鳴叫聲本身，就是象表碼位；用自然語言來模仿鳥叫聲並擁有某種象徵意義，就是徵信碼位；用自然語言來模仿鳥叫聲並指稱一類鳥，就是概念碼位。《詩經》文本中存在著很多擬聲詞就是「其名（鳴）自詨」的情況，演化成名詞的也有，比如「關關雎鳩」中的「雎鳩」、「倉庚喈喈」中的「倉庚」、「雍雍鳴雁」中的「雁」，等等。

正是由於四個意向碼位對應的是四個累積進化的耦合圖式維極，存在著不同的賦值機制，因此，不同學者在不同意向維極上的關注與滯留，就導致了關於語言本質認識的嚴重分歧，墨子的「名實耦」關注的是物實維極及其對應的意向碼位，公孫龍的「命形命色」（名象耦）關注的是象表維極及其對應的意向碼位，索緒爾的「概念所指」（名理耦）關注的是繹理維極及其對應的意向碼位，皮爾斯兼顧了徵信維極，所以才特別強調三種符號，其中就包含著作為「名信耦」的徵信碼位。以往這些學者們的一個共同問題就是：將某一維極的意向碼位當作符碼本身了，就像傳統上我們把「10」這個意向碼位當作符碼本身來默認為「十」的對應代碼那樣。

四、語言符號的時空相態問題

（一）在場和在境的區別

如何統一西方傳統上「在場的形而上學」中的「在場」和漢語中的「在時空中呈現」的「在場」呢？

前蘇格拉底時代的赫拉克利特面對前來造訪他的民眾聲稱「這裡諸神也在場」，而對於民眾來說，諸神並沒有呈現在當下的時空中。那麼，問題是：

〔註61〕朱炳祥，中國詩歌發生史〔M〕，武漢：武漢出版社，2000：80～81。

赫拉克里特所謂的「在場」的「諸神」並未呈現在民眾面前，怎麼就「在場」了呢？如果把看不見的「諸神」都說成在場，那麼，那些看得見的現象又如何呢？看得見的現象是否也可以用「在場」一詞來表達呢？〔註62〕

等到柏拉圖提出「洞穴隱喻」說的時候，我們才恍然大悟，原來赫拉克利特所謂的「在場」，恰恰和視覺感官的成像相反，是指在感官閾限的洞穴之外的存在，也就是「理念」世界。只不過赫拉克里特沒有把問題看的那麼絕對，他在表述自己的觀點時用了「也」字，說明他首先承認了感官閾限的成像是「在場」的，同時承認純粹的理念也是「在場」的。這樣看來，並不是不同民族的語言之間隔閡導致的翻譯歧義，而是哲學家的思想和普通民眾的思想之間存在著差異。

所謂「在場的形而上學」，就是把所有的存在都看做是「在場」的，包括精神活動，這就產生了所謂的「邏各斯中心主義」，即說出的就是真理，語言和概念是同現的。這就直接導致笛卡爾的沉思，導致康德的批判，導致胡塞爾的現象學，最終導致德里達的解構主義。

〔註62〕「這裡諸神也在場」一句名言伴隨海德格爾的《關於人道主義的書信》迴蕩在西方文化語境的半空中，一直餘音嫋嫋，不絕如縷。這句出自亞里士多德《論靈魂》的名言，被海德格爾進行了如下的詮釋：「這一堆外來的訪客在他們好奇地闖到這位思想家這裡來的時候，咋一看他的居留情況就失望而手足無措了。他們相信必定是在這樣一些情況中碰到這位思想家，這些情況一反人們普通的生活情況而帶有許多例外的，罕有的因而令人激動的特點。這一堆人希望通過對這位思想家的訪問獲得一些至少在一定時期內成為談資的事物。這些想訪問這些思想家的外來人期望著也許恰恰在他沉入深思中正思著的時刻看見他。這些訪問者想『體驗』這回事，並不是為了為思所照，而只是為了他們據此可以說已經看到並聽到過一個人說話，關於這個人，人們又只能說，他是一個思想家。這些好奇的人們沒有達到目的，卻發現赫拉克利特在烘爐旁邊。這是一個很平常而不聲動視聽的處所。當然此地是烤麵包的。但赫拉克利特在烘爐旁邊甚至連麵包也沒有烤。他停留在這裡只是為了烤火。於是他在這個平常之至的處所把他的生活的全部平凡情況都暴露出來了。一眼看到一個冷得發抖的思想家實在沒有什麼趣味。這些好奇的人們在看到這幅令人失望的景象的時候也立即喪失了再去接近他的興趣。他們在此要幹什麼呢？一個人冷得發抖並站在爐子旁邊，這種平常而毫無引誘力的景況任何人任何時候都可以在家自己找到。他們要找到一個思想家這裡來幹什麼呢？這些訪問者準備走開。赫拉克利特從這些人的面孔中覺察到失望了的好奇心。他認識到，在人群中，只消所期待的哄動事件沒有出現這一點已經足夠使剛才來到的人們立刻又搶著往回跑了。因此他鼓勵他們。他特意邀請他們進來，用的是這句話：『這裡諸神也在場』。」參見：〔德〕馬丁·海德格爾，路標〔M〕，孫周興譯，北京：商務印書館，2000：418～419。

　　因此，西方哲學傳統中所謂的「在場」，就是指在語言中呈現，或者被語言說出，這也是海德格爾所謂的「語言是存在之家」的重要邏輯前提。康德意義上的「物自體」肯定是不依賴語言而存在的，老子的不可言說的「道」也是不依賴語言而存在的，那麼，依賴語言而存在的那些存在要素到底是什麼呢？我們認為，那就是耦合圖式的四個維極，也就是老子所謂的「物、象、精、信」這四種意向性。那麼也就是說，西方哲學傳統上的所謂「在場」，只能是耦合圖式的維極意向性，它們伴隨著符號能指而呈現，因被自然語言說出而存在，這種與能指同現的所謂「在場」，一旦離開了能指的言說就不在了，也就是說，一旦離開耦合圖式的四極張力所形成的意向性也就不在了，一旦離開了道說就不存在了。因此，這種存在是離不開與能指的二元對立關係狀態的，能指對所指的賦值，就是基於二元對立的切分，這種賦值機制我們用符號表達為：｜。顯而易見的是，能指和所指二元對立特點最為凸顯的就是索緒爾意義上的任意性關係的「聲音能指」和「概念所指」。概念範疇的呈現是必須依賴符號能指的，因為那些生物學意義上的上下位之間界限分明的界、門、綱、目、科、屬、種，或者墨子所謂的「達、類、私」，都必須依賴各種「通名」的命名過程才能呈現出邏輯的明晰性來。這種「通名」所呈現出來的本體意向性就是我們所謂的「名理耦」或者「繹理碼位」，上下位的劃分也帶有明顯的圖式化色彩，也就是耦合介質色彩，它既可以呈現為亞里士多德的七個等級，也可以呈現為墨子的三個等級。而且也經常存在著兼類或跨界現象，比如對「鯨」這種動物的劃分問題。可想而知，如果沒有語言的話，這種邏輯界限清晰的範疇是無法呈現為「在場」的。也就是說，西方哲學傳統上所謂的「在場」，是指邏各斯的在場，也就是被語言說出來的在場，或者因語言而呈現的，因語言而出席的。因此，這種「在場」的程度越高，反而越是看不見摸不到，這也就是柏拉圖的洞穴隱喻所揭示出來的永恆理念。永恆理念和語言範疇高度同一，離開語言將無法自行存在。

　　傳統上普通民眾的思想往往是「眼見為實」的，這在東方和西方都是如此，因此，在他們的腦海裏，「在場」就意味著感官上的呈現。漢語自始至終都是這個意思，當我們說「在場」的時候，總是使用「在某個特定的時空範圍呈現」的意思。但現代科學實踐已經證明了，這種「眼見為實」的想法是錯誤的，比如空氣、磁場、宇宙背景輻射都時刻伴隨著我們的左右，甚至貫通著我的身體，肯定還有許多不為我們所感知的存在，都時刻伴隨著我們，

其實，這些「在場」的存在並不呈現為感知對象，但確實「在場」。這些無法在感官閾限內呈現的一切，都需要語言提供呈現的家園，那些所謂的「陰陽不測之謂神」中的「神」必須依賴信仰才能夠維持存在狀態，而語言的徵信碼位就提供這樣的一個家園。

但這些不呈現為感知對象而又確實「在場」的存在，和赫拉克利特所謂的「諸神」不同：自從尼采宣告上帝死亡以來，自然科學正在用實實在在的證據不斷破除迷信的堡壘，「鬼神」之類被人類虛構的存在也逐漸被驅逐出場，然而作為牛頓意義上的「上帝」（未知世界）還在支撐著我們的一切，我們並不自知（這種情況一直存在而且永遠存在：DAN 一直不停地發出指令，可是生命世界並不自知，人類的認知也才剛剛開始）。

還有一種情況，比如海市蜃樓等幻象，從感官上看是存在的，這是否可以用「在場」一詞來表達呢？還有舞臺上的演員是在場的，可是演員所扮演的角色，是否在場？被雇傭的殺人兇手肯定是在場的，而雇兇殺人者一般是不在場的，那算什麼呢？

在場，可以是實體呈現，也可以是概念呈現，但明顯的幻象就不能算，演員扮演的角色也不能算，雇兇殺人者如果不在現場，也不能算。因此，可以說，在場的本質是與主體欲望維持最大張力的客觀呈現。當然，實際上不是真的客觀存在，它只是提供了一個邏輯預設，也就是提供了一個思考問題的角度——假設它存在於感官閾限之外。

因此我們主張，與「在場」相對應而且互補的一種存在方式是「在境」。在境是被欲望主體的需要所支撐之下的存在狀態，它們是同為語言這個存在之家所隔離出來的不同居室。

漢語中的「境」，造字時代的意思是國土的疆界。先秦文獻通常用「竟」來表達這個意思，說明二者應為古今字的關係。

《說文解字》：

　　境，疆也，從土竟聲，經典通用竟。

　　竟，樂曲盡為竟，從音從人。

文獻用例：

　　亡不越竟。（《左傳‧宣公二年》）

　　邊竟有人焉。（《莊子‧天道》）

　　其竟關之政盡察。（《荀子‧富國》）

> 與燕王會境上。(《史記・廉頗藺相如列傳》)
> 廉頗送至境。(《史記・廉頗藺相如列傳》)
> 屯於境上。(《史記・魏公子列傳》)
> 起視四境。(宋・ 蘇洵《權書・六國論》)

很顯然，從樂曲的終了，到國土的邊界，語義一脈相承，表達的是時空的某種終了界限。後起字「境」加上「土」字旁之後，語義就固定為空間的界限了，主要專司「國境」的含義。

國境是一個主權國家在空間上的權力邊界，是一個國王可操控的國土範圍的極限，也是一個國王欲望的空間極限。對於一個國王來說，普天之下莫非王土，率海之濱莫非王臣，只要是權力可控的空間範圍之內，就都歸他的欲望所有；對於普通民眾來說，國家的分野從空間上提供的是一種相對自由的活動範圍，關涉到衣食住行等物品，關涉到文化習俗等思想，關涉到人身安全等權利義務，關涉到喜怒哀樂等情緒情感，所有的福禍安危等遭遇全部都在這裡。這就是一個人的境遇。從生到死，每個人都有自己的一個獨特的境遇，這種境遇無法互相替代，是福是禍，都只能自己承受。

在境中的一磚一石，一草一木，一山一水，空氣，土壤，雲朵，陽光等等一切的一切，都和欲望主體的自我存在著必然的聯繫，這就是環境的意義。環境中的所有存在之間都可以互相轉化，構成一個轉化系統。每一個生命個體在這個轉化系統中，從空間上形成鏈條。

生態環境，就像貝類的殼一樣包裹著生命形態的軀體，它是一個相對封閉的系統，需要生命個體隨時攜帶。因此，在境的語言之家呈現出來的能指和所指的關係，就是一條線的兩端，用符號表示為：∫。

和語言能指同現的「在場」有程度高低問題，也就是說，高度依賴語音能指才呈現的「在場」程度就高，而低度依賴或者根本就不依賴語音能指就可以呈現的「在場」程度就低。總體上看，四個意向碼位所呈現出來的在場梯度從高到低應該是：繹理，徵信，象表，物實。同樣，「在境」則表達著某種嵌入機制，也就是說，與在場的情況正好相反，所指之於能指，嵌入的程度越深，也就是在境的程度越深，反應在四個意向碼位上，在境梯度從高到低就是：物實，象表，徵信，繹理。

（二）兩種不同的信息類型和思維模式

信息分為兩類，一類是在場的信息，一類是在境的信息。在場的信息是

對在場編碼進行解碼所獲取的信息，是偏向客觀的。在境信息是對在境編碼進行解碼所獲取的信息，是偏向主觀的。籠統地講，科學知識屬於在場信息，藝術文本屬於在境信息。在場信息使用在場激活的方式獲取，在境信息使用在境激活的方式獲取。

維納的信息理論揭示了如下事實：物質和能量本身並不就是信息，因此，由物質、能量、信息構成的真實世界，對於傳統的物理學和化學之類的自然學科來說，只是敞開了局部區域的大門。

在信息的世界裏，一個重要的構成要素是信宿，而信宿的本質不是別的，正式 DNA。由此看來，真實的世界必須還原出這個重要的維度，那就是構成生命原始動力的欲望。

傳統的信息學，主要研究的內容是申農定義下的信息（減少不確定性），本質上這還只是信道信碼。這相當於文獻版本問題：傳播過程中如何保持版本的真實性，也就是如何保持信息編碼的原初狀態。這導致了當代信息傳播技術突飛猛進地發展，數字信號的壓縮技術，已經在原始編碼的數據保真和快速傳遞方面實現了最大的保證。然而，當我們面對電腦屏幕上的那些從最好的版本上複製過來的編碼時，難題才真的顯現出來：編碼究竟在向我們訴說著什麼？我們彷彿第一次這麼容易地面對信源信碼世界，這麼近距離地接觸這個世界，也是這麼急迫地想要認識這個世界。

信宿和信源編碼如此地接近，彷彿我們正在直接地聽從著陽光的指令。然而，文本的信息編碼並不像大自然的信息編碼那麼容易讓人解讀，主要原因就在於生命的 DNA 對於環境是高度嵌入的，這種高度嵌入表現在花草樹木的近水樓臺先得月、向陽花木易逢春，也表現為普通動物之間的心有靈犀般的默契。信息的編碼和解碼，需要在境。在境的程度越高，越容易實現信息的傳遞。

信道信碼必須使用源代碼，這些源代碼是高度在場的，因此，也可以說，我們用在場的思維方式解決了信息傳播過程中的信道阻隔問題，接下來的就是信息解碼的在境問題。這就直接涉及到另外一個問題，那就是兩種不同的思維模式。

在場的思維方式很重要，它啟發人們關注那個不依賴人的感官閾限存在著的世界，是前蘇格拉底時代的哲學家們開拓出來的一片認知空間。這個認知空間把人類從動物的生存本能狀態徹底凸顯出來。連同本體論的理性思考

一起，將「諸神」信仰提升爲在場狀態，這區別於軸心時代以前的在境狀態，也就是說，赫拉克利特的「諸神」已經和他周圍民眾心中的「諸神」不同了，前者「在場」，後者「在境」。前者趨向於一個獨立於人類的客觀存在狀態，後者還局限於圖騰和祖先等和生命個體有著千絲萬縷聯繫的保護神。正是從這個意義上說，赫拉克利特通過宣告這裡「諸神也在場」的方式，來宣告人類在場思維方式的誕生。這直接啓發了蘇格拉底和柏拉圖，爲文藝復興之後的天文學和物理學等自然學科充分發展奠定了重要基礎，也爲生命科學、社會科學、心理學奠定了重要基礎。

在場的思維方式，確定了一個邏輯預設，那就是：存在著一個不依賴於人的感官閾限和情感欲望而存在著的世界，這個世界最終被物理學描繪爲愛因斯坦的彎曲時空，被化學描述爲物質元素和能量的世界。然而，還存在著一個 DNA 的世界，被二十世紀之初的物理學和化學同時給忽略了。當美國學者維納毅然決然地宣佈著「信息，既不是物質，也不是能量，信息就是信息」的時候，彷彿事情又回到了笛卡爾的沉思狀態。而實際上，在場思維方式下的科學範式革命，都是哥白尼式的，永遠也不會走簡單循環的道路，不會從一個陷阱跳入另一個陷阱。傳統的古希臘的在場的思維方式，已經同時被現象學突破了，並繼之以解構主義。

不可否認的是，高度在境曾經給地球生命造成了巨大的局限性，使得不同物種、不同種族之間形成了巨大的隔閡，這必須依賴於在場的思維模式來概念化處理這些彼此之間的差異性。但就信息溝通和理解來說，不同區域性的在境狀態，則提供了非常大的便利，甚至是無言的默契。

因此，當信宿直接面對信源編碼的時代到來的時候，一場不同於以往科學史上的範式革命（在場化凸顯）正在開始，那就是在場和在境的耦合化。

總體上來說，科學的思維模式是在場的，藝術的思維模式是在境的。而人類，區別於動物，打開了在場的認知空間；同時，又等同於動物，依然身處於世界之中。在場和在境，作爲兩種思考問題的方式，單純而極端地依賴某一種，都會形成局限和盲區。能指和所指的對立中，蘊含著主體和對象的對立，能指和所指的互補中，蘊含著主體和對象的混同。這就要求我們理論預設再也不能盲目地極端化爲在場的「理念」和在境的「表象」，而要創造出一個耦合的認知圖式來，其本質是維度還原。

耦合圖式理論將人類的在場和在境思維方式有機結合起來，既要解決傳

統上把人類和世界截然對立起來的局面，也要解決「蔽於天而不知人」（道家）或「蔽於世而不知人」（儒家）的局面。人類，一半是天使，一半是野獸。無論是性善論，還是性惡論，都沒有真正認識到人的本質。欲望是人類生存繁衍和文明進化的動力，用消滅人欲的辦法來解決問題，也只能是那些只知道在世鑽營的儒家倫理學才能想出的餿主意。

人的問題，需要從兩個角度來審視，一個是在場，一個是在境。它們以意向性的方式呈現為人的能動性。不是相互否定，而是相互補充。在境的欲望給人類提供了生命動能，彷彿是汽車的引擎；在場的意向性給人類提供了真正的理性，彷彿是汽車的方向盤和制動器。道德倫理類似於動物世界裏的潛規則，是在境的，缺乏終極追問的理性維度。真正的理性是在場的，是一種欲望的昇華形式，是泰勒斯鍾情的星空，是孟德爾心中的豌豆。

（三）鏡像神經元

眾所周知的是，人類的存在不只是依靠宇宙之場和生態之境，最為重要的一項其實是蘊含在體內的基因模本。基因模本擁有自我複製功能，生命形態的進化程度，就被這種自我複製功能所代代累積著構成內在的潛能，人類的語言能力就是由這種不斷累積著的遺傳信息構成的。基因模本的複製是一種鏡像式的複製，這讓我們不得不引入一個二世紀以來開始逐步熱起來的詞匯：鏡像神經元（mirror neuron）。〔註63〕

鏡像神經元是指：當動物在觀察其他個體執行某一行為的時候，會形成與其親自執行該相應行為時發出同樣衝動的神經元，它擁有一種將他者的行為鏡像為自己行為的能力。這種神經元最初在二十世紀末被意大利學者里佐拉蒂及其同事們所發現，位於猿猴和人類大腦的前額葉。這種神經元的機能是一種能夠被代代遺傳的潛能，被稱為心理學上的「DNA」，它來自於生命形態與環境之間不斷適應所形成的快速反應機制，因此，它的鏡像模仿機制與

〔註60〕根據丁峻、陳巍的介紹：意大利帕爾瑪大學神經科學中心的 Gallese 和 Rizzolatti（1966）等研究人員在恒河猴腹側運動皮層的 F5 區發現了一類運動神經元，稱之為「鏡像神經元」（mirror neuron）。這些神經元不僅當恒河猴執行與目標相關的手／嘴部動作（比如抓取）時被激活，而且在觀察其他個體（猴或人）執行相似動作時也被激活。隨著研究的深入，發現人類大腦左前額葉皮層的 Broca 區、腹外側運動前皮質、頂下小葉、額下回、腦島等區域同樣存在著這些能將觀察動作和執行動作匹配起來的具有鏡像屬性的神經元。參見：丁峻、陳巍，具身認知之根：從鏡像神經元到具身模仿論〔J〕，華中師範大學學報（人文社會科學版），2009（第48卷第1期）：132～136。

基因模本的自我複製機制，形成絕妙的同構效應。

鏡像神經元的發現，爲模相時空的理論提供了神經生理學的依據，它在凸顯著這樣一個事實：鏡像式的模仿機能是被先天繼承來的，是基因遺傳的結果。來自心理學的實驗報告都很說明問題：

僅幾天齡的嬰兒（在某種情況下）就能模仿少數的臉部運動，如下圖所示。這一結果提示固有鏡像神經元，它聯繫了看到的運動和自己的運動……〔註64〕

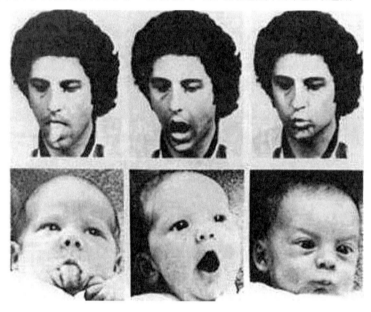

（圖片採自《生物心理學》）

人類的語言潛能，正是基於這種被基因模本不斷複製出來的鏡像神經元的鏡像行爲，從整個基因遺傳學的意義上說，這就構成了生命存在的第三時空相態：模相時空。而語言能力從潛能狀態過渡到現實能力，就是在境時空與模時空的疊加效應下完成的——首先要有人類的遺傳基因，其次要有人類的生活環境，也就是置身在人群中。

更爲重要的是，鏡像神經元能夠產生「共情」效應，這就直接導致了對於虛擬時空的眞實體驗：把發生在他人身上的行爲體驗爲自我的行爲。因此，瞭解鏡像神經元的工作機理，不但可以開啓未來虛擬世界的深度開發和應用，而且也可以闡釋藝術鑒賞過程中感同身受的共鳴體驗。

〔註64〕〔美〕詹姆斯·卡拉特，生物心理學〔M〕蘇彥捷等譯，北京：人民郵電出版社，2012：253。

（四）語言符號的三個時空相態

神經元是宇宙中最典型的耦合子，神經元網絡之間的軸突和樹突是最典型的耦合節點，神經遞質是最典型的信息載體。

如果把耦合圖式看做是主客體之間的關係呈現在神經元網絡的功能的話，那麼，蘊藏在細胞核中的基因指令就是最根本的生命意志，也就是我們所謂的原型耦，它被表達爲「靈魂感應」，簡稱爲「靈感」。而在神經元的主導之下所形成的三個功能系統，也就是：感覺神經元，指導主體認知世界從而形成觀察機能；運動神經元，指導主體自身的行爲從而形成自我控制機能；鏡像神經元，將他者的行爲鏡像爲主體自我的行爲從而形成共情機能。三種神經元功能分別對應：場相態時空、境相態時空、模相態時空。三個時空相態被應用到符號學領域，還要從德里達對西方「在場」思維方式的解構說起。

德里達出版了《論文字學》、《聲音與現象》、《書寫與差異》這三本書來確立他的解構主義理論，並與羅蘭·巴爾特和福柯等學者們遙相呼應，形成二十世紀的解構主義思潮：從人類的標誌性要素——語言符號入手，對西方文化傳統提出挑戰。德里達認爲寫作和閱讀中的偏差永遠存在，他把解除「邏各斯中心主義」的「在場」作爲價值目標，質疑索緒爾的能指與所指之間的二元對立關係，並將其斥之爲「在場的特權」：

> 符號畢竟是異質的統一體，因爲所指（意義或事物，意向對象或實在）本質上不是能指，不是痕跡；在任何情況下，它的意義並非由它與可能的痕跡的關係構成。所指的形式本質乃是在場，它靠近作爲語音的邏各斯的特權乃是在場的特權。〔註65〕

德里達所謂的「在場」，也就是邏各斯中心主義的形而上學所主張的永恆的理念世界，這個「在場」的世界和人是對立的，是不依賴人的意志爲轉移的，這是古希臘以來的一個本體論傳統。

場態概念將世界斷開爲粒子性的模塊，不管是「四根說」的「水、火、土、氣」，還是德謨克利特的「除了原子之外就是虛空」，甚至是赫拉克利特面對前來看望他的一群好奇而又有些失望而遲疑不前的探訪者聲稱：這裡諸神也在場〔註66〕……都是從在場的意義上追問世界的本源——這些模塊彷彿

〔註65〕〔法〕雅克·德里達，論文字學〔M〕，汪堂家譯，上海：上海譯文出版社，2005：25。

〔註66〕〔德〕馬丁·海德格爾，路標〔M〕，孫周興譯，北京：商務印書館，2000：418。

是孤立存在著的存在要素本身，這就是德里達所謂的「將在者的存在規定爲在場」：

> 因此，我們已經預感到，言語中心意義與作爲在場的一般存在意義的歷史規定相融合，與取決於這種一般形式並在其中組成它們的體系和歷史系列的所有次要規定……相融合。因此，邏各斯中心主義支持將在者的存在規定爲在場。〔註67〕

所謂「在場」，就是將存在要素從其環境背景中凸顯甚至孤立出來，而把它賴以生成的環境背景看做是該存在要素的「場所」而已，比如把母親的子宮看做是胎兒存在的場所，把太陽系看做是地球存在的場所，把原子核看做是質子和中子存在的場所，把細胞核看做是基因序列存在的場所，等等。「在場」與「缺席」相對，也就是「出席」，「出席」表現爲某種在特定席位上的呈現，但那個「席位」只是提供一個場所而已，對於「在場者」──也就是「出席者」來說，是可以獨立存在的，甚至是可以「來去自由」的。

而正是與這種「來去自由」相對立的另外一種時空狀態，那是被封閉在生命形態周圍一定區域內的時空要素，它就像貝類生命的殼一樣永遠拖在身後，構成生命形態賴以生存的背景和環境，包括一定範圍時空中的領地、水土、空氣、溫度、磁場等等，它就是登月宇航員必須時刻背在身上的那個笨重的與外界隔絕的宇航服──我們稱之爲「境相時空」。

如果說境相時空是「生命之殼」的話，那麼，對於任何生命形態來說，還有一種嵌入在體內的基因模本，生命個體爲之提供棲居場所的同時，聽從它的指令，生命作爲基因模本的宿主被建構著，因此我們說，這是生命存在的與「場」和「境」三足鼎立的「模」時空相態，它讓生命個體嵌入在一個進化鏈條上的家族血緣分支系統中，也可以把它看做是另外的一種「生命之殼」──「境」。所以，析而言之的話，「模」是與「境」對立的；統而言之的話，「境」可以包含「模」，「模」提供的是血緣家族背景，其實也是一種「境」。

三種時空相態是疊加耦合在每一個生命個體身上的，任何生命個體都不可能處於一個單一的時空相態中──而只是伴隨著觀察角度的不同有所呈現而已，用海德格爾的話說就是：時空相態是「現相」而不是「現象」。〔註68〕

────────

〔註67〕 〔法〕雅克·德里達，論文字學〔M〕，汪堂家譯，上海：上海譯文出版社，2005：16。

〔註68〕 海德格爾認爲：應該區分「現相」和「現象」這兩概念，「現相」作爲 「某種東西的」現相恰恰不是說顯現自身，而是說通過某種顯現的東西呈報出某

在場的世界是條分縷析的，場相態的概念是邊界嚴整的：天與地，山與澤，水與火，鳥與獸，等等，都是界限森嚴的。然而，在境的世界則是邊界模糊的，境態的概念被家族相似性所困擾：概念內部的成員存在中心和邊緣的差異，甚至在邊緣處存在著兼跨兩者的過渡地帶，比如「鯨」這種動物，從胎生這個內部遺傳性狀上看是獸，而從外形上看則是魚；「始祖鳥」則是鳥和龍的兼類。實際上，從演化的角度看，當下所有明晰的界限都是從混沌未分的狀態下發展而來的。〔註69〕

概念所指是符號的核心所指，也就是本體所指，這一點是被索緒爾敏銳地洞察到的。但是，受到西方邏各斯中心主義傳統的影響，索緒爾的所謂「概念」還是停留在粒子性斷開的邊界清晰的「在場」意義上的，也就是「場相態的概念」。場相態的概念所指與符號能指的關係，的確像索緒爾所說的那樣，位於一片樹葉的兩面——邊界清晰地對立而斷開著。但是，概念作為耦合圖式的繹理碼位存在著，其本身擁有三個相態，場相態只是其中之一，此外還有境相態概念和模相態概念。

境相態概念的邊界是模糊的，能指和所指的關係彷彿一條電話線的兩端而不是一片樹葉的兩面，是莫比烏斯帶上的同一面。不但能指與所指是連接著的，而且所指概念之間的界限也是模糊的。因此，境相態概念是隱喻判斷中的「是」（區別於邏輯判斷）起繫聯作用的前提。

模相態概念的所指則是能指的鏡像，能指通過所指實現反身自指。夏娃從禁果中看到了心中的自由意志，所有的泛神論者從外在事物中看到了自身靈魂投射出的影子，圖騰信仰者則從圖騰物中看到了自己祖先的身影。在這裡，所指像一面鏡子那樣，映照能指的身影——能指的身影不是現象自身，而是主體的欲望。能指的本質，是主體意向性所依託的痕跡，這個痕跡在所指中呈現出來的影像，正是主體的欲望。就像皮革馬利翁的雕像那樣：雕刻

種不顯現的東西。例如說「病理現相」，它意指身體上出現的某些變故，它們顯現著，並且在這一過程中，它們作為顯現的東西「標示著」某種不顯現自身的東西。參見：〔德〕馬丁·海德格爾，存在與時間〔M〕，陳嘉映、王慶節譯，北京：三聯出版社，2006：32～45。

〔註69〕 德里達說：符號概念始終在自身中包含能指與所指的區分，即便它們像索緒爾（Saussure）論證的那樣只是同一片樹葉的兩面。這一概念也屬□邏各斯中心主義的派生物，而邏各斯中心主義也不過是一種言語中心主義（phonocentrisme）：它主張言語與存在絕對貼近，言語與存在的意義絕對貼近，言語與意義的理想性絕對貼近。參見：〔法〕雅克·德里達，論文字學〔M〕，汪堂家譯，上海：上海譯文出版社，2005：15。

的痕跡，就是傾注了主體欲望的能指，其所指就是皮革馬利翁的欲望對象，而能指（雕刻痕跡）倒映在所指（欲望對象）中的影像，就是皮革馬利翁的欲望本身。

能指的反身自指，是通過模相態所指的鏡像效應生成的。因此，反身自指所形成的那個新所指，既區別於原來的所指，也區別於能指（是能指的映像）。能指的映像不同於能指自身，一旦混同於自身的時候，就會形成悖論：克里特島說謊者，羅素悖論等。

詩人故意使用這種能指的鏡像效應來彰顯自己的欲望，作為欲望本身是真實的，但它畢竟是能指的影子，因此，從場相態概念的角度來看，就成為「說謊」了。其實，詩人所營造的意境都是虛幻的影像世界，但他們並沒有說謊，而是直接說出了欲望的真實——那是一個真實的白日夢。

耦合圖式的三個時空相態形成欲望主體對於不同語言符號的所指意向性之間的三種激活模式，對於四個意向碼位中的任何一個都是有效的。如果我們把「人」這個詞放置在一個種屬關係網絡中的話，那麼就有如下繹理碼位的模式生成：

那麼，現在要按照三種時空相態來激活「人」在這個網絡中的繹理碼位，就會形成三種系聯關係：其一是縱向的關係，表述為「人是符號的動物」；其二是橫向關係，表述為「人是會思考的葦草」；其三是前後向的關係，表述為「人是人本身」。很顯然，縱向聯繫導致邏輯思維，那是場相態的界限明晰性，呈現為在連接基礎上的斷開，「人」作為「動物」的下位概念本來是連接著的，但經過特意強調了「符號的」之後，就與普通動物區別開來了；橫向聯繫導致類比思維，那是境相態的界限模糊性，呈現為在斷開的基礎上的連接，「人」和「葦草」分別被「動物」和「植物」這兩個上位概念所切斷，但經過特意強調「會思考的」之後，二者就被連接起來了；前後方向上的聯繫導致模相態鏡像對稱性，任何一個個體形態的「人」其實都是「基因模本的人」所呈現出來的一個複製品，也就是基因模本的鏡像，所有概念在反身自指的時候，

都會呈現出這種鏡像對稱的關聯性，本質上就是欲望主體的情感投射。

　　也就是說，嚴格區分邏輯上下位關係的結果是導致橫向分類的精確性，使得各個類之間的邊界極其清晰，這就導致了斷開效應，也就是在場的思維方式，而類之間的界限清晰，反過來又影響到界門綱目科屬種的上下位之間的界限清晰，形成了整體上的斷開效應，於是，一個條分縷析的在場的邏輯世界就呈現出來了。

　　相反的，在境的思維方式是要儘量打破縱橫兩個方面的界限，這就導致了連接效應。橫向的連接，就是形成明確的隱喻關係，比如說：「人是會思考的葦草」；縱向的連接，就是在原來單純的邏輯判斷基礎上（本來就是連接的），再加上相應的副詞「就」、「簡直」之類，比如說：「人是動物」和「人就是一個動物」這兩種表述是不同的，前者是邏輯判斷，後者帶有隱喻色彩，這種隱喻色彩就來自於副詞「就」或「簡直」的隱含意義——「接近」、「取直」之類，都是將前後兩項關係拉近的效應。這也是萊考夫所謂的「屬是種的隱喻」，因為他所謂的「涉身的哲學」，〔註70〕也就是身在其中的在境哲學，從境時空相態下看種屬關係，的確如此。萊考夫把一切語言表達都看作是源於隱喻的，〔註71〕就是要凸顯在境的思維方式，其目的當然和德里達一樣，都是想用一種矯枉過正的極端方式來扭轉在場的邏各斯中心主義的弊端。

　　而在模時空相態下，所有的自指都變得合乎情理了，蘇格拉底所謂的「詩人說謊」和「克里特島說謊者」的故事，以及羅素的「包含自己的集合」問題，都是涉及自指問題的邏輯悖論。有的時候甚至是刻意尋求的，那是所有藝術文本所追求的境界。

　　繹理維極的三個時空相態，其實是呈現為三種邏輯狀態的：演繹邏輯，類推邏輯，模態邏輯。用三種邏輯來表達上述例句的真實意思應該是：演繹邏輯的標準繫詞為「是」，表達為「人是符號的動物」；類推邏輯的標準繫詞為「好像是」，表達為「人好像是思考的葦草」；模態邏輯的標準繫詞為「必然是」，表達為「人必然是人」。

〔註70〕參見：李恒威、盛曉明，認知的具身化〔J〕　科學學研究，2006（4）：184～190。

〔註71〕萊考夫和特納在《超越冷靜的理性：詩學隱喻實用指南》中指出：屬是種的隱喻，世界上的事物秩序呈現為「偉大的存在之鏈」為：人類、動物、植物、複雜事物、自然物理事物。參見：龐玉厚、劉世生，認知詩學與生態詩學〔J〕，外國語文，2009（02）：18。

另外三個意向碼位的時空相態簡述如下：

對於徵信碼位，我們套用赫拉克利特的說法就是：這裡的諸神存在於三個時空相態之中，一個是場，一個是境，一個是模，正是「諸神」的三個相態時空耦合在一起，構成「徵信」這個維極意向，在場者是絕對的造物主——天機神，在境者是承載地球生命的搖籃——地利神，在模者是血緣模本——祖先神。

對於象表碼位，三個時空相態所對應的是：表象、喻象、興象。表象就是用賦的手法進行的景物描寫，喻象就是提供喻體以形象說明或者「立象以見意」的意象，興象就是利用事物的表象將欲望主體的情感帶入到自我投射和複製的鏡像狀態中。

對於物實碼位，三個時空相態對應的是：與欲望主體斷開的客體實物、與欲望主體連通著的功利實物、作為欲望主體自我意識投射鏡像的情感實物。

五、耦合圖式的文本符號學

（一）四個意向碼位的整合與互補

藝術文本的賦值機制，是在我們系統考察了蘊含在耦合圖式符號之內的不同意向碼位上組織能指和所指的不同方式之後得出的，這一點，福柯關於16 世紀前後不同的「認識型」理論，給我們提供了重要的啟發。他的古典時代四種相似性原則和17 世紀以後的四種普通語法，與耦合圖式的四個境相態和場相態激活的意向碼位不謀而合。

下面首先介紹一下福柯的觀點。

福柯在《詞與物》一書中明確認為，人類在16 世紀末以前的符號能指和所指之間的關係是相似性原理支配的，17 世紀以後的符號能指和所指之間的關係則是普通語法支配的。〔註72〕

〔註72〕福柯說：在16 世紀，真正的語言並不是全部獨立的、單一的和光滑的符號，物在這個符號總體中能像在鏡子中一樣被映照，以便在其中逐個敘述它們的特殊真理……在其原始的、歷史的16 世紀的存在中，語言並不是一個任意的體系；它被置於世上並成為世界的一部分，既是因為物體本身像語言一樣隱藏和宣明了自己的謎，又是因為詞把自己提供給人，恰如物被人辨認一樣。人們為了認識大自然而打開、鑽研和閱讀的書本中的重大隱喻，只是另一個傳遞的相反的和看得見的方面，而且更為深刻的方面，它迫使語言存在於世上，存在於植物、草木、石頭和動物中間。語言參與了相似性和記號的大分佈。因此，語言必須作為大自然的一個物而被研究。同動物、植物或星星一

　　首先，被相似性所主宰著的古典時代的語言，是與思想本身相同一的。〔註73〕

　　在福柯看來，人類的自然語言，彷彿是從物中生長出來那樣，鋪天蓋地般展現在人類的面前，他說：最接近的相似性的空間變得像一大本打開著的書；它充滿了筆跡；每一頁都充塞著相互交錯並在某些地方重複的奇異的圖形。我們要做的只是去譯讀它們：「產生於大地」。他認爲，16 世紀以前的古典時期的相似性一共包括四種原則，分別爲：鄰近性，仿傚性，交感性，類推性。

　　其次是 17 世紀後的普通語法，則將人們帶入邏各斯中心主義的語言觀中，此時，概念碼位逐漸排擠並替代象表碼位，轉移到耦合圖式的中心來，形成關注命題、表達、指明和衍生的一系列理論。這樣，語言符號就逐漸和物斷裂開來，形成能指和所指的任意性關係。所指成爲以邏輯概念爲核心的思想系列，其中，命題就是凸顯概念碼位中的範疇性，表達就是凸顯象表碼位中的呈現性，指明就是凸顯物實碼位的命名理據性，衍生就是凸顯徵信碼位的神諭性，所有符號的賦值機制由原來在境的「∫」改變爲在場的「｜」，能指和所指的關係從相似性改變爲任意性。〔註 74〕四種普通語法分別爲命題、表達、指明、衍生。

　　　　樣，語言的要素擁有它們自己的親合和適合的規律……在其初始形式中，當上帝本人把語言賦予人類時，語言是物的完全確實和透明的符號，因爲語言與物相似。名詞置於被指稱的物上，恰如力量書寫在獅子的身上，權勢書寫在老鷹的眼裏，恰如行星的效應刻畫在人們的前額上：都是通過相似性的形式。參見：〔法〕米歇爾·福柯，詞與物〔M〕，莫偉民譯，上海：上海三聯書店，2001：47～49。

〔註73〕福柯論述到：語言在古典時代的存在，既是最高的，又不引人注目。說它是最高的，這是因爲詞已接受了「表象思想」的任務和力量。但是，在這裏，表象並不指翻譯、給出一個看得見的版本、製作一個有形的副本。表象必須在嚴格意義上被理解：語言表象思想，如同思想表象自身一般。……語言存在於表象爲自身創立的間距中……古典時代的語言並不是思想的外在效果，而是思想本身。……語言的存在，似乎憑著一種沉默的醉心，先於人們能在它裏面所閱讀到的一切和賦予它聲音的詞。從 17 世紀以來，正是這一厚實的和有迷惑力的語言存在被排除掉了。參見：〔法〕米歇爾·福柯，詞與物〔M〕，莫偉民譯，上海：上海三聯書店，2001：103～104。

〔註74〕福柯說：與其說語言是人們相互交往的工具，還不如說語言是表象必定藉以與反思發生聯繫的途徑。這就是爲什麼對哲學說來，普通語法在 18 世紀期間獲得了如此多的重要性：它同時是自發的科學形式——一種不被精神控制的邏輯——和首次對思想作反思的分解：與直接當下物進行的最主要的決裂之一。參見：〔法〕米歇爾·福柯，詞與物〔M〕，莫偉民譯，上海：上海三聯書店，2001：108～111。

　　福柯認為在西方的歷史上，16 世紀末以前的人類基本上是按照相似性的原理來認識世界的，而 17 世紀之後的人類逐漸開始按照異同性的原理來認識世界，他強調區分前後兩個不同時代人們關於的動植物的不同分類和描述方法，形成兩種截然不同的「認識型」。〔註75〕

　　下面是耦合圖式的意向碼位和相關學者符號學理論的對照表，清晰呈現為：索緒爾和皮爾斯是互補的，構成主要賦值機制，老子的四維框架奠定了意向碼位的四維結構，與福柯的相似性原理和普通語法相映成趣。

賦值機制　意向碼位 ＼ 不同學者	老子	索緒爾	皮爾斯	福柯	
物實碼位	物		標誌功能	鄰近	指明
象表碼位	象		圖像功能	仿傚	表達
徵信碼位	信		象徵功能	遙感	衍生
概念碼位	精	範疇功能		類推	命題

（二）原型圖式的系統還原

　　提到「原型」這個詞，讓我們首先想起來的人是榮格，但同時還必須同時想到宗教的「上帝」、柏拉圖的「理念」、列維－布留爾的「集體表象」，以及亞里士多德的「靈魂」、叔本華的「意志」，最後還要歸到的維特根斯坦的「家族相似性」和萊考夫的概念「原型」上來，而本質上則要歸屬於人類個體成長發育過程中所形成的「拉康的鏡像結構」。我們首先來看榮格的「原型」，它構成集體無意識的內容。〔註76〕

〔註75〕〔法〕米歇爾·福柯，詞與物〔M〕，莫偉民譯，上海：上海三聯書店，2001：172。

〔註76〕榮格說：集體無意識（collective unconscious）的假說屬於這樣一種觀念，即人們起初會覺得它陌生，但很快便會把它作為熟悉的概念來掌握和使用。……集體無意識的內容眾所周知是原型（archetype）。「原型」這一術語早在斐洛·猶大烏斯（Philo Judaeus）時代便出現了，意指人身上的上帝形象……上帝被稱為「原型之光」……「原型」是對柏拉圖的理念的闡釋性釋義……列維－布留爾用於表示原始世界觀中的象徵形象的術語「集體表象」……原型的另一種眾所周知的表達方式是神話與童話。……因此，「原型」這一術語僅間接使用於「集體表象」，因為它僅僅表示那些尚未經過意識加工，因此是心理體驗直接基點的心理內容。〔瑞士〕卡爾·古斯塔夫·榮格，榮格文集第五卷：原型與集體無意識〔M〕，徐德林譯，北京：國際文化出版公司，2011：6～7。

　　榮格還用一個「機能十字架」圖來表達他關於人的「複合的自我」的各種功能狀態，我們參照他的圖來說明：

　　面對這個機能十字架，榮格自己解釋說：

　　　　位居中心的是自我（E），它具有一定量的能量進行支配，這種能量就是意志力。以思考型為例，這種意志力會被導向思考（T），那麼，我們就必須把情感（F）放在底下，因為在這種情況下，它是劣勢機能。〔註77〕

　　原型是「直接體驗基點的心理內容」，而呈現為各種意識狀態，就成為「機能十字架」。在原型背後的支撐力量則是「意志力」。用耦合圖式的理論來對照的話，我們認為，榮格捏合了兩處，一處是「思考」，他還沿用笛卡爾的「我思故我在」中的「思」，這個「思」，實際上應該分化為「邏輯推理」和「精神信仰」兩個比鄰的維極；另一處是「直覺」，他簡單地把「直覺」和感覺對立起來，實際上，真正和感覺相對立的維極應該是理性的邏輯思辨，而直覺是一種未卜先知的預測能力，應該是徵兆和信仰，也就是耦合圖式的「徵信」維極。而情感也不一定都滯留在向下的維極中，向下的維極只是本能的情緒和欲望，情感還包括崇高信仰所形成的皈依感。

　　「意志力」位於核心，一方面構成支撐原型的內在動力，另一方面構成調整自我意識狀態在不同意向性上的賦值機制，就是叔本華的「作為意志和表象的世界」中的「意志」。意志只有一個，但意向性不同，就形成了不同的表象世界，也就是耦合圖式中的意向性維極。

〔註77〕　〔瑞士〕卡爾・古斯塔夫・榮格，榮格文集第九卷：象徵生活〔M〕儲昭華　王世鵬譯，北京：國際文化出版公司，2011：17。

　　這個支撐原型的「意志」就是宇宙意志，它包含四種自然力和第五種力，這第五種力，被約翰・塞爾稱爲「神力」，〔註78〕因爲它顯現在精神信仰維極上；被弗洛伊德稱爲「力比多」，因爲它顯現在情慾意向維極上；被夏娃認定爲自由意志，因爲它顯現在自由意向維極上；被伊甸園裏的眾生（包括剛剛被製造出來的亞當）認定爲上帝禁令，因爲顯現在宿命意向維極上；被象喻中心主義的人們認定爲「聖人立象以見意」和世俗所謂的「眼見爲實」的感知力，因爲顯現在表感意向維極上；被邏各斯中心主義的人們認定爲邏輯推理的思辨力，因爲顯現在理念意向維極上。

　　叔本華果斷而智慧地將這個區別於四種自然力的第五種力，連同前四種自然力一起，命名爲「意志力」，勇敢地面對世俗的困惑不解甚至是嘲笑。正是在這個意義上，亞里士多德的「靈魂階梯說」與叔本華的「意志說」具有等效性：植物的生長之靈、動物的感知之靈與人類的理性之靈全部耦合積澱在我們的體內。

　　美國神話學家坎貝爾更是融會貫通而又直言不諱地道出了事情的眞相，將所有具有原型色彩的「能量」統合起來。〔註79〕

　　萊考夫的「原型說」，是在維特根斯坦的「家族相似性」啓發下提出來的語言學理論〔註80〕。萊考夫在《我們賴以生存的隱喻》一書中，將一個概念家族中所涵蓋的成員區分爲典型的和非典型的，比如，對於「鳥」這個概念來說，麻雀和燕子之類就是居於核心部位的典型成員，企鵝和鴕鳥之類就是居於邊緣的非典型成員。他稱那些典型成員爲「Social Stereotype」，也就是「原型」。這個「原型」，固然和榮格的「archetype」不同，它指的是一個概念家族中距離語言的義位中心最切近的成員，最符合義位要求的典型要素，夠成「鳥」

〔註78〕〔美〕約翰・塞爾，心靈、語言和社會，〔M〕，李步樓譯，上海：上海譯文出版社，2006：37。

〔註79〕坎貝爾說：用簡單的公式說明，宇宙普遍的原則教導我們，世界上所有的有形結構——所有的事物與存在都是一種無所不在的力量的產物，它們產生於這種力量，在它們顯形的期間予以支持和充實，而它們最終必須消融回去。這種力量就是科學家所知的能量，美拉尼西亞人所知的瑪納（mana），蘇族印第安人所知的瓦康達（wakonda），印度教徒所知的沙克蒂（shakti），以及基督教所知的上帝力量。心理分析學家把它在心靈中的顯現稱爲里比多，而它在宇宙中的顯現則是宇宙本身的結構與流動。參見：〔美〕約瑟夫・坎貝爾 Joseph Campbell，千面英雄〔M〕，朱侃如譯，北京：金城出版社，2012：165。

〔註80〕吳世雄、際玉華，原型語義學：從家族相似性到理想化認知模式〔J〕廈門大學學報（哲學社會科學版）2004（2）：57～63。

這個概念義位的義素分別為：＋卵生，＋羽毛，＋翅膀，＋會飛。但二者存在著共同的詞根：type（類型），由此可見，萊考夫分明借鑒了榮格的原型理論。萊考夫作為從喬姆斯基的形式語言學陣營裏突圍出來的學生，與哲學家約翰遜先生合作共同打造語言與哲學相互發生的「涉身」隱喻理論，這在本質上就與榮格的原型理論之間存在著非常微妙的靈犀相通的關係了，自然語言中隨處都存在著的隱喻現象，比如：「山頭」、「山腰」、「山腳」等是用人體部位來隱喻自然對象，而「天庭」、「地閣」、「太陽穴」之類則是用自然現象來隱喻人體部位等，都是在一種集體無意識之下完成的，是先民們將自己與環境相互照應並融為一體的思維方式的自然呈現。

我們使用漢語的「原型」一詞，將宗教的、心理學的、文化人類學的、語言以及哲學的等相關學科的概念統一起來，形成耦合圖式符號學中用以指稱核心耦這一概念的術語——原型耦。

原型耦的本質，是人類從鏡像中認出「自我」來（也就是榮格機能十字架的核心），是拉康的鏡像結構理論所揭示出來的自我認知能力，以及皮亞傑所洞察出的：人類的生命個體發育成長到 18——24 個月的時候所形成的「哥白尼式革命」。原型耦的表達符號是「ϕ」，其賦值機制就是能指把自己的鏡像當作所指，從而形成一個純粹的欲望表達符號。

（三）三聯體密碼子

基因將生命製造得如此完美和精巧，基因將生命與環境協調得如此和諧與美妙。DNA 本身就是蕩漾在宇宙中的自由而流動的詩行：由四種城基對組構起來的三聯體密碼子，正在言說著過去、當下和未來。

我們在驚歎於基因智慧的同時，更驚歎於構成文本信息的編碼機制，它們的共同之處，都是三聯體密碼子。這裡，我們不能繞過的一個人，就是法國學者羅蘭·巴特。

羅蘭·巴特提出「複數的文」這一概念來彰顯詩性智慧。在他的著作《S／Z》中，首先區分「能引人寫作之文」和「能引人閱讀之文」，然後把古典之文列入「能引人寫作之文」中，並稱之為「複數的文」，對此他做了如下說明：

> 這類文乃是能指的銀河系，而非所指的結構；無始；可逆；門
> 道縱橫，隨處可入，無一能昂然而言：此處大門；流通的種種符碼
> （codes）蔓延繁生，幽遠恍惚，無以確定（既定法則從來不曾支配

過意義，擲骰子的偶然倒是可以）；諸意義系統可接收此類絕對複數的文，然其數目，永無結算之時，這是因爲它所依據的群體語言無窮盡的緣故。〔註81〕

複數之文不但經得起不斷的重讀，而且也需要在不斷的重讀中，獲取全新的體悟，並從古老的詩性智慧中，汲取新的營養。其實，藝術文本本來就不是單純地呈現作者個人意識裏的封閉體系，而是一個需要不斷被重新闡釋的開放系統，是一個浸淫在人類文明進化旅程中的耗散結構，隨時等待著撲面而來的新時代的信息輸入和智慧更新。而充滿詩性智慧和象徵意象的詩歌文本，尤其需要不斷地在重讀與改寫中獲得新生，歐洲的文藝復興就是通過做這樣的工作，打著向古代「復興」的旗號，來實現向未來拓展新的生存維度的目標。

那麼，彰顯詩性智慧的複數之文是如何得以形成的呢？它的編解碼機制是怎樣的呢？

羅蘭・巴特認爲：任何一個意指系統都包括一個表達平面（E）和一個內容平面（C），意指作用與兩個平面之間的關係是（R），三者重合爲：ERC。如果假設這個 ERC 系統成爲另一個更爲廣泛的系統的一個成分，那麼我們研究的就是兩個「彼此脫節但又如魚鱗般疊蓋或交錯的意指系統」。然而這一衍生物能因第一系統介入第二系統的位置不同而以兩種不同的方式產生。因而也就導致兩個相反的結構。它們是：

在第一種結構中，第一系統（ERC）成爲第二系統的表達平面或能指平面：

第二系統　　　　E　　　R　　　C

第一系統　　　（ERC）

或者：（ERC）RC

在第二種結構下，第一系統（ERC）不是像在內涵系統中那樣作爲表達平面，而是作爲第二系統的內容平面，或所指平面：

第二系統　　　E　　　R　　　C

第一系統　　　　　　　　　（ERC）

或者：ER（ERC）〔註82〕

〔註81〕〔法〕羅蘭・巴特，S／Z〔M〕，屠友祥譯，上海：上海人民出版社，2000：62。
〔註82〕趙毅衡，符號學文學論文集〔C〕，天津：百花文藝出版社，2004：323。

在此基礎上，羅蘭‧巴特進一步指出：第一種結構屬於被葉爾姆斯列夫稱之爲內涵符號學的研究範圍，第一系統是外延平面，第二系統是內涵平面，文學文本的語言就屬於這種結構；第二種結構屬於元語言的，元語言是一個其內容平面本身由另一個意指系統所組成的系統，它是研究符號學的符號學。〔註83〕

羅蘭‧巴特所說的這個「ERC」，實際上就是所有文本的「三聯體密碼子」。這個「三聯體密碼子」，不是呈現爲能指鏈中的三個詞彙，而是蘊含於某個符碼中的三個要素項，分別對應能指、耦、所指。羅蘭‧巴特認爲，在具體的文本運作中，會呈現出（ERC）RC 和 ER（ERC）兩種衍生結構，分別對應的是藝術文本和元語言。

我們借用這種三聯體 ERC 的模式，並進一步將它改進和充實起來，作爲耦合圖式符號學的賦值和激活模型。

我們首先將符號的四個意向碼位的四種賦值機制分別爲三聯體密碼子的形式就是：物實 EWC，象表 EXC，徵信 EZC，繹理 EYC，表面上看彷彿只是將羅蘭‧巴特的符號「ERC」中的 R 替換爲相應維極意向碼位的表達符號，並用該意向碼位中文名稱的拼音開頭字母來標記，實際上，這是在整個系統已經被置換爲耦合圖式符號學的前提下完成的。因此，這裡面的 R 已經不完全等同於索緒爾意義上的語音能指了，C 也已經不等同於索緒爾意義上的概念所指了，二者之間的賦值關係已經在上文中做過交代，此處不再贅述。

關於符號的能指和所指的賦值關係問題，很多學者們都曾發表過自己的看法。羅蘭‧巴特在他的《符號學原理》一文中首先將「符號」這一術語從與之相關聯的「對手」中分離出來，並將其定位於索緒爾的以能指和所指作爲構成部分的「符號」概念上。他列圖表如下：〔註84〕

〔註83〕趙毅衡，符號學文學論文集〔C〕，天津：百花文藝出版社，2004：324。
〔註84〕羅蘭巴特總結到：由於各種各樣作家的任意選擇，符號處於一系列與它相近但又不完全相同的術語之中：信號、標誌、圖像、象徵、諷喻是它的主要對手。……我們只須看一看四位不同的作家所使用的術語項及其特徵的關係表，就會一目了然。這四位作家是黑格爾、皮爾斯、榮格和華龍（在某些作家那裡有些特徵，無論是否有標記，可能是缺項）。參見：趙毅衡，符號學文學論文集〔C〕，天津：百花文藝出版社，2004：280。

	信號	標誌	圖像	象徵	符號	諷喻
意識再現	華龍－	華龍－		華龍＋	華龍＋	
類比			皮爾斯＋	黑格爾＋ 華龍＋ 皮爾斯＋	黑格爾－ 華龍－	
直接聯繫	華龍＋	華龍＋				
相符				黑格爾－ 榮格－ 華龍－	黑格爾＋ 華龍＋ 皮爾斯＋	
存在上的聯繫	華龍＋	華龍－ 皮爾斯＋		皮爾斯－ 榮格＋		榮格－

　　羅蘭・巴特對索緒爾的「符號」定義情有獨鍾，他對此進行了認眞分析。
〔註85〕但是，羅蘭・巴特並沒有滯留在索緒爾的「符號」定義中無所作爲，
而是勇敢地突破「兩項對立」的思維模式對於符號學產生的束縛，他認爲：

> 兩項對立居多數，但不是全部，因而無法肯定兩項對立的普遍
> 性。它在音位學中受到質疑，在語義學中還沒人研究，在符號學中
> 則是一個最大的未知數，其對立類型至今沒有人加以概括。要解釋
> 複雜的對立關係，人們當然可以訴諸語言學已經加以闡明的模式。
> 這模式由一個「複雜」的選擇或四項對立所組成：兩個極項（彼或
> 此），一個混合項（彼及此）和一個中立項（既非彼又非此）。〔註86〕

符號學對於二元對立思維模式的突破，直接導致一個結果就是正視符號

〔註85〕在語言學中，符的概念有別於相鄰的各詞項。當索緒爾尋找一個詞來指示
　　　　意指關係時，他毫不猶豫地否定了象徵（symbol，因爲這一術語包含動機）
　　　　而贊成用符號（sign）。他把符號定義爲能指和所指的統一體（就像一張紙的
　　　　兩面），或一個聲音形象和一個概念的統一體。然而，在索緒爾採用能指和所
　　　　指這兩個詞之前，符號的含義一直很模糊，因爲它很容易和能指混爲一談，
　　　　而這正是索緒爾不惜一切代價要避免的。索緒爾曾在音子與義子，形式與思
　　　　想，形象與概念等詞之間猶豫。他最後選定能指和所指。這兩者的統一構成
　　　　符號。這是一條必須時刻牢記的重要定理，因爲有一種傾向把符號解釋成能
　　　　指。其實它是一個像羅馬神話中的門神（Janus）一樣有兩個面孔的東西。這
　　　　定理推出一（重要）結論。既然對索緒爾、葉爾姆斯列夫、弗雷來說所指也
　　　　是符號的一部分，那麼語義學就必須是結構主義語言學的一部分。而美國機
　　　　械論者卻認爲所指是必須從語言學中驅逐出去而留給心理學去研究的東西。
　　　　參見：趙毅衡，符號學文學論文集〔C〕，天津：百花文藝出版社，2004：283。
〔註86〕參見：趙毅衡，符號學文學論文集〔C〕，天津：百花文藝出版社，2004：318。

信碼的多種意指功能，也就是耦合圖式符號學所說的多維意向碼位效應。關於符號意指功能的多維屬性，羅蘭‧巴特也進行了深入探討，他首先用「意指作用」來說明能指和所指之間的關係。〔註87〕

在此基礎上，羅蘭‧巴特進一步歸納了符號學界存在的關於幾種不同意指關係的見解，實際上就是意指功能的多維屬性。〔註88〕

其實，羅蘭‧巴特還是在邏各斯中心主義的思維模式下來演繹文學文本的編解碼規則的。如果按照傳統符號學的思路來分析的話，我們認爲，在（ERC）RC 這種結構中，作爲表達平面的那個能指系統——（ERC）內部的那個「R」所呈現的意指關係和整個（ERC）RC 結構中的那個「R」所呈現的意指關係是有差別的，前者那個（ERC）很類似於皮爾斯的「標誌」、「圖像」、「象徵」等多維意指系統，或者是拉康系統中的綜合性的大能指（S）——「它由多層次鏈（隱喻鏈）所組成」。而所謂的「多層次隱喻鏈」，就應該是指莫比烏斯帶上和初始能指位於同一面的那些在境意向素，彷彿用小紅帽指代一類勞動者和用花瓶來指代妓女那樣，它們之間依靠某種相似性而獲得意指功能。因此，作爲表達層面的大能指（S），也就是作爲能指複合體的（ERC）內部的

〔註87〕意指作用可以被看成是一個過程。它是將能指與所指聯繫在一起的行爲。這種行爲的結果就是符號。這種分類當然只有分類（不是現象學）價值。第一，這是由於能指和所指的結合——正如我們所看到的——並沒有詳盡無疑地闡明語義行爲，因爲符號也從它周圍的環境獲得價值。第二，這也許是因爲思維在語義過程中不是通過聯繫而是通過割斷這種聯繫進行的。參見：趙毅衡，符號學文學論文集〔C〕，天津：百花文藝出版社，2004：291。

〔註88〕1.$\dfrac{Sr}{Sd}$ 描述法。按索緒爾在其理論中的示範，符號似乎是一個有一定厚度的情境的垂直延伸。在語言中所指似在能指的背後，我們只能通過能指去接觸它。……2.ERC 描述法。葉爾姆斯列夫偏愛地選擇一種純文字的描述法：在表達層次（E）和內容層次（C）之間有一種關係（R）。因此要避免任何比喻所造成的失真，經濟地解釋元語言或派生系統，用這樣一個公式就可以了 ER（ERC）。3.$\dfrac{S}{s}$。拉康及其追隨者拉帕朗思和勒克萊爾採用一種空間關係記錄法。然而，它與索緒爾的描述法有兩點不同：i）能指（S）是綜合性的，它由多層次鏈（隱喻鏈）所組成。能指和所指處於一種浮動的關係中，恰好在某些固定點上相合。ii）能指（S）與所指（s）之間的橫線有它自己的價值（在索緒爾那裡沒有這種價值），它代表對所指的抑制（repression）。4.Sr＝Sd。最後在非同構系統中（即其所指由另一系統的物質構成），我們理所當然要用一種相當關係（≡）而不是一種相同關係（＝），來描述能指和所指之間的一種跨系統的延伸關係。參見：趙毅衡，符號學文學論文集〔C〕，天津：百花文藝出版社，2004：292。

這個「R」的賦值功能應該是綿延時空內的線性接續，其符號應爲表達在境延宕的「∫」而不是在場的「｜」。元語言的編碼機制才是「｜」，嚴格對應於第二種結構──ER（ERC）中的大所指的內部「R」，是概念層次上的語言義位編碼機制。

因此，羅蘭・巴特實際上是發現了藝術文本和元語言這兩套編解碼機制，同樣用傳統符號學的方式來說明的話，藝術文本的編解碼機制表達爲：（E∫C）RC，蘊含著皮爾斯意義上的「標誌」、「圖像」和「象徵」等多重意指功能或者拉康的綜合性大能指（S）；元語言的編解碼機制表達爲：ER（E｜C），ER（E∫C），前者蘊含著索緒爾意義上的意指功能（概念），後者蘊含著公孫龍意義上的意指功能（表象）。

而根據拉康的學說：不但「能指和所指處於一種浮動的關係中」，而且，「能指（S）與所指（s）之間的橫線有它自己的價值──代表對所指的抑制」。也就是說，拉康把更多的注意力集中在大寫的能指（S）上，本質上也就是關注（E∫C）RC 的賦值編碼機制，而且強調了能指與所指之間的「浮動」。如果單純地滯留在邏各斯中心主義的思維方式下，使用索緒爾意義上的能指和所指之間的意指關係，那麼，這種所謂的「浮動」就顯得過於抽象而難以理解，能指對所指的「壓抑」也無法清晰體現。

在耦合圖式符號學中，能指和所指的「浮動」呈現爲不同的意向碼位的激活相態之間的置換（而不是能指的浮動），置換的結果導致了信息的延宕效應，這就形成了以（ERC）RC 賦值方式爲核心的意向雲團，其具體表達式以四個意向碼位被三個時空相態激活的方式表達出來：物實（EWC）RC，象表（EXC）RC，徵信（EZC）RC，繹理（EYC）RC。

這樣，拉康所謂的「浮動」效應，也就是我們所謂的「碼位置換」，置換變動不居，永不停歇，就形成了意向雲團，意向雲團所包裹著的，其實就是詩人所要言說的心中之「志」──擁有多維意向性的被充分還原出來的「志」。

這樣，藝術文本的編碼機制就呈現出來了，複數之文由此而誕生。而文學鑒賞就是一個耦合圖式下的多維意向性解碼過程，可以從任何一個碼位進入，並形成延宕傾注，從而在詩性智慧的氤氳氛圍中體驗維度豐盈的美感。

文學鑒賞最忌諱的就是滯留在某個意向碼位上並由此進入到義位層面，追求單個語碼的義位性確詁，這對於審美體驗來說，將是牛角尖式的深淵。構成意向碼位的意向素分佈在耦合圖式座標系的球面上，而不是義位的內

部。舉例來說吧，作為性信息素的意向素，只是從雌雄動物之間相互傳遞誘惑的信息意義上才是有價值的，而雄二烯酮和雌四烯醇也只是作為信息媒介才具有了符號編碼的意義，至於它的分子結構是什麼樣的，基本上已經不屬於審美體驗的範疇了。正像《詩・邶風・靜女》文本中所描寫的那樣：「自牧歸荑，洵美且異。匪女之為美，美人之貽。」在這裡，「荑」到底究竟是什麼，已經不是很重要的問題了，關鍵在於是「美人之貽」——「荑」只是一個傾注了愛人情感的能指符號，欲望主體對於它的意向性不能滯留在任何一個意向碼位的縱深方向上，而應該從構成碼位的橫向的信息素中去尋找，那裡存在著一個欲望的能指鏈，位於莫比烏斯帶的同一個面上。沿著這個面，永遠都無法到達索緒爾意義上的概念所指，而是圍繞著核心的原型耦合體，形成了延宕開來的意向雲團。

（四）藝術文本編碼的賦值與激活機制

　　耦合圖式任何一個維極上的意向性，都擁有天然的盲區效應，因此，對於詩歌文本的閱讀和鑒賞來說，任何維極上的滯留都是危險的，符號的累積生成和積澱效應，導致了詩性智慧編碼的「複數」性和疊加性，其中蘊含著巫術的、圖騰的、神話的、宗教的、道德教化的等多種集體無意識層次，這就使得任何一個當代解碼者都彷彿置身於文本表層在場的遮蔽效應中。

　　福柯在他的《詞與物》一書的首章使用了「宮中侍女」這個題目，對於17世紀偉大的現實主義畫家第雅各・委拉斯凱茲的著名油畫——《宮中侍女》進行了深刻的闡釋，並由此拉開了關於「詞與物」之間關係探討的序幕。

（圖片採自網絡）

　　畫面的內容是：左側是一個巨大的畫布背面的一角，畫家在他的畫布前稍靠後一些站著，手裏拿著刷子和顏料盒，目光專注地看著他的模特——不在畫面裏而是處於觀眾鑒賞繪畫的位置上，這就與觀眾的目光形成了相互的凝視狀態；前側和右側，是公主與女僕以及宮廷中的小丑與狗；後右側是一扇門，透進光亮，有一個人剛剛進入正在注視著一切；中間是一個鏡子，裏面模糊地映照出作為模特的國王夫婦。畫面中的鏡子雖然不是很突出，但它位於整個畫面正中間的位置上，將所有的色彩與線條聚攏起來，並隱約映現著畫家眼中的模特——那可是呈現在畫家所面對的畫布上的重要內容，因此，它又是一個象徵符號，彷彿整個畫面都具有了鏡子的功能：鑒賞者從畫面中看到了自己的身影，就像畫家也呈現在畫面中一樣。對此，福柯頗有感慨地說：

> 它並非一幅畫，而是一面鏡子。它最終向我們提供了那種重疊的魅力，這種魅力不僅為遠處的幾幅畫所沒有，而且也為處於近處景（及其諷刺性的畫布）中的光所缺乏。〔註89〕

　　我們所關注的，是比那個鏡子更具有象徵意義的背向著觀眾的畫布。畫布就是畫家的作品所賴以呈現的質料，是畫家得以傾注其全部情感和思想的巢穴，它彷彿就是承載著詩人胸中之「志」的詩歌文本，非常吝嗇地將它的所有真實內容全部背對著我們，從而構成一個「此地無銀三百兩」的公開的密碼體系，也是一個故意的躲藏和遮蔽體系，它彷彿非常明確地在言說著一個謎語（或者一個謊言），有意地隱匿著真實意圖。詩歌文本的魅力，就在於其謎一樣的表象背後所蘊含著的多維信息內容，也就是我們所謂的「詩性智慧」。

　　詩人所要表達的深層意蘊並不呈現為可見的文本內容，就像畫面上呈現出來的那些事物一樣，但凡呈現在觀眾視野裏的畫面內容，都是表層現象，或者乾脆就是背景，真正的主角只是在後面的鏡子裏偶而隱約地顯露出一點真容。那才是真正被詩人關注的內容，永遠處於可見文本的畫面之外，處於所有出場的事物之外，處於謎面之外，處於被密碼所掩護的保險箱中。

　　所有畫面上呈現出來的一切，都是在場的，包括畫布背面的一角——那是詩歌文本的書頁和封面。但所有這些在場呈現的，都不是畫家所面對的巨大畫布上所傾注的真正思想情感和信息內容，詩人用種種在場呈現的表象來

〔註89〕〔法〕米歇爾·福柯，詞與物〔M〕，莫偉民譯，上海：上海三聯書店，2001：8。

隱喻著他的詩性智慧，其中，相當於畫面裏鏡子功能的那個要素，就是原型，我們又稱之爲原型棱鏡，或者原型耦合體，它既能夠像鏡子那樣映照出模特的身影——在詩歌文本中就是詩人所關注的臨摹對象，也能幫助讀者窺探出詩人蘊含在詩歌文本中的基本意向性，而更爲主要的是，它能夠提供一種相互凝視的機制，讓讀者同時體驗到模特和畫家或者是描寫對象和詩人的感受，並在嶄新的時代背景中形成超越和重寫，不斷發掘出新的智慧維度來。

　　而其他的在場事物，就相當於各個意向碼位被激活了的在場耦合相態。畫面正前方的公主氣質優雅高貴，旁邊的女僕服侍體貼周到，小丑滑稽幽默，狗安靜地趴臥在地上，一派安泰祥和的宮廷景象，但這一切都不是畫家所刻意關注的，主角在畫面之外——沒有出場。這也是詩性智慧的一個最大特點：不呈現爲意蘊的直接在場，或者說故意使用隱蔽，用中國傳統詩學的術語，就是「先言他物」的起興手法，就是隱喻，就是象徵，就是廋語。那麼，不在場的意蘊在哪裏呢？耦合圖式給出的答案是：在境，在模。

　　海德格爾認爲，詩歌具有一種召喚功能，也就是能把不在場的事物召喚到在場狀態，由此可以看出，他還是很明顯地受著邏各斯中心主義的束縛，不肯丟棄「在場」﹝註90﹞這個詞匯。其實，詩性智慧本身在詩歌文本中蘊含著，不一定非要召喚爲在場狀態不可，和「在場」一詞相對立互補的不只是一個「缺席」，還有「在境」和「在模」。

　　藝術文本主要是依靠激活「境」和「模」相態來呈現出隱含在原型圖式中的主體之「志」。

　　因此，也可以說，在耦觀時空之下，我們的關注焦點被聚集在「耦」上。「耦」就是兩個位點之間的介質，我們稱之爲「耦合介質」。這種耦合介質對於所有二元對立的系統來說，都是被忽視的，它就位於對立兩極的中間地帶，可能就是一條縫隙、一個關節、一個界面，它存在於任何兩個位點之間，只要你仔細尋找，一定能夠找到。比如，同一符號的能指和所指之間，在兩個符號之間，在讀者與文本之間，都存在著「耦」。

　　按照福柯的分析，在西方世界中的「知識型」，16世紀以前是按照「相似性」原則來組織符號的，事物與表示事物的符號尚未區分開來；17和18世紀是按照「同一和差異」性原則來組織符號的，事物與表示事物的符號開始區

﹝註90﹞　參見：〔德〕馬丁・海德格爾，面向思的事情〔M〕，陳小文、孫周興譯，北京：商務印書館，1996：1～29。

分開來；19 世紀以後是按照「根源」性原則來組織符號的，普遍關注事物的起源和因果性探索。伴隨著符號被成功從事物中分離出來並結合西方邏各斯中心主義的傳統，索緒爾的結構主義符號學就應運而生了。但索緒爾在驅逐了客體的同時，也驅逐了主體，將能指和所指的關係鎖定在任意的約定性上，將概念範疇絕對化爲邊界清晰的類屬框架，從而將在場的邏各斯中心主義這條路走到了極致。

「原型」不但在語言學領域瓦解著邏各斯中心主義，而且也在文學藝術領域發揮著巨大的闡釋效能，它在榮格的理論中，成了集體無意識的代稱。集體無意識本身就是一種詩性智慧，它來自於有意識的感覺之外的直覺，源於條分縷析的邏輯思辨之外的混沌，也就是維度還原所形成的耦合圖式。

對於詩歌文本來說，那個背對著我們的密碼系統的背後，不是一個固定不變的答案，而是一個可以無限延宕下去的意向雲團，就像《蒹葭》文本所描繪的那樣：所謂伊人，在水一方……宛在水中央。其實，如果你真的「溯洄從之」來到「水中央」的話，她還是不在那裡，她就是一個影子，你永遠也無法捕捉到她，她在每一層次、每一個維度、每一個角落裏，都不能滯留，一旦滯留，就遠離了詩性智慧。

那麼，在耦合圖式理論之下，所謂的「詩性智慧」又是什麼呢？

第三節　詩性智慧

人類語言是位於主客體之間的「耦」，因此在耦合圖式上呈現爲一個擁有二維座標軸的意向碼位系統，也就是耦合界面。但是，這並不等於每個意向碼位的維度參數只有兩個，它們都是作爲耦合圖式上的一個耦合子存在著的，耦合子維度的豐盈程度，決定於耦合圖式本身維度數的多少。

蘊含在語言中的詩性智慧，呈現爲語言各個意向碼位的耦合效應，四個意向維極上分別擁有各自的類型「耦」：境耦，場耦，模耦，以及若隱若現的原型耦。位於每一個意向維極上的意向碼位都是一個耦合位點，如果用數學函項來表達的話，就是：$f(x, y, z)$。

在耦合圖式理論中，詩性智慧也就是「耦性智慧」，是和「極性智慧」相對而言的，極性智慧據守和滯留在某一個維度或維極上，而詩性智慧則是遵循「反者道之動」或「正反合」的耦合原理的，積極接納所有的維度還原。

　　詩性智慧是基於維度還原而形成的多維耦合智慧，因此它蘊含了耦合圖式的所有維極，甚至包括了純粹理性的邏輯思辨和以揭示客觀規律為使命的近現代科學，它是全人類通用的詩性智慧，主要體現在以下四點：

　　其一是超越於單一維極邏輯預設的多維耦合賦值，包容所有相互對立維極的「正反合」，它驅逐任何簡單的非此即彼的二元對立，呈現為兼容並包的「詩言志」。

　　其二是超越於歷史真實和欲望真實，其動能來自於生命的基因本體，因此，具有強大的類似於巫術咒語的致動作用。

　　其三是超越於語言字典意義而指向信息本身的表達功能，呈現為以語言義位為核心的信息碼位的意向雲團。

　　其四是超越於散文語言的信息耦合效應，呈現為宏大敘事意義上的神諭或讖語功能。

一、詩歌文本的意旨：詩言志辨

　　關於藝術起源的說法很多，構成各種各樣的藝術起源論，比如：模仿說、遊戲說、宗教魔法說、巫術說、心靈表現說、勞動說等，但德國學者格羅塞卻說：「藝術的起源，就在文化起源的地方。」〔註91〕這才是最為發人深省的。

　　我們如何理解格羅塞的說法呢？他迴避了徘徊在歷史上的各種說法相互牴觸的爭執中，而是將人們的視野直接帶入到原始民族的生活情境中去，讓人們自己去體悟「藝術的起源」這個本體論問題。藝術本體論指的是藝術文本所蘊含的信息內容是什麼，而最為本質的問題應該是弄清楚：文本的作者，也就是詩人和藝術家們最初到底想要說什麼，想要表達什麼，想要傳遞什麼信息，也就是作為欲望主體的欲望內容到底是什麼。因此，我們說，藝術起源於人類的初始欲望，而中國古代據說是舜帝所總結出的那句「詩言志」，才是我們所關注的最為基本的藝術本體論。

　　但是，由於存在著不同文化背景的先行領會和預設賦值的原因，有色眼鏡就是在所難免的了，這也正是耦合圖式的欲望時空在不同維極和相態下的呈現：象喻中心主義的思維模式側重「詩緣情」的表現，邏各斯中心主義的思維模式側重「詩求知」的模仿，近現代精神分析學者們則主張「白日夢」的「詩足欲」。他們分別呈現的是三個單一維度上的「志」：在行為軸上的「志」

────────────

〔註91〕〔德〕格羅塞，藝術的起源〔M〕，蔡慕暉譯，北京：商務印書館，1984：26。

就是情志（包括自由和宿命兩極），在認知軸上的「志」就是知識（包括感性和理性兩極），在動機軸上的「志」就是需求（包括本能和信仰兩極）。

（一）從「言志」到「緣情」

關於詩歌文本的意旨問題，最早出自《尚書·堯典》中的「詩言志」說，可謂一語道破天機，將《詩經》文本中所蘊含的信息內容基本概括出來。其原文如下：

> 詩言志，歌永言，聲依永，律和聲；八音克諧，無相奪倫，神人以和。

關於這段話，鄭玄注釋說：

> 詩所以言人之志意也。永，長也，歌又所以長言詩之意。聲之曲折，又長言而為之。聲中律乃為和。

關於「志」字，鄭玄的意思很明確，就是「志意」，今天我們顛倒一下順序，說成「意志」。在《毛詩序》中則有更為詳盡的闡釋：

> 詩者，志之所之也。在心為志，發言為詩。情動於中，而形於言：言之不足，故嗟歎之：嗟歎之不足，故詠歌之：詠歌之不足，不知手之舞之足之蹈之也。

《毛詩序》的作者在強調「志」和「詩」的聯繫和區別，也就是說，「志」是在心中隱藏著的，而把這個心中隱藏著的「志」用語言說出來，就成為「詩」，「志」是「詩」的內容，「詩」是「志」的形式，彼此互為表裏，不可分開。

聞一多先生在《歌與詩》一文中強調「志」有三個意義：一個是記憶，一個是記錄，一個是懷抱。並認為「志」與「詩」原來是一個字，他論證到：

> 志從止從心，本義是停止在心上。停在心上亦可說藏在心裏，故《荀子·解蔽》篇曰：「志也者藏（藏）也」，《注》曰：「在心為志」，正謂藏在心，《詩序·疏》曰「蘊藏在心謂之志」，最為確詁。……古書又有稱《詩》為志的。《左傳》昭十六年載鄭六卿餞宣子於郊，子齹賦《野有蔓草》，子產賦《鄭》之《羔裘》，子大叔賦《褰裳》，子游賦《風雨》，子旗賦《有女同車》，子柳賦《蘀兮》。宣子喜曰：「鄭其庶乎！二三君子以君命貺起，賦不出《鄭志》，皆昵燕好也。」劉卿所賦皆《鄭》風，而宣子說是「賦不出《鄭志》」，可知《鄭志》即《鄭詩》。〔註92〕

〔註92〕聞一多，神話與詩〔M〕，長沙：湖南人民出版社，2010：158～161。

　　朱自清先生還專門寫了一本名爲《詩言志辨》的書，系統闡釋了「詩言志」這個主題的歷史演變。關於聞一多先生提出的「志」的「懷抱」意義，他引用了《左傳》中的一段故事之後說：

　　　　孔穎達《正義》說：「此六志《禮記》謂之『六情』。在己爲情，情動爲志，情、志一也。」漢人又以「意」爲「志」，又說志是「心所念慮」，「心意所趣向」，又說是「詩人志所欲之事」。情和意都指懷抱而言……〔註93〕

　　到此爲止，一個基本的事實已經非常清楚了，那就是：「志」是一個多維耦合體，既可以像聞一多先生所說的那樣，有記憶的意思，有記錄的意思，有懷抱的意思；也可以像朱自清先生說的那樣，單就懷抱來講，還有「情」和「意」的區別，甚至還有政治抱負和精神信仰的內容蘊含在其中，甚至是「心所念慮」之類的潛意識。

　　從「記憶」角度來看的話，榮格所說的原型，就是集體無意識的記憶，而柏拉圖的理念世界據他自己說也是依賴於回憶得來的；從「記錄」的角度來看，很多歷史資料，諸如地方志之類，也都是「志」的內容，史詩中也包含著很多歷史要素在；從「懷抱」的意義上說，情緒情感、信仰信念、宿命意識、自由意識等等，也都蘊含在其中。

　　也就是說，古老的「詩言志」中的「志」本來是一個多維耦合體，但到後來的「詩緣情」就成爲主觀情志的意向偏好，再到「一切景語皆情語」，就成爲主觀情感的片面凸顯了。但這還只是「言志」範圍的逐漸縮小和聚焦，最爲嚴重的是經學背景下的誤讀和異化。

　　關於「志」的被誤讀和異化問題，早在孔子時代就發生了，魯迅先生在它的《摩羅詩力說》中就曾一針見血地指出：

　　　　知中國之詩，舜云言志；而後賢立說，乃云持人性情，三百之旨，無邪所蔽。夫既言志矣，何持之云？強以無邪，即非人志。〔註94〕

　　很顯然，魯迅先生的視野是開闊的，他對於西方世界所倡導的「自由意志」是深有領會的，因此，把「詩言志」的「志」解讀爲人的各種自然本性，這是與「持人性情」和「思無邪」之類的教化功能與價值主張相互違逆和彼

〔註93〕朱自清，詩言志辨〔M〕，長沙：嶽麓書社出版，2011：7。
〔註94〕轉引自：夏傳才，二十世紀詩經學〔M〕，北京：學苑出版社，2005：53。

此矛盾的。於是,「三百之旨」就被堂而皇之的「一言以蔽之」的「思無邪」所徹底遮蔽了。

(二)模仿與求知

按照古希臘的詩學理論來說,詩歌是古代初民旺盛的求知欲的一種體現,詩歌裏面所蘊含的智慧,也就是詩性智慧,就是古人的科學。亞里士多德在他的《詩學》中,充分關注了詩藝產生的兩個原因:

> 作爲一個整體,詩藝的產生似乎有兩個原因,都與人的天性有關。首先,從孩提時候起人就有模仿的本能。人和動物的一個區別就在於人最善模仿並通過模仿獲得了最初的知識。其次,每個人都能從模仿的成果中得到快感。可資證明的是,儘管我們在生活中討厭看到某些實物,比如最討人嫌的動物形體和屍體,但當我們觀看此類物體的極其逼真的藝術再現時,卻產生一種快感。這是因爲求知不僅於哲學家,而且對一般人來說都是一件最快樂的事……〔註95〕

求知是人類區別於動物的本質屬性,也是人類進化過程中所獲得的進步階梯或進化維度。因此,詩歌中所呈現出來的求知意向性也是不能被忽視的。柏拉圖甚至把詩人的創作行爲看作是對於永恆的「理念」世界的模仿。其實,人類的認知,包括感性和理性兩個方面,亞里士多德意義上的模仿對象,就是環境中的自然事物表象,柏拉圖意義上的模仿對象,就是永恆的理念,這也是柏拉圖批評荷馬的重要原因,他並非反對詩歌本身,而是反對荷馬將過多的感性要素隨意安插在「神」的身上,從而違反理性原則:

> 荷馬的確是最高明的詩人和第一個悲劇家。但是自己應當知道,實際上我們是只許可歌頌神明的讚美好人的頌詩進入我們的城邦的。如果你越過了這個界限,放進了甜蜜的抒情詩和史詩,那時快樂和痛苦就要代替公認爲至善之道的法律和理性原則成爲你們的統治者了。〔註96〕

由此看來,對待「詩」的評價,柏拉圖和孔子的態度是截然不同的,他並沒有「一言以蔽之曰思無邪」地全面接受詩人的所有作品和思想主張,而

〔註95〕 〔古希臘〕亞里士多德,詩學〔M〕,陳中梅譯,北京:商務印書館出版,1996:47。

〔註90〕 〔古希臘〕柏拉圖,理想國〔M〕,郭斌和、張竹明譯,北京:商務印書館,1986:407。

是選擇了「詩」的理性之維，並將此價值取向延伸到理想國中主宰——「哲學王」，而不是「道德王」或「世襲王」之類，更不可能是「成者王」。

同時，也正是詩求知的邏輯預設才賦予了西方藝術的科學視野，他們用數學知識來研究音樂屬性，用黃金分割的比例關係來探究繪畫和雕塑規律，講究光學的立體透視，像達芬奇那樣的大畫家甚至親自解剖屍體，研究人體各個部位之間的比例關係，藝術和科學在他的身上混溶為一。他們把理性智慧看作是美的根源，把「永恆理念」看作是美本身，這是西方文藝復興以來所形成的近現代科學體系的根脈所在。

（三）象徵與足欲

在弗洛伊德看來，夢的本質就是欲望的象徵，也就是被壓抑著的「力比多」在夢境中得到了象徵性的滿足。而藝術的本質也是象徵，尤其是詩歌藝術，就是用象徵的手法將得不到滿足的欲望宣洩出來，傾注在意象中，因此說，藝術創作彷彿就是做「白日夢」。弗洛伊德把「夢的工作」原理總結成「壓縮」和「移置」，在分析夢的過程中他驚訝地發現：

> 它們不以我們思想通常使用的散文體語言出現，相反，卻是用一種明喻和暗喻，用一種詩歌般語言的影像象徵性地表現出來。〔註97〕

打著回歸弗洛伊德旗號的拉康則認為，欲望指的僅僅是無意識欲望，無意識欲望本身就具有語言的結構，語言對欲望構成壓抑的同時，也蘊含並流瀉欲望。因此拉康說：

> 欲望再現了主體與失落對象的關係……欲望必須從文字上去理解。〔註98〕

同時，拉康還用詩歌中常用的隱喻和換喻這兩個表達方法來對應弗洛伊德的壓縮和移置。〔註99〕

〔註97〕〔奧〕弗洛伊德，釋夢〔M〕，孫名之譯，北京：商務印書館，1996：648。

〔註98〕轉引自：馬元龍，雅克・拉康，語言維度中的精神分析〔M〕，北京：東方出版社 2006：186。

〔註99〕研究拉康的學者馬元龍先生介紹說：拉康認為，將語言中的隱喻和換喻與精神分析學中壓縮和移置結合起來，正好可以解釋需要在要求中說出時欲望所受到的異化。正是在這個意義上我們必須清楚，將壓縮聯繫於隱喻、將移置聯繫於換喻絕不是一種形式上的類比，而是具有精神分析學的內在邏輯。參見：馬元龍，雅克・拉康，語言維度中的精神分析〔M〕，北京：東方出版社 2006：161～162。

的確，詩人往往是將現實生活中所缺失的東西看作是最為寶貴的，因此，凡是呈現在詩歌作品中的，往往都意味著現實中所沒有的或者無法獲得的，比如自由和民主、高尚的品性、美滿的愛情等等。

綜上所述，如果還堅持用「詩言志」這個詞語來表述詩歌文本的意旨的話，那麼，就必須重新定義「志」這個概念，從而將「求知」和「足欲」都涵蓋進來，構成一個多維耦合之「志」。

這個多維耦合之「志」，就是叔本華意義上的「意志」。

二、來自基因動能的意志

意志的本質屬性，乃是來自生命體內部的基因意向性。而這個進化出基因參數的世界，被叔本華表述為：作為意志和表象的世界。這個世界，區別於物理學的彎曲時空，被柏格森稱之為「綿延時空」，或者被弗洛伊德和拉康稱為「欲望時空」。

叔本華認為：「意志」是包含著宇宙最基本的四種自然力和生命的欲望力在內的所有力量的集合體。他說：

> 過去人們總是把意志這概念賅括在力這概念之下，我則恰好反其道而行之，要把自然界每一種力設想為意志。……如果我們把力這概念歸結為意志這概念，那麼，我們在事實上就是把較不知的還原為不能更熟悉的，還原為真正直接，完全的已知，並大大地擴大了我們的認識。〔註100〕

由此可見，叔本華之所以將宇宙中的四種基本力全部歸入「意志」的名下，目的就是為了彰顯「意志」的本體論地位，這一點，對於積澱著集體無意識的自然語言中的「意志」一詞來說，的確面臨著非常嚴峻的挑戰，這很顯然不是漢語和德語的差異造成的，不是翻譯所引起的誤讀，因為叔本華一再強調在他之前的學者們並沒有這麼使用過「意志」這個詞。

作為一個意志本體論者，叔本華把意志看作是康德意義上的「物自體」，他說：

> 意志作為它自身是自由的。這一點，從我們把意志看作自在之物，看作一切現象的內蘊，已可推論出來。〔註101〕

〔註100〕 〔德〕叔本華，作為意志和表象的世界〔M〕，石沖白譯，北京：商務印書館，1982：166～167。

〔註101〕 〔德〕叔本華，作為意志和表象的世界〔M〕，石沖白譯，北京：商務印書館，

這就是典型的唯意志論，也就是意志本體論。叔本華把整個世界都看作是被意志支撐著的表象，唯獨意志才是表象背後的實在本體，這一點實質上和柏拉圖的理念本體論是對立的，叔本華認為理念是意志的客體化表象：

> 我說「意志客體化」的這些級別不是別的，而就是柏拉圖的那些理念。……我對理念的體會是：理念就是意志的客體化每一固定不變的級別……柏拉圖的意思是說理念之於自然，有如給自然套上一種格式，其他一切事物只是和理念相似而已，是作為理念的摹本而存在的。……意志客體化最低的一級表現為最普遍的自然力。〔註102〕

但令人不解的是，叔本華把藝術的本源沒有歸為意志，而是追溯到理念那裡，這就和柏拉圖的主張保持了高度的一致性：

> 藝術的唯一源泉就是對理念的認識，它唯一的目標就是傳達這一認識。……我們可以把藝術直稱為獨立於根據律之外觀察事物的方式……遵循根據律的是理性的考察方式，是在實際生活和科學中唯一有效而有益的考察方式；而撇開這定律的內容不管，則是天才的考察方式，那是在藝術上唯一有效而有益的考察方式。前者是亞里士多德的考察方式，後者總起來說，是柏拉圖的考察方式。〔註103〕

這樣一來，不但形成了叔本華與柏拉圖之間的分歧與調和，也形成了古代東方的「詩言志」主張與古代西方的「詩求知」主張的完全對峙的格局：如前所述，「詩言志」的「志」也是一個多維耦合體，但即便像聞一多和朱自清這樣的大學者們，也都沒有意識到「志」中所蘊含著的對於邏輯理性和客觀規律的訴求，這當然可能是詩歌作品本身的意向狀態造成的，這裡先放下不談。我們所關注的問題是：首先叔本華的所謂「意志」，和「詩言志」中的那個「志」顯然已經不是一回事了；其次，他將藝術的本源追溯到柏拉圖的「理念」那裡去，就等同於皈依了藝術的模仿說，也就是主張「詩求知」了，這就又回到了西方傳統中一脈相承的「邏各斯」那裡去了。〔註104〕

1982：393。

〔註102〕〔德〕叔本華，作為意志和表象的世界〔M〕，石沖白譯，北京：商務印書館，1982：190～191。

〔註103〕〔德〕叔本華，作為意志和表象的世界〔M〕，石沖白譯，北京：商務印書館，1982：258～259。

〔註104〕叔本華說：動物有感覺，有直觀；人則還要思維，還有知道。欲求則為人與動物所同有。動物用姿態和聲音傳達自己的感覺和情緒，人則是用語言對別

也就是說，叔本華首先將存在的本體論問題向前推了一步，提出理念是意志的客體化表象，然後又在藝術本體論問題上回歸到古希臘那裡去了。但是，對於「意志」這個詞的使用，給整個本體論世界帶來了蓬勃的活力，彷彿在這個詞的深層中蘊含著某種神秘莫測而又呼之欲出的嶄新氣息。

在人類歷史上，本體論作為一種邏輯預設，始終是無法成功擱置的，這也就是胡塞爾的現象學還原所面臨的悖論：左手擱置了一個先見的同時，右手又拾起另一個先見——現象本身也是一個本體論。歷數人類文明史以來的本體論，現在看來都存在遮蔽的問題，這一點也正如叔本華所意識到的那樣：

> 從客體出發的那些哲學體系……從第一類客體或從現實世界
> 出發的是泰勒斯和伊翁尼學派，是德謨克利特，厄壁鳩魯，約旦浦
> 祿諾以及法國的唯物論者。從第二類或抽象概念出發的是斯賓諾莎
> （即從純抽象的，僅於其定義中存在的概念——實體出發）和更早
> 的厄利亞學派。從第三類，也就是從時間，隨即也是從數出發的是
> 畢達哥拉斯派和《易經》中的中國哲學。最後，從第四類，從認識
> 發動的意志活動出發的是經院學派，他們倡導說，一個在世外而具
> 有人格的東西能以自己的意志活動從無中創造世界。〔註105〕

非常微妙的是，叔本華沒有直接否定理念本體論和他自己的意志本體論，但卻對歷史上的「經院學派」們所提倡的那個「世外的具有人格」的「意志」本體論頗有微詞。由此看來，胡塞爾還原現象擱置先見的辦法並非萬全之策，充其量只是權益之際，每個立論者都會毫不猶豫而且也無可奈何地站在自己的立場上——也就是某一個帶有盲區的角度上來看待世界和論證問題，本體論就像我們的軀體四肢和耳朵眼睛那樣與生俱來，並不是你想擱置就能擱置得了的。因此，當務之急不是提出任何新的本體論，也不能簡單地

人傳達思想或隱瞞思想。語言是他理性的第一產物，是理性的必需工具。所以，在希臘文和意大利文中，語言和理性是用同一個詞來表示的：在希臘文是「邏戈斯」λoyos，在意大利文是「迪斯戈爾索」ildiscorso。……唯有借助於語言，理性才能完成它那些最重要的任務，例如許多個別人協同一致的行動，幾千人有計劃的合作；例如文明，國家；再還有科學，過去經驗的保存，概括事物於同一概念中，真理的傳達，謬誤的散佈，思想和賦詩，信條和迷信等等，等等。動物只在死亡中才認識死亡，人是意識地一小時一小時走向自己的死亡。參見：〔德〕叔本華，作為意志和表象的世界〔M〕，石沖白譯，北京：商務印書館，1982：71。

〔註105〕〔德〕叔本華，作為意志和表象的世界〔M〕，石沖白譯，北京：商務印書館，1982：57。

回到現象上來，因為現象離開了經驗表象不知道還能剩下什麼，那樣回歸的本質不就成了經驗本體論了嗎？我們認為關鍵是要進行本體論的維度還原。所謂的本體，實際上也都是作為宇宙的某個維度呈現在我們面前的表象，一旦把所有的本體論都還原出來之後，世界的本體就自然顯現出來了。

傳統上藝術的不同本體論所存在著的本質差異，就在於從三個不同維度上呈現出來的遮蔽效應：認知維度上看到的是「詩求知」，行為意志維度上看到的是「詩言志」，動機維度上看到的是「詩足欲」。

因此，叔本華所謂的「意志」，實際上應該是一種「基因意向性」，是一切現象得以呈現為信息的初始動力和原型。

我們之所以選擇叔本華來作為核心參考，主要有三個原因，一方面是由於他對「意志」這個詞匯的迷戀，而把我們的視線引導到傳統東方的「詩言志」這個問題上來；另一方面是由於他將宇宙中的四種基本力和來自於生命體的支配力整合到一起並稱之為「意志」這種大膽的創新行為；第三，也是更為重要的，那就是他早在一百多年前已經擁有了一個關注「耦合界面」的敏銳目光，他說：

> 我們在這考察中，既未從客體，也未從主體出發，而是從表象出發的。表象已包含著主客兩方面並且是以它們為前提的，因為主體客體的分立原是表象首要的、本質的形式。〔註106〕

我們覺得，叔本華關於世界本體的內容把握是有道理的，但使用「意志」這個詞匯來表達卻是有問題的。作為存在的本體，應該是一個宇宙的全息胚，最起碼應該是和目前人類的認知水平相對應的全息胚，這個全息胚，不可能是無機物，因為無機物維度嚴重缺失，無法呈現出最基本的信息維度來，於是，我們只能選擇支撐生命形態存在的遺傳基因作為世界的本體。

正如叔本華所描述的那樣：「意志作為它自身是自由的。」這個「自身自由的意志」不是別的，乃是基因意向性。

如果非要堅持使用「詩言志」的「志」來表述詩歌文本的主旨，那麼這個「志」所蘊含的意向性，就必須根據上述分析的結果進行充分拓展，不只是「記憶」、「記事」和「懷抱」，還有諸如「靈魂」、「自由」、「理性」、「信仰」等等，呈現為多種多樣的表象維度。

〔註106〕〔德〕叔本華，作為意志和表象的世界〔M〕，石沖白譯，北京：商務印書館，1982：55。

這種「志」，作爲一種「欲望力」或者「神力」，〔註107〕存在向下的欲望，向上的欲望，向右的欲望，向左的欲望，向後的欲望，向前的欲望。這裡的上下左右前後六個方位，就是指耦合圖式的六個維極。每個維極都呈現爲一種意向性，每一種意向性，都形成一個存在的家園，我們大致可以隱喻地表述爲：生態園，觀光園，伊甸園，自由園，信仰園，理念園。

同一棵樹，種植在不同的家園裏，就成爲不同的意象，這就是詩歌編碼的魅力之所在。在生態園中，就是物質實在的具體的植物；在觀光園中就成爲一種環境景觀；在伊甸園中，就是禁忌的符號；在自由園中，就是一扇通往自由意志的門；在信仰園中就是一道通往精神世界的門；在理念園中就是一道通往感官洞穴之外的門。

向下的生態園中，放牧著機體食性之欲；向右的觀光園中，放牧著感官娛樂之欲；向後的伊甸園中，放牧著情緒情感之欲；向前的自由園中，放牧著逍遙超脫之欲；向上的信仰園中，放牧著精神嚮往之欲；向左的理念園中，放牧著理性邏輯之欲。

正是在這個意義上，才能更充分地理解亞里士多德在《詩學》中提出的那句名言——不可能發生但卻可信的事，比可能發生但卻不可信的事更爲可取。〔註108〕對於詩歌文本和詩性智慧來說，欲望的眞實總是超越於歷史的眞實而被強烈彰顯和表達著的。

三、語言的詩歌功能是指向信息本身

（一）何為信息本身

形式主義詩學語言學創始人雅各布森主張應該從語言的多種功能入手來分析詩歌功能，並確認語言的詩歌功能是針對「信息本身」的，而不是其他（諸如發送者、接受者、信碼等）要素，因此，對於詩歌文本的研究，必須超越作者給文本帶來的思維閾限和語言義項本身的邏輯閾限，來實現詩性智慧的深層領會，他在《語言學與詩學》一文中做了具體闡述。〔註109〕雅各布

〔註107〕〔美〕約翰・塞爾，心靈、語言和社會，〔M〕，李步樓譯，上海：上海譯文出版社，2006：37。

〔註108〕〔古希臘〕亞里士多德，詩學〔M〕，陳中梅譯，北京：商務印書館出版，1996：170。

〔註109〕雅各布森認爲：對於語言的研究必須涉及它的多種功能。在討論它的詩的功能之前，我們必須確立它在與其他語言功能的關係中所處的地位，要對這樣一種

森總結的語言傳達信息的六要素如下：

語境（context）
信息（message）
發送者（addresser）　　　　　　接收者（addressee）
接觸（contact）
信碼（code）

　　所謂的「指向信息本身」，首先表現爲超越於信息發送者和接收者所選擇的意向性之外的耦合意向性──那就是「複數之文」的「複數之志」。那麼，「複數之志」又是如何形成的呢？我們在上文中已經闡述過，「複數之志」的本質屬性來自於基因動能，生命基因是信息的初始原型，因此，也可以說，所謂的「信息本身」，正是基因意志所呈現出來的獨特表象，就像一株草被陽光照耀之後啟動內部基因指令那樣，將電磁波動解碼爲信息。

　　要考察詩歌文本中蘊含的「複數之志」，需要我們首先步入「詩歌發生史」的殿堂去窺視一下其中的奧秘。

（二）積澱在詩歌發生史中的泛靈論原型圖式

　　那些超越詩人自身思維閾限的詩性智慧，就蘊含在詩歌文本編碼生成的地層中；而那多維累疊著的意向性，就是人類文明進化過程的不同時代的集體無意識原型，構成「複數之文」所言說的「複數之志」，也就是耦合圖式的

功能做出大體描述，需要對某一個言語事件或某一種語言傳達行爲的構成要素做一簡要的考察。發送者把信息傳遞給接收者，信息要想生效，則需要聯繫某種語境（用另一個較模糊的術語說，就是「指稱物」），接收者要想捕捉到這種語境，不管它是語言的還是能夠轉化成語言的，還需要有爲發送者和接收者完全通用或部分通用的信碼（因此發送者和接收者就是信息的編碼者和解碼者）。最後還需要某種接觸──在發送者和接收者之間的物質通道和心理聯繫──以使二者進入和保持在傳達過程之中。語言傳達中這樣一些不可或缺的因素，可以用下列圖式表示……在這六個因素之中，每一種因素都會形成語言的一種特殊功能。……指向信息本身和僅僅是爲了獲得信息的傾向，乃是語言的詩的功能。……詩的功能並不是語言藝術的惟一功能，而是它的主要的和關鍵性的功能……通過提高符號的具體性和可觸知性（形象性）而加深了符號同客觀物體之間基本的分類。……「詩」與「元語言」恰好相反，在元語言中是運用組合建立一種相當關係，而在詩中，則是運用相當關係達到某種組合。趙毅衡，符號學文學論文集〔C〕，天津：百花文藝出版社，2004：175-183。

原型意向，其本質就是——「靈」，是志的模糊呈現，帶有隱約的維極意向性；而三種時空相態下的四個維極意向性則是志的清晰呈現。

朱炳祥先生根據人類文化學資料將詩歌發生史還原爲一種類似於地質結構層次的疊合狀態，並用每一個時代人們的思維模式和精神信仰對象來命名其詩歌類型。作爲一種詩歌發生史的梳理還原方法，他準確揭示出不同時代所積澱起來的詩歌類型。因此，越是後來的詩歌文本，越是維度豐盈，蘊含豐富，也就是「複數的文」。但對於某個具體時代的讀者來說，可能就停留在最上面的表層上，因爲那是時代的大眾潮流和價值取向。下面是朱炳祥先生所列的「《詩經》和人類學材料中原始歌謠疊合狀況示意表」：〔註110〕

	大約舊石器時代早、中期	大約舊石器時代中、晚期	新石器時代	新石器時代末至文明時代初期	《詩經》時代（軸心時代）
各種形態的歌謠層疊狀況	巫術歌	圖騰歌 巫術歌	神話歌 圖騰歌 巫術歌	宗教歌 神話歌 圖騰歌 巫術歌	教化詩 宗教歌 神話歌 圖騰歌 巫術歌

要想眞正瞭解一首詩歌所蘊含著的詩性智慧，需要進行全面的維度還原，原型意向的還原尤爲重要。我們從詩歌發生學的歷史積澱中，彷彿窺視到了那個緊緊圍繞著核心意志的幽靈，那是類似於亞里士多德的「靈魂階梯」說中的「泛靈」，從各個維極的意向性中隱約泛出微微的藍光，忽明忽暗，若隱若現，搖曳在軸心時代以前那暗昧的文化夜空中。

初民時代的人類開始擁有靈魂觀念，但這種靈魂觀念還沒有完全演化出眞正的徵信維極來，而是模糊一團的泛靈意識。這種泛靈意識更多的時候是呈現爲欲望圖式維極未分的「大母神」意向性，關於這一點，德國學者埃利希・諾依曼認爲：

> 當分析心理學談到大母神原始意象或原型時，它所說的並非存在於空間和時間之中的任何具體形象，而是在人類心理中起作用的一種內在意象。在人類的神話和藝術作品中的各種大女神（the Great Goddess）形象裏，可以發現這種心理現象的象徵性表達。〔註111〕

〔註110〕朱炳祥，中國詩歌發生史〔M〕，武漢：武漢出版社，2000：47。
〔註111〕〔德〕埃利希・諾依曼，大母神：原型分析〔M〕，李以洪譯，北京：東方出

　　慢慢地，被混沌一團的「大母神」所象徵著的泛靈意識開始隱約呈現出一些維極意向性來，這種意向性非常微弱，只是依稀可辨，那就是上述積澱為不同時代地層中的軸心時代以前的四種泛靈意向性。

　　首先呈現為物靈觀念，形成投射在物實維極上的原型功能，與其相伴隨的是巫術救治效應，其中的食物功效、藥物功效、物靈觀念功效混雜在一起，很難分辨；其次呈現為圖騰觀念，形成投射在象表維極上的原型功能，與之相互伴隨著的是「象靈」意識，也就是所謂的「圖騰」，實際上就是某些動植物的表象崇拜，表象崇拜的直接功效就是形成一個種群的精神支柱，是「立象見意」思維方式的初始形態，是「牌位」、「靈位」觀念形成的邏輯前提；再次呈現為神話觀念，形成投射在繹理維極上的原型功能，是克服各種天災人禍的英雄意識，製造神話的本質就是製造超越凡人的英雄和自然諸神，製造集體無意識的夢境，而正是依靠了這種神話故事所蘊含的精神，形成了某種強烈的心理暗示效應，並從而獲得戰勝困難和災害的勇氣與信心，而這些神話故事中的人物就成為英雄史詩中的主角，被後世當做真實的祖先歷史來記憶；最後是宗教觀念，形成投射在徵信維極上的原型功能，多半是在征服自然遭遇失敗之後尋求一個絕對主宰保祐的象徵，人類寄期望於救世主的存在並得到它的呵護與幫助，最後形成了絕對服從和皈依的符號──絕對的命運主宰。

　　這就是以「泛靈論」為依託的原型圖式。而對於《詩經》文本來說，其教化功能只是孔子以來被強調的表層功能，在其下面，隱藏著一個維度豐盈的耦合世界。「靈」是原型圖式的核心支撐，因此，所有四個若隱若現的維極都帶有「泛靈論」的色彩，我們可以分別命名為：物靈，象靈，理靈，信靈。而這些「靈」，也就是詩人和藝術家們創作靈感的初始來源。

　　嚴格來說，「泛靈論」還不能算作是一種精神信仰，因為它並沒有極化為徵信意向性，而是散漫地滲透在欲望主體周圍的一切要素之中。而這些，也正是榮格所謂的「集體無意識」。因此，各個維極意向性往往呈現為比較混沌模糊的狀態。

　　巫術，是建立在萬物有靈的基礎上的，也就是說，欲望主體在施行各種巫術行為的時候，一定是擁有一個邏輯預設，那就是他們堅信外在世界的變化能按照自己的意願進行，能聽懂自己的咒語，並能感應到自己的舞蹈手勢

版社，1998：3。

等行爲的力量，從而被自己的意志所駕馭。英國人類文化學家弗雷澤認爲，巫術行爲是依靠兩條交感法則，一個是觸染性，一個是相似性。依靠這兩個法則，古代人將巫術思維方式貫穿在所有行爲中，而圖騰和宗教就是脫胎於巫術的，因此也經常混同一些巫術色彩：

> 感應是巫術既充分而又必要的特徵，所有的巫術儀式都是感應的，而所有的感應儀式也都是巫術的儀式。……以巫術的方式思考是人類最初的思考方式。……澳大利亞中部有一些部落，他們的圖騰儀式從特徵上說仍是純粹巫術性的，巫術的思維狀態依然存在於其中。因此，巫術是原始人整個神秘和科學體系的基礎。……宗教則是從巫術的失敗和錯誤當中脫胎而來。〔註112〕

因此我們認爲，這種最初的巫術之「靈」構成了原型圖式的「泛靈論」基礎，因此，也可以把原型圖式中的四個隱微的意向維極都看做是某種巫術效應，給人們提供類似於安慰劑效應的治療功能，是初民時代的心理學。

物靈與觸染巫術相對應，是與實物相關聯的心理意向。基於物靈觀念的崇拜對象是實物形態的屍體，用赤鐵礦灑在屍體上，寄期望於屍體的不腐爛，木乃伊就是最典型的物實維度崇拜的產物。

象靈與相似性巫術相對應，是圖騰崇拜的根據，是與族群相貌相關聯的心理意向性。基於象靈觀念的崇拜對象是象表形態的物象，圖騰崇拜選取異於自身的動植物作爲傾注情感的對象，或者使用「立象見意」的「牌位」和「靈位」之類，而不是人死後的屍體，這是一大進步。

理靈與自然神話（自然神話還是從泛靈的意義上來呈現的）相對應，是自然秩序的心理意向性。超越祖靈的自然神崇拜，已經是邏輯範疇意識的前兆，它的傾注對象已經不是有形的表象，而是表象背後的理念，比如宙斯、阿波羅、雅典娜、阿芙洛狄忒等等。像天空、雷電、理性、智慧、美、命運等等，都已經是非常抽象的邏輯範疇了。這裡宙斯所象徵的天空和雷電已經不是作爲自然現象呈現的，而是作爲隱藏在其背後的意志力量呈現的。

信靈與宗教信仰相對應，是關於造物主的心理意向性。那是超越自然諸神的絕對主宰——命運之神。即便是奧林匹斯山上的眾神們（自然神）也無

〔註112〕〔法〕馬塞爾‧莫斯、昂利‧於貝爾合著，巫術的一般理論：獻祭的性質與功能〔M〕，楊渝東、梁永佳、趙丙祥譯，桂林：廣西師範大學出版社，2007：20～21。

法改變自身的命運。信靈作爲徵信維極的原型呈現，也就是科學家們心目中的上帝。

如此一來，實際上就隱約形成了兩種對立，一種是物靈巫術和宗教信仰的對立，一種是圖騰巫術和神話思維的對立，它們就是分佈在耦合圖式二維座標系的兩兩對立的維極上的原型意向，分別賦值出「模」、「境」、「場」三個時空相態下的具體維極意向性，而每個維極的原型圖式就隱藏在其中，整個耦合圖式的原型圖式則隱藏在立體座標的原點處。關於巫術和宗教的對立，首先體現在歐洲中世紀基督教對於女巫的瘋狂殘害歷史上，二者勢不兩立，各自信仰截然不同，法國學者馬塞爾・莫斯和昂利・於貝爾合著的《巫術的一般理論：獻祭的性質與功能》一書中有深刻的見解：

> 宗教總在製造一種理想，讓人們向它致以聖贊、誓言和犧牲，是一個靠訓誡（prescription）支撐起來的理想。巫術對這個空間是避而遠之的，因爲巫術儀式中有跟鬼怪聯繫的一面，這讓人類常常會產生一些粗鄙而普遍的巫術觀念。在這兩極之間，我們可以看到很多特性難辨、混雜不清的行爲。〔註113〕

圖騰和神話的對立，本質上是象表和繹理的對立，是象喻中心主義和邏各斯中心主義兩種思維模式對立的源頭。圖騰的抽象表達方式就是「龍」和「鳳」這樣的雜合體，神話中那些自然神靈們都是某種隱藏在現象背後的自然規律的象徵形態。

綜上所述，這些積澱在詩歌文本中的發生學意義上的信息本身，無法呈現在語言的詞彙意義之中，因此，要想眞正解碼詩歌文本，必須在耦合詩學的理論視野中，充分利用詩歌文本的編解碼機制，透過語言符號的表層義位，發掘出閃耀詩性智慧的信息來。

（三）被竊的信

眾所周知，書信是信息的載體，但信息本身並非構成書信的文字，而是蘊含在字裏行間的發信者的意向性，就像信息素雖然是一種化合物，但信息本身卻不是這些化合物，而是雌雄動物之間所發出的意向性那樣。

藝術文本中所蘊含的信息不同於其他文本的地方，主要體現在自我欲望

〔註113〕〔法〕馬塞爾・莫斯、昂利・於貝爾合著，巫術的一般理論：獻祭的性質與功能〔M〕，楊渝東、梁永佳、趙丙祥譯，桂林：廣西師範大學出版社，2007：30。

的傾注和情感的投射上，因此，正如美國作家愛倫‧坡的小說《竊信案》所呈現的那樣（詳見第四章），面對同樣的一封信——關於信的內容作者隻字未提，但由於不同的人所傾注的欲望截然不同，被置換之後就形成了不同的欲望籌碼，就放在光天化日之下眾目睽睽的地方，卻被讀解出完全不同的內容來。

藝術鑒賞過程，彷彿是一種合法的偷窺，只不過，那被偷窺了的信息，實際上是對投射在他者身上的自我欲望的掩耳盜鈴式的竊取，那是一封被竊的信。

四、耦合詩學

耦合圖式理論將每個維極都看作是一個耦合子，而不是孤立子。也就是說，如果從符號發生學的角度來看，歷時進化所形成的每一個階段似乎都只是一個孤立的層次而已，但是，活的有機體和靜態的地層結構不同之處就在於「全息胚」功能：生命體內任何一個部位的細胞都是一個全息胚，從信息構成維度上說，它等同於生命整體。比如說，對於構成人體局部組織的肝臟細胞和肺臟細胞雖然執行著各自不同的功能，但其中所蘊含著的信息維度是相同的，從人體幹細胞的意義上來說，它們是完全相同的。耦合子，就是這樣的一種全息胚，人類進化的耦合圖式每一次維度升級，都會在基礎維極上衍生出相應的維度參數來。

耦合詩學的本質，其實是作一種耦合文本的維度還原：軸心時代以前的詩歌文本是擁有多維耦合意向性的耦合文本。聞一多先生曾經探討過「詩」和「史」的關係〔註114〕，認為二者同源，「韻文史為『詩』」，「散文史為『志』」，散文史後來被「春秋」所取代，這直接導致了文本的記事功能從「韻文史」之「詩」中被移除，後來「詩」逐漸和「歌」合流，發展成專門的抒情文本。因此，聞一多先生說：「所以《孟子》『《詩》亡然後《春秋》作』之亡，若解作逃亡之亡，或許與事實更相符合點。」〔註115〕而在原來的《詩三百》文本中，從「詩歌」的角度來說，就是「饑者歌其食勞者歌其事」，從「史志」的角度來說就變成了「饑者記其食勞者記其事」了。於是，在聞一多先生的視野中，像《詩三百》這樣的古代詩歌文本，就成了「歌」與「史」的耦合文本了。

〔註114〕聞一多，神話與詩〔M〕，長沙：湖南人民出版社，2010：162。
〔註115〕聞一多，神話與詩〔M〕，長沙：湖南人民出版社，2010：163。

關於詩歌文本和歷史文本的區別，亞里士多德的《詩學》認為：

歷史學家和詩人的區別不在於是否用格律文寫作，而在於前者記述已經發生的事，後者描述可能發生的事。所以，詩是比歷史更富哲學性、更嚴肅的藝術，因為詩傾向於表現帶普遍性的事，而歷時卻傾向於記載具體事件。〔註116〕

亞里士多德在這裡說的顯然是史學家和詩人有了具體分工之後的事情。

從耦合圖式的角度來看，軸心時代以前的詩歌文本是將所有的詩性智慧耦合在一起的文本，它們的作者都是兼職的，是詩人、史學家和哲學家的耦合體，因此，其文本中必然包含著耦合意向性，發展到軸心時代以後開始分道揚鑣、各司其職，形成不同的文本格局。物實維極的意向性，決定了紀實文本「春秋」的誕生，它使用散文體專門記載已經發生的歷史事件，「春秋」所指代的就是按照時間順序而編排的文本體例；象表維極的意向性，決定了抒情文本「緣情」的誕生，它沿用「歌永言」的路數描寫悅耳目的風光景致，最終形成「一切景語皆情語」的「詩詞歌賦」等文本體例；徵信維極的意向性，決定了象徵文本的誕生，後來的印象派、朦朧詩，甚至是魔幻現實主義手法，都與此有關係；繹理維極則形成了形而上的哲學文本和抽象的邏輯文本。

當我們進行了充分的維度還原之後，從古老的詩歌文本中，就能讀出以上相應的文本內容，這就是古老的詩性智慧。用這種耦合圖式的眼光來解讀《詩經》的時候，我們會發現一個意向及其豐盈的藝術世界，就拿經常出現的「鳥」這個符號來說吧——那是一隻怎樣的鳥呀？在它身上疊合了巫術意義上的物靈、圖騰意義上的象靈、神話意義上理靈、宗教意義上的信靈，其實還不只是這些靈，它還是那個物體本身，正是在物的意義上，呈現出它與人之間同為大地母親所滋養之萬物的親近關係；它還是一個表象本身，它以它的歌聲和樣態，仿傚了它自身，命名了它自身，並從此與人類的命名行為獲取了相似性，它的歌唱和人的歌唱，都帶上了求偶的意味，它呼朋引伴，它嚶鳴求友，它是誰（鳥或者人）？仿傚使得能指和所指互為鏡像，鳥鳴與鳥本身互為鏡像，鳥鳴與人語互為鏡像，從而獲取了鳥與人的互為鏡像。

面對蘊含著如此豐盈維度的耦合文本，使用任何單一的考證方法來闡釋肯定是行不通的，甚至是多重考據法也會產生問題，因為面對兩極對立的主

〔註116〕〔古希臘〕亞里士多德，詩學〔M〕，陳中梅譯，北京：商務印書館出版，1996：47。

張各說各話地搜集證據顯然都能自圓其說，但如何面對彼此矛盾而勢不兩立的論點呢？在《詩經》研究史上，關於「廢序存序」的問題，關於「四始六義」的問題，關於「詩言志」中的「志」到底指什麼的問題等等，很多聚訟紛紜、各執一端的主張都擁有自己的證據鏈條，長此以往的結果就形成彼此隔膜的派系和門戶，或者是不同時代的主導風氣。

耦合圖式理論提供了詩歌文本信息編解碼的重要機制，它不是為某個論點去搜集證據，而是探討其信息構成的賦值理據。

耦合詩學的目的就是要解除遮蓋在軸心時代以來的「教化功能」這個表層信息之下的多維之「志」，還原出古代詩歌文本中蘊含著的維度豐盈的詩性智慧來。

古代詩歌文本不同於普通的散文體藝術文本，它像一個謎語一樣，呈現出來的是謎面，深藏在底層的是謎底，因此，在解碼古代詩歌文本的時候，必須首先系統瞭解其編碼規則，而不能簡單地滯留在語義理解上，正像法國學者米歇爾・里法臺爾在他的《描寫性詩歌的詮釋》一文中所說的那樣：

> 文學詮釋介於語義學和美學之間。……由於詩歌往往說的是一件事，指的確是另一件事，故詮釋的主要目的在於闡明後者，即詮釋詩歌深層的或「真正」的含義。〔註117〕

同樣是藝術文本，詩歌文本與散文文本的差別是非常明顯的，法國學者熱拉爾・熱奈特在《詩的語言，語言的詩學》一文中就主張：

> 詩學的一條主要原理就是：與散文相比，詩的語言應該定義為對規範的一種偏離……詩歌，就是反散文。〔註118〕

正是這種「偏離」，導致了詩歌文本的信息表達呈現為一種既偏離又圍繞著語言基本義位的意向雲團，像電子雲圍繞著原子核那樣。因此，要想實現正確解碼，就必須研究其多維耦合著的激活機制。根據羅蘭・巴特和葉爾姆斯列夫的符號學理論，也就是我們稱之為「三聯體密碼子」的 ERC，來演繹詩歌文本的激活機制，那就是：在境，在場，在模，原型。其中，在境和在場是在福柯意義上的組織符號能指和所指的編碼原則，在模是欲望投射的鏡像原則，原型則是榮格意義上的集體無意識編碼原則。

前述羅蘭・巴特的（ERC）RC 對應的是藝術文本的編解碼機制，其原來

〔註117〕趙毅衡，符號學文學論文集〔C〕，天津：百花文藝出版社，2004：362。
〔註118〕趙毅衡，符號學文學論文集〔C〕，天津：百花文藝出版社，2004：529。

的意思是說：任何一個符碼的「能所耦」都不是滯留在概念所指上，而是再一次被能指化，形成一個新的「能所耦」，也就是文本的深度表意層次。而在耦合圖式理論中，構成三聯體密碼子的 ERC 已經是在意向碼位的意義上說的了，因此，它代表的那個「能所耦」就不是傳統意義上的一個符號，而是符號的一個意向碼位。如果我們將括號中的 R 替換成不同的功能賦值符號「W」、「X」、「Z」、「Y」，就成為耦合圖式的「物實」、「象表」、「徵信」、「繹理」這四個維極的意向碼位了，然後再將括號外面的「R」替換成不同的價值激活符號「∫」、「｜」、「⊙」、「ϕ」，分別代表境耦、場耦、模耦、原型耦，就構成四類不同的藝術文本激活機制：任何一個意向碼位上的 ERC 都被能指化為一個深度表意單位，但由於激活機制的不同，會導致不同意向性內容的信息衍生和呈現。

這樣，就會根據不同的激活機制，形成一系列的「三聯體密碼子」的衍生結構。我們分別對這一系列三聯體密碼子的衍生結構介紹如下：

首先是意向碼位的在境激活效應：（ERC）∫ C。是指在具體文本中的任何一個意向碼位被激活之後，並沒有停滯在相應的該維極的所指上，而是沿著相似性（也就是莫比烏斯帶的同一面）向前繼續滑動，所指總是不斷被能指化，其本質就是同一面上的存在要素都擁有能指的特性，都是不同狀態的能指，形成一個不斷延宕的勢態，並最終指向和接近一個意向節點，即主觀情感體驗——緣情。

導致在境激活的編碼機制，從《詩經》文本中我們發現兩種情況，它們分別是：第一，明快的節奏和統一的韻律；第二，重疊並置。

首先來說一下節奏韻律問題。節奏韻律是所有詩歌文本的結構要素，其本質是形成與欲望主體的生命節律相一致的頻率共振，從而導致最本能的在境狀態——就連植物和動物都擁有的一種在境體驗狀態。

再來說說重疊並置（包括雙聲疊韻疊音等語素並置以及詞語並置）。疊音化，是最簡單而原始的在境激活方法。凡是能指重疊呈現，都伴有強烈的背景化順應趨勢，彷彿口吃者不斷重複一個音節，也就是不斷順應已經成為話語背景的那個語言成分，在順應的過程中，該語言成分的能指和所指之間的賦值關係被象喻化了，於是，就形成了在境激活的局面。問題是，為什麼疊音化之後，能激活能指和所指之間的象喻化賦值機制呢？

疊音的本質，是同一現象的反覆呈現。而同一現象的反覆呈現對於生命

本體所構成的刺激，就形成了某種信號機制，這就是巴甫洛夫的著名實驗所
證實的那種條件反射效應。信號的能指和所指之間是依靠臨近適合的相似性
連接起來的：鈴聲與提供食物之間，存在著時間上的同時性或前後相繼性的
鄰近關係。因此，疊音現象直接導致能指和所指被拉到一個平面上來，使得
所指不是躲藏在能指的後面，而是和能指一道呈現在欲望主體的面前。我們
在《詩經》文本中經常看到這種語言現象，那就是疊音、疊韻、雙聲等擬聲
摹狀詞。甚至在中國古代的訓詁學典籍裏，也經常用疊音詞來闡釋單音詞，
就是模仿詩歌文本的藝術化闡釋，或者說是在境化的闡釋，這種闡釋本身是
元語言性質的，是詩化了的元語言。比如：

> 《詩》「亦汎其流」，傳云：「汎汎，流貌。」「有洸有潰」，傳
> 云：「洸洸，武也，潰潰，怒也。」箋云：「洸洸然潰潰然無溫潤之
> 色。」「碩人其頎」，箋云：「長麗俊好，欣欣然。」「咥其笑矣」，傳
> 箋皆云：「咥咥然笑。」「垂帶悸兮」，傳箋皆云：「悸悸然有節度。」
> 「儵其歎矣」，傳云：「儵儵然歎。」「零露漙兮」，傳云：「漙漙然盛
> 多。」「子之豐兮」，箋云：「面貌豐豐然。」「零露湑兮」，傳云：「湑
> 湑然蕭上貌。」「噂沓背憎」，傳云：「噂猶噂噂然，沓猶沓沓然。」
> 「有扁斯石」，傳云：「扁扁，乘石貌。」「匪風發兮，匪車偈兮」，
> 傳云：「發發飄風，非有道之風。偈偈疾驅，非有道之車。」「匪車
> 嘌兮」，傳云：「嘌嘌無節度也。」〔註119〕

意向碼位的在場化激活效應（ERC）｜C。這是指在具體的文本中，任何
一個意向碼位被激活之後，不但沒有停滯在對應維極的所指上，而且無視該
所指，沿著任意性（也就是莫比烏斯帶的另一面）向前繼續滑動，尋求一個
與能指擁有約定效應的新所指，並形成一個不斷延宕的態勢，最終指向並接
近一個意向節點，也就是邏輯理性。邏輯理性最終也指向了一個外在於生命
的永恆存在——客觀規律。這就是邏各斯中心主義的趨向性，也就是藝術模
仿理念世界的意向性——求知。

意向碼位的在模激活效應（ERC）⊙C。這是指在具體的文本中，任何一
個意向碼位被激活之後，都涉及皮革馬利翁式的欲望傾注或情感投射，那是
一種自戀式的自我對象化，總是能從對象中看到自己欲望的身影，產生形影
相弔的效果，凡是顧影自憐、賞花弄月、黛玉式的葬花、賈瑞手中的風月寶

〔註119〕錢大昕，十駕齋養新錄卷一〔C〕，北京：商務印書館 1937：17。

鑒，甚至是病態的戀物癖，都來自於這種模耦效應。人的欲望永遠都不可能得到最後滿足，最後的滿足就意味著死亡，也就是人類個體生命的極限，因此，生命與欲望永遠相互伴隨，在模激活所代表的就是詩性智慧中的「足欲」意向性。

意向碼位的原型激活效應（ERC）C，就是某個意向碼位被激活後並不滯留，而是向前延宕，尋找被日常語言所遮蔽或壓抑著的個體潛意識或集體無意識，追逐一個象徵性的意向節點，那是無法被日常語言說出的「啞口無言」的意識狀態，也就是神和英雄時代的語言狀態。實際上，它就位於能指和所指中間的夾縫中，是能指和所指的原型耦。原型耦的本質，是被基因決定著的原始欲望，也就是被不同的學者們所稱呼的「意志」、「神力」、「靈魂」、「隱德萊希」、「馬納」、「活力」等等。這些，全部呈現為榮格所謂的「集體無意識」。

《詩經》文本中，存在著很多被學者們稱為「圖騰興象」的詩歌意象，趙沛霖先生的《興的起源——歷史積澱與詩》〔註120〕一書中系統地介紹了「鳥」、「魚」、「樹木」、「虛擬動物」等興象與古老的圖騰崇拜之間的神秘關聯。這些所謂的「圖騰興象」，就蘊含在普通的物象中，如果單獨從語言是給事物命名這個角度去看的話，很難領略古人觀念深處的風景，這也就是維柯所謂的「啞口無聲」的語言狀態：是針對這種神秘觀念來說的，當我們沒有「能所耦」的多維意向碼位理論的時候，就把它看作是「啞口無聲」的存在狀態，實際上就是古人所謂的「靈」，它對所有不可言說卻擁有重要價值的功能要素進行象徵性地表達和賦值。

如果原型意向性不被有效激活，或者不能從其他意向性上延宕開來，那麼，詩歌文本裏面所蘊含的詩性智慧，就無法被領會到最深的層次。但也並不是每一首詩歌文本都要遷延到這個層面上來，而作為「複數之文」的古代詩歌文本的一種激活機制始終被蘊含著，等待你去發掘，那並不一定就是詩人的本意，或者說並非詩人的顯意識明確要表達的（並不排除他自己並不自知的潛意識）。詩性智慧永遠存在著超越於作者本人和有形文本之外的意向性，因為欲望的本質是它者的欲望——基因意向性。

因此，耦合詩學就是指耦合圖式符號學中所呈現出來的詩歌文本的編解碼機制和規則。四個意向碼位分別擁有自己的激活機制，但這些機制都是被

〔註120〕趙沛霖，興的起源——歷史積澱與詩〔M〕，北京：中國社會科學出版社，1987。

四種功能耦所賦值的。我們總結出如下的列表：

賦值意向　激活耦性	物實碼位	象表碼位	徵信碼位	繹理碼位
場相耦	指物	表象	正夢	演繹
境相耦	用物	喻象	類夢	類推
模相耦	體物	興象	反夢	模態
原型耦　及其功能	物靈　巫術交感	象靈　圖騰崇拜	信靈　宗教信仰	理靈　神話推演

這裡需要進一步說明的是：

其一，耦合詩學的核心承載者就是原型意向。原型意向的本質是名中所蘊含著的「靈」，而「靈」在最初的時候則是對混沌不明之超自然力的象徵表達，也可以看做是基因指令本身，是整個耦合圖式的原型圖式，構成最初始的賦值節點，呈現出模糊的意向性——四靈。

葉舒憲先生在《中國「鬼」的原型》一文中闡釋了「鬼」的五個來源，分別為：1、死人說；2、異族醜人說；3、類人動物說；4、骷髏說；5、魌頭神像說。並引用倫敦大學人類學教授雷蒙德・弗思關於「魂」、「靈」、「鬼」的界定，從而圈限了「中國鬼」的論域範疇。但同時他還引用俄國漢學家李福清的研究成果認為：原始民族泛稱所有的超自然存在為「utux」，而沒有生靈、鬼魂、神祇或祖靈之分。〔註121〕

因此可以認為，人類初民時代的「泛靈論」就是一個籠統的集體無意識，其賦值的大前提在於一切未知的超自然力量。它對於一切尚未知曉但卻信以為真的存在要素，都可以用「靈」作邏輯預設來象徵性地賦值為存在，這其實就是「靈魂」的初始模型。「靈」只是蘊含在「名」中的一個未知要素，是介於「道可道非常道、名可名非常名」之間的耦合意向性——從形式上是可以言說的，但從內容上卻是不可言說，是人類根據自己的思想投射到事物上去的，但又不是純粹的主觀想像，而是一種未知的存在。因此，被「靈」這個象徵符號所意指的，並非是「莫須有」的，而是一種莫測未知的有。

經過系統耦合之後，亞里士多德意義上的靈魂階梯就和我們所說的意志階梯重疊了。二者的區別在於，靈魂是對於超自然力的象徵表達形式，意志

〔註121〕葉舒憲，原型與跨文化闡釋〔C〕，廣州：暨南大學出版社，2002：234～247。

是支撐表象世界的內在動能，因此，靈魂也就成爲意志的象徵符號。這樣，詩歌文本的「詩言志」和詩人創作時的「靈感」來襲是相表裏的。

其二，模相態的四種耦合意向性，就是蘊含在詩歌文本中的最內層的時空激活機制，它首先將基因模本自我複製的欲望投射爲個體生命這個「鏡像」，並呈現爲鏡像神經元的相應機能，投射在四個維極之上。

其三，就是境相態和場相態的時空激活機制，我們借鑒福柯的「相似性原理」和「普通語法」所總結的相關內容，進行改造加工，形成相應的激活機制。

總之，四種激活耦對每個意向維極都分別起到激活作用，從而呈現出不同的耦合意向性。伴隨時空相位的轉換，耦合圖式從內到外不斷拓展，四個維極的意向性也不斷明晰起來。

原型耦：嵌入泛靈之中，意志表象上的一個節點。靈魂凸顯。賦值四靈。基因意志。

模相耦：嵌入基因模本，家族血緣上的一個節點。鏡像複製。賦值四模。基因模本。

境相耦：嵌入生存環境，生態鏈條上的一個節點。背景置身。賦值四境。基因母體。

場相耦：嵌入宇宙時空，宇宙進化上的一個節點。對面呈現。賦值四場。基因背景。

詩歌文本分析就在於尋找每個意向碼位的激活耦，這樣，意向碼位就在激活耦中綻放出不同維度的文本信息，從而實現詩歌文本的多維耦合解碼。但實際上也並不複雜，就像美國學者 Christopher Vogler 引用女作家薇拉·凱瑟的那句話一樣：

人類其實只有那麼兩三個故事，它們不斷地重複，就好像它們從未被重複過一樣。——薇拉凱瑟《哦，拓荒者！》〔註122〕

只不過，我們不是從故事的角度，而是從耦合意向性的角度出發來分析詩歌文本，它們不過也就呈現爲被基因意志所支撐著的四種意向性及其相關激活相態而已。因此，在所有的文本中，一個最爲關鍵的要素就是賴以賦值和激活的「耦」，只要將這個「耦」找到，詩性智慧的解碼之鑰就找到了。

〔註122〕〔美〕Christopher Vogler，作家之旅：源自神話的寫作要義〔M〕，王翀譯，北京：電子工業出版社 2011：3。

物實維極上的耦就是「物」，也就是指稱事物，就是要找到「名實耦」中的那個「耦」。其原型是「萬物之靈」。同樣一個「名實耦」在不同的相態時空中又存在著不同的指稱機制：場相態下要召喚物的到來，需要尋找到召喚之耦──確認相關（是否實在之物）；境相態下要關注物的功能，需要尋找到功能之耦──功利相關（是否有用之物）；模相態下要投射物質世界，需要尋找到投射之耦──傾注相關（是否同構之物）。

象表維極上的耦就是「象」，也就是立象見意，就是要找到「名象耦」中的那個「耦」。其原型是「圖騰興象」。同樣一個「名象耦」在不同的相態時空中又存在著不同的見意機制：場相態下要素描表象世界，需要尋找到素描之耦──再現相關（是否按照嚴格的比例關係再現了表象世界）；境相態下要喻指表象世界，需要尋找到比喻之耦──喻體相關（是否選取了一個恰當的喻體）；模相態下要模擬表象世界，需要尋找到模擬之耦──模本相關（是否在一個表象上延宕出鏡像表達線索，真正的意向性存在於對稱的鏡像中）。

徵信維極上的耦就是「徵」，也就是寄託信仰於徵兆之中，就是要找到「名信耦」中的那個「耦」。其原型是「皇家之律」。同樣一個「名信耦」在不同的時空相態中又存在著不同的信仰機制：場相態下要尋找出一個絕對的命運主宰──天機之神，其徵兆在於出現一個能夠洞察命運的智者；境相態下要尋找出一個比較切近的功能主宰──領地之神，其徵兆在於各種被領有了的自然之物；模相態下要尋找出一個最為切身的血緣主宰──祖先之神，其徵兆在於亡靈牌位。

繹理維極上的耦就是「繹」，也就是推理，就是要找到「名理耦」中的那個「耦」。其原型是「理念世界」。同樣一個「名理耦」在不同的相態時空中又存在著不同的推理機制：場相態的是超限推理，境相態是諧聲推理，模相態是反身推理。超限推理從命名中尋找種屬之耦──上位相關（雎鳩是動物，人也是動物，被相同的上位概念所耦合）；諧聲推理從命名中尋求類似之耦──諧音相關（「洲」諧音「述、求」）；模態推理從命名中尋求反身之耦──神話蘊含相關（「雎鳩」與人類「自我」互為鏡像）。

第四節　耦合圖式理論的價值和意義

一、重新發現整體等於部分之和

在結構主義提出「整體大於部分之和」以前，習慣上人們認為「整體等於部分之和」，由於兩者所謂的「部分」指稱的內容是一致的，都是就可感知的物質形態而言的，因此就凸顯出一個非常嚴重的問題，那就是，當傳統習慣上人們沒有關注到的作為整體結構要素（能量和位置序列等非物質形態）存在的事實開始被注意的時候，我們所獲知的關於世界構成的觀念發生了逆轉性的變化：那些看不見、摸不著的存在要素，得到了肯定性的認可。這也是結構主義理論區別於傳統闡釋理論的關鍵之所在，也正是其價值之所在。但問題是，結構主義呈現給我們的所謂「整體大於部分之和」，一方面引導我們關注那些非物質形態的要素，但另一方面，這種表述本身，又直接把我們的認知視野帶入了一個維度非常單一的本體論狀態中：以物質形態要素為核心的不確定域中。這種本體論狀態存在著一個巨大的隱患就是，將所有的認知前提局限在一個維度上，並從此出發，去界定其他維度，於是，就會在盲區效應下，將「整體」推到一個不求甚解的散漫而尷尬境地，用公式表達就是：

整體〉部分 1＋部分 2＋……部分 n

在這個公式裏，我們領會到「整體」並不局限於「部分之和」，但多出來的成分要素，全部被「〉」這個符號給吞沒了。這個「〉」符號，無法確切呈現出相應的構成要素，就像信息被湮滅在物質形態中，能量被隱藏在時空中一樣，因此，也就無法形成有效的追問機制。其價值在於拓展了認知空間和追問的可能性，其缺陷在於沒有給出進一步追問的方向性。這種進一步追問的方向性，必須由「＝」這個符號給出：

整體＝物質形態部分＋能量形態部分＋信息形態部分＋……未知形態部分

這裡的「部分」已經不局限於「物質形態」了，為了區別語言的歷史積澱所帶來的理解上的惰性滯後，我們可以把「部分」改稱「維度」來表達，但作為整體的構成要素，「維度」還不能完全涵蓋「要素」的內容，它只能蘊含「呈現側面」的意思。為了兼顧「要素」這個內容項，我們還是堅持使用「部分」一詞，因此，就要對結構主義的表述方法提出修改，那就是，將「大

於」換成「等於」的同時，必須對「部分」進行重新界定：部分，就是整體的構成要素。

因此，當我們超越結構主義，重新提出「整體等於部分之和」，只需要重新定義一下「部分」這個概念，就可以了。那麼，這些「部分」又是由什麼構成的呢？

就我們目前所歸納出來的三個維度上的部分要素來說，首先，物質形態是需要有能量支撐的（四種自然力），同時，其中隱含著信息；其次，能量也離不開物質形態而存在（四種自然力都是物質形態之間的力），能量中也蘊藏著信息；再次，信息必須借助於物質和能量才可以編碼和傳遞。也就是說，實際上，我們所謂的「物質形態部分」、「能量形態部分」和「信息形態部分」，就是一個整體的不同維度上呈現出來的構成要素。這些構成要素，都不是孤立的存在要素，而是耦合要素，因此，我們把這些要素稱爲「耦」，從而引進耦合圖式理論的第一個關鍵概念——耦。

耦，首先是作爲本體論存在的一個概念，是指構成整體的部分要素在某個維度上的呈現方式，大到宏觀的宇宙天體，小到微觀的原子內部世界；其次也是認識論的一個概念，是指人的認知構成在本質上蘊含著主客體之間的耦合關係及其各自本體在內；再次也是方法論意義上的一個概念，是指從維度還原的角度出發所形成的超越結構主義的符號學理論。

我們認爲，宇宙是由無數個「細分耦」組合而成的一個大「耦」，從空間延展的角度來說，最大的耦和最小的耦都將成爲我們的認知極限，無法超越；從時間延展的角度來說，能量、物質和信息這三個維度是依次呈現出來的，我們有理由相信，大爆炸的奇點處，物質和信息已經被蘊含著，然後伴隨著宇宙的進化，就不斷被呈現出來，當生命形態呈現出來的時候，能量、物質和信息三個維度的耦合體就出現了——生命形態，作爲信息的關鍵耦合要素的「信宿」就蘊含在生命體內部，信宿是使信息呈現爲信息的不可或缺的構成要素，是使信息編碼獲得解碼並呈現爲信息內容的終端環節，也是「信息素」得以成爲不同生命個體之間聯繫紐帶的必要前提。

信息是被編碼了的意向性，呈現爲信碼（包括符號碼和信號碼），由信源、信道和信宿耦合而成。信源就是這種意向性本身，信道就是包括物質、能量、時空方位及其序列等現象在內的意向性載體（包括傳統上理解的時空間隔上的通道），信宿就是解碼意向性的存在項。解碼，不是單純的物理化學反應，

眞正的解碼，來自於生命體內部的基因。

　　基因的功能在於，把物質和能量看作是某種功能要素，也就是意向性賦值。構成基因的物能形態是四種核苷酸，但構成基因的信息編碼卻不只是依據它們各自的物理化學性質，一個非常關鍵的要素就是它們的排列順序。基因的作用在於根據意向性賦值來接收和發出功能指令，解碼就是在這個過程中實現的。因此，解碼的本質，是在功能上對存在著的現象進行意向性賦值，也就是把 X 看作 Y 的過程。

二、發現維度還原與賦值機制

　　提出超越「現象學還原」的「維度還原」主張，將使以往一切維極滯留的哲學理論不攻自破，從而使用「維度還原」來替代單一的「唯某主義」方法來接近眞實世界，使用「賦值機制」替代單一的「論證方法」來形成科學闡釋。

　　傳統上，唯物主義和唯心主義的對立，是水火不相容的。實際上，他們都是站在自己的維度上，坐井觀天式地批判著對方。馬赫就曾一針見血地批評到：

　　　　萬物有神論（神人同性同形說）本身沒有其認識論上的缺點；
　　　如果有的話，一切類比法就都會有這樣的缺點。萬物有神論的缺點
　　　僅僅在於缺少應用這個觀點的前提或者前提不夠充足。〔註123〕

　　所謂的「缺少應用這個觀點的前提或者前提不夠充足」是什麼意思呢？就是缺少賦值維度。存在於某一個具體維度上的欲望主體和客體之間總是一對「耦」，「耦」呈現爲一種功能，決定著主體能看到什麼，能聽到什麼，能思考到什麼。光必須遭遇眼睛這個器官才呈現爲光，邏輯必須遭遇思辨功能起作用的大腦器官才呈現爲邏輯。所以，主客體之間的「耦」，就是某一維度的賦值功能項。所謂的「缺少維度」就是缺少這種賦值功能項。我們不能把這種賦值功能項單純地理解爲眼睛或耳朵等器官，而要理解爲這些器官和相應的現象之間的耦合體所產生的功能。

　　對於人類來說，擁有賦值功能的維度有很多，比如五官就是五個維度，機體本能欲望的兩個基本維度是食欲和性欲等等。我們需要將這些分散的維

〔註123〕〔奧〕馬赫，感覺的分析〔M〕，洪謙、唐鉞、梁志學譯，北京：商務印書館，
　　　　1997：77。

度加以整合，從而形成四個基本維度，稱之爲「四界」：實在界、象徵界、理念界、表感界。實在界構成的賦值維度耦是滿足機體欲望的物質實體，傳統的唯物主義就以此爲賦值維度；象徵界構成的賦值維度耦是滿足精神信仰欲望的虛擬對象，傳統的唯心主義就是以此爲賦值維度的；表感界構成的賦值維度耦是滿足表感器官欲望的表象對象，傳統的唯象主義（立象以見意的象喻主義）就是以此爲賦值維度的；理念界構成的賦值維度耦是滿足邏輯理性欲望的理念對象，傳統的唯理主義就是以此爲賦值維度的。

　　同一維度內部，不存在眞正的證明，都是賦值的結果，如果執著於此，就形成循環論證（歷史上執持著唯物主義、唯心主義等單一維度的學派都在犯這樣的錯誤）。比如說：因爲客觀世界中存在著紅顏色，所以我能看到紅顏色。這看起來彷彿無懈可擊的論證，存在著致命的缺陷：對於天生色盲的人和盲人來說，客觀世界中的紅顏色是形同虛設的。所以，正確的說法應該是：因爲客觀世界中存在著紅顏色，並且因爲我的視覺機能良好，所以我能看到紅顏色。經過這麼一改變，單純的證明問題，已經化解爲賦值問題了，也就是說，我之所以能看見紅顏色，是因爲存在著一個賦值維度耦：感官機能和表象世界耦連起來的功能，而不是單純的客觀對象。也就是說，耦合對象所具有的價值，是經歷了維度耦事先賦值了的，賦值在先，證明在後，所以構成循環論證。牛吃的是草不是單純因爲草在那裡，而是在牛的基因中早已經設定了的大前提，因此，草作爲牛的食物，是賦值在先，行爲在後，行爲不是草決定的，而是賦值決定的，草的存在證明不了牛吃草行爲的必然性。同樣是草的存在，如果欲望主體換成老虎，則吃的行爲就無法進行。

　　不同維度之間，不存在眞正的證僞，彼此的賦值導致截然相反的結論。如果執謎於此，就會形成擁有各自盲區的維度之間的彼此駁難。比如：唯物主義者說唯心主義者是頭腳倒置的，唯心主義者說唯物主義者是物欲主義者。唯物主義者容易犯目光短淺的錯誤，經常把當下的宇宙狀態看作是基本狀態，所以總是要把其他維度都看作是被物質維度所決定了的，但如果把時空維度延長到宇宙物質元素還沒有被製造出來的狀態的時候，這個觀點就占不住腳了。唯心主義的長處正好命中唯物主義的短處，他們把目光無限地延長到宇宙大爆炸奇點之前的狀態，假設那裡有一個上帝在編織著宇宙的演化指令和運行程序；而唯心主義的短處，又恰好是唯物主義的長處，那種超越極限狀態的莫須有的假設，總比不上當下的實際狀態更令人信服。但，最爲

主要的問題是，哪一派都無法證明自己的主張就是終極真理，對於唯心主義者來說，上帝的假設的確有一點虛妄，也無法證明其存在；而對於唯物主義者來說，用實證的方法來證明上帝的不存在，無異於盲人摸象：摸到耳朵的人就擅自斷言大象沒有鼻子，或者用他摸到尾巴的感覺來否定明眼人看到大象身體的灰褐色。

不同維度之間的證偽之所以是不可能的，就在於存在著不同的維度賦值耦。因此，輕易地用看到的景象來否定理念世界和精神世界的存在，或者用邏輯思辨的方法來否定感官世界，都是行不通的。

也就是說，同一維度之內的證明和不同維度之間的證偽都是無效的。站在不同立場上的人互相指責對方說謊，基本上是無效的。

那麼，什麼樣的證明或者證偽才是有效的呢？排出前兩者，剩下的後兩者就是：同一維度之內的證偽和不同維度之間的證明。

同樣是視覺表象，對於同樣在場處於同樣角度和同樣視力的人來說（也就是假定所有維度都完全相同），有人說看見了，有人說沒看見，這種情況下的互相證偽是有意義的，肯定有人說謊了。

不同維度的證明是一個人維度足夠豐盈的體現。五官的維度將各自體驗到的感覺總匯起來就成為知覺，再向前走一步就是理念世界。本能欲望構成生命的能量來源，經過有效約束就可以使其昇華為藝術或信仰。五官內部的溝通形成聯覺，是文學藝術建構豐盈的美感體驗世界的有效手段，也是靈感附體狀態的主體特徵。

三、耦觀時空下的真實相態

耦觀時空下的真相就是真實的相態，真相的本質在於揭示出存在的豐盈維度。維度越豐盈，世界越接近真相，生命形態就越飽滿，所謂的「客觀」只是「真相」的一個維度而已，而不是真相的唯一標準。比如：一根筷子插入水中看上去是彎曲的，但這在傳統上被看做是「假象」，其實不然，它是光在不同介質中的傳播速度不同所導致的折射現象的真實呈現；「南柯一夢」的夢境內容不是現實中發生的，但南柯太守的欲望是真實的，夢境呈現的正是一種主觀欲望的真實。

因此可以說，三重證據法合理性的本質，就在於不同維度互補真相的證明。

紙質經典文獻內部的互相證明，最容易形成循環論證。尤其是在相互傳抄的風氣影響之下，很多資料的賦值維度都是同一個，比如儒家經典文獻都要帶上等級次序的色彩，這種單純以等級次序為默認點（大前提）的論證過程，只能使用賦值在先（先入為主）的各種所謂的「證據」來循環論證。漢儒從《詩經》中每一首詩歌文本中，都能解讀出道德禮教的含義來，原因就在於：首先賦值了「鳥獸草木」以「德」和「禮」的內容，然後就把「雎鳩」鳥的生活習性看作是「摯而有別」，接著就拿來作為論據材料來證明詩歌文本傳遞出來的信息是宣揚「王道之化」、「后妃之德」。

當然，對於這種「證明」，作為闡釋方法，我們不能完全否定，只能說他的維度很單一。傳統的六經互證的方法，存在的就是這樣一個問題：先賦值，然後再用被賦值過了的所謂「證據」來證明那個大前提（默認點、邏輯預設），也就是我們所說的「賦值耦」。

二重證據法，使用地下出土文獻來補充缺失的維度，從而為文本闡釋打開了一個嶄新的視野。但它只能在不同維度上來彌補單純紙質文獻存在的盲區，也不能從本維度上證明什麼，比如甲骨文的出土，固然從一定程度上補充了紙質文獻資料的缺乏和訛謬，但由此得出「商人很迷信」的結論就是存在問題的，其背後的邏輯是：占卜是「不科學的」，「不科學的」就是「迷信的」，甲骨文上記載的內容都是有關占卜事情的，所以說，商人是迷信的。這就是循環論證。如果我說「占卜是科學的」（因為它屬於心理學中的暗示和決疑，能直接影響人的行為能力，因此而起到決定戰爭勝負的作用），「科學的」就是「不迷信的」，就得出了「商人是不迷信的」結論。相同的材料，證明了截然相反的觀點，可見，這種行為的本質不是證明，而是賦值。

三重證據法，使用人類文化學和符號學的方法，給我們增添了一個「活著的標本」範疇，也是拓展了一個新的維度。如果說，原來我們使用二重證據法的時候只是將目光「畫地為牢」般地局限在本土上有限的時空範圍內，那麼，三重證據法已經將我們帶到了「地球村」的大視野中，可以說，古今中外，相互貫通。但這也只能在闡釋學不同維度互補的意義上來使用才是有效的，一旦停留在某一個具體維度內進行先賦值然後再證明，接下來就認為得到了「真理」，那就錯了。唯物主義的歷史觀，總要把文化還原為物質性，於是，就很可能把古人做的一個夢並記錄下來成為文本資料，當作歷史的真實來解讀。夢境是絕對真實的，但歷史上從來沒有發生過，這只能算作是夢

境的歷史，需要用另外一個維度來闡釋——那是賦值的問題，而不是證據的問題。

四、發現詩歌文本信息的鏡像結構與置換機制

詩人的所有觀念都來自於直覺——那是一個維度豐盈但又混沌不明的世界，他不是駐足於某個特定的維度上，而是徜徉在不同的維度之間，暢遊在彼此可以進行充分置換的象徵之海裏。神話和詩歌，把人類帶入欲望的夢境之中。

夢境的本質是欲望的鏡像，置換在鏡像結構中不斷重複著相同的情節，彷彿愛倫・坡的《竊信案》中的「盜取」行為那樣，不斷重複著相同的置換行為，而每一次置換行為，都被重新傾注了欲望內容，從不變的「信」的形式中讀取著不斷變化著的信息內容。

鏡像結構，是形成碼位置換、產生延宕賦值的直接根源，彷彿兩面鏡子互相對照，形成一個可以無限延宕下去的影像鏈條。皮革馬利翁從石頭雕刻中看到的，正是自己欲望的影像，這個影像，本身就已經是一個鏡像了，但他並不停留，還要一直延宕下去，形成不斷地重讀和闡釋：那石頭雕刻出來的影像，反過來又窺視皮革馬利翁，發現他其實就是自己的影像，於是，皮革馬利翁的戀情就成為自戀，這是同性戀情節的邏輯根源。一切的審美，其實本質上都是這種透過鏡像結構的自視和反觀，彷彿月亮中的嫦娥，時刻關注著地球這個家園的境況。

第二章 物歸有所：《詩經》文本的物實碼位

東漢何休的《春秋公羊傳解詁》卷十六有云：「饑者歌其食，勞者歌其事。」[註1] 說的就是所謂「詩言志」中的「物實」意向性。也就是說，在詩人的眼裏，那些處於實在界中的食物和事件都成爲了被謳歌的對象，那麼，這些對象有什麼好謳歌的呢？究其本質而言，詩人是在言說「物實」之「志」。

符號的物實碼位來自於欲望主體對於耦合圖式的物實維極的意向性指涉。物實維極是欲望主體面對客體的實在性賦值，這種賦值來自於物質世界與生命機體的同構性——體驗，人體之於大地及其上面的實在之物，都構成最爲典型的耦合圖式物實維極的前提條件，也就是說，所謂的物質實在性，是被身體這個尺度所丈量到的存在要素，是身體與這些實在要素相互耦合而成的維極意向性。由於存在要素不只是呈現爲物質實在性，它只是世界存在的一種維極意向性而已，所以，我們就不能簡單地將世界的本體還原爲物質實在性，否則就是維極滯留。

構成機體的所有元素都來自於外部世界，因此，物實維極包括人類的生命機體及其相對應的物質對象，呈現爲人類自身的肉體以及構成環境要素的大地、礦物、植物、動物、水等物質性元素，它們實實在在地存在著，是生命被拋在世的直接搖籃。生命在這個搖籃裏，予取予求，享受著生命新陳代謝的過程。實在界的典型象徵意象是大地母神，植物從大地母親的懷抱裏生長出來，無法掙脫根繫連接母親的紐帶，處於最深的嵌入狀態，而人類腳踩

[註1]　〔清〕阮元校刻，十三經注疏〔M〕，北京：中華書局，1980：2287。

在大地上，就像植物把根牢牢紮在大地上一樣，人類的自主神經系統又稱「植物神經系統」，主管呼吸、心跳、消化吸收和排泄、應激反應、性的活動等等，就是專門應對實在界的功能系統。因此，體覺是物實維極的基本耦合機制，呈現為身體的疼痛、舒適、瘙癢、饑飽、冷暖、軟硬、酸麻、甜苦等等。因此，物實維極的這種耦合效應，也就是通常所謂的「體驗」。正如生態詩學所主張的那樣：「體驗主義神話視人為環境的一部分，而不是與其相分離。它強調與物理環境以及他人的不斷互動。它視這種與環境的互動為互相改變。人不可能在環境中活動而不改變它或被其改變。」〔註2〕

物實維極的意向性直接決定了人類語言的物實碼位的本質屬性——「名實耦」。「名實耦」的「名」是用來指稱「實」的，也就是符號對於物實維極的意向性，其能指和所指關係的本質屬性是標記指代性，因此，標記指代性就構成了物實碼位或者「名實耦」的賦值機制。

名實耦首先賦值給生命機體及其相對應的物質性存在以實在意向性，而在詩歌文本中，又被作為讀者的人的三種時空相態所激活，形成三個耦合節點：場相態實在，境相態實在，模相態實在。於是，原來呈現為耦合圖式球面上的「名實耦」這個位點，在詩歌文本中就被耦化為耦合節點，從而置換成一個嶄新的能指就是：（EWC）R……，並重新分藥意向性。這裡的W代表的是「名實耦」的物實意向性；R則是在時空相態中被激活後的賦值機制，我們可以用三個時空相態的表達符號來替換：場∣，境∫，模⊙；省略號代表即將激活的新賦值意向。於是，這個公式就可以一分為三：（EWC）R∣……，（EWC）R∫……，（EWC）R⊙……。三種時空相態是根據人類作為觀察者的不同視角呈現出來的存在形態，在場是身在其外的對立面存在，在境是身在其中的背景面存在，在模是基於體內基因自我複製功能的鏡像面存在。下面簡單介紹三種時空相態下，欲望主體面對文本所形成的耦合效應。

場相態下的名實耦所指稱的物質實在性，被欲望主體看做是一種對立面的客觀存在，它將物召喚到文本中來，並確認為在場的實在意向性。這種確認所帶來的就是關於具體實在之物的各種客觀屬性，被傳統的名物學探究。這種在場的召喚，將物帶入文本中，形成文本的第一道風景，彷彿呈現在《宮中侍女》那副畫面上的所有實物圖案那樣，呈現為詩歌文本中的指稱對象，形成文本的最表層結構。當我們面對藝術文本指認那些實物形態的時候，就

〔註2〕龐玉厚、劉世生，認知詩學與生態詩學〔J〕，外國語文，2009（02）：17。

形成了一種在場確認的耦合效應鏈條:欲望主體——名實耦——場耦效應——召喚確指。

境相態下的名實耦所指稱的物質實在性,被欲望主體看做是能夠引起條件反射的個別對象。對於欲望主體來說,深度在境狀態形成了初民時代名實不分的觀念,把名稱當作實物本身。在一些具體的情境中,就會形成「望梅止渴」(實際上是說梅止渴)的故事,這其實是本能的條件反射,就像狗聽見約定的餵食鈴聲就流口水那樣。甚至像大猩猩能夠很容易地學會一些指涉功利性具體實物的名詞,一般的寵物能夠聽懂你呼喊它們的名稱,也都是這種條件反射導致的。實際上,這種狀態下,名稱和所指事物之間就構成了一種扯不斷的聯繫。這種聯繫直接通過名稱就可以把欲望主體帶入到條件反射的體驗中,這就是福柯所謂的「鄰近性適合」原則,它作為一種「認識型」將欲望主體帶入一個耦合鏈條中:欲望主體——名實耦——境耦效應——適合需求。

模相態下的名實耦所指稱的物質實在性,被欲望主體看做是一面鏡子,鏡子中呈現著「自我」的映像,只不過那不是視覺上的「影像」,而是基於肉體自我的欲望投射,它把一切觸手可及的存在要素看做是肉體之「耦」,用於把玩、吮吸,彷彿剛剛出生的嬰兒面對母親乳房時候的那種本能的把玩和吮吸,但那種把玩和吮吸又不止於乳房,它將這一行為推廣到一切對象上,從而將外部世界耦化為與自我肉體相互同構的物質實在,就連光影和顏色也被耦化為物體並要用手去把玩和觸摸,用嘴去吮吸,形成所謂「眼見為實」的耦合圖式,甚至將自己的情感也同構為物,就形成了禮物、祭祀之物等。這是一種純粹的機體適應性本能,一種無選擇應激反應,因此,欲望主體在此耦合鏈條中呈現出來的耦合效應為:欲望主體——名實耦——模耦效應——同構體驗。

此外還有一個「原型耦」,它是整個耦合圖式的原型圖式,其核心是基因意志的象徵表述形式——「靈」。原型耦擁有模糊的維極意向性,在名實耦這個意向碼位上呈現為「物靈」,是基於主客體之間最原始而又模糊的耦合意向性,呈現為神秘莫測的「體合」效應,那就是到目前為止在民間還流傳著的交感巫術所帶來的身心體驗。「靈」與「名」同在,「靈」是「名」對於任何一個存在維極中所蘊含著的未知能量的象徵性稱謂,其內涵的本質就是原型意向,四個意向碼位分別由各自維極意向上的「靈」構成,分別為:物靈,

象靈，信靈，理靈。「物靈」就是「名實耦」的靈魂，構成原始巫術活動的前提；「象靈」就是「名象耦」的靈魂，構成圖騰崇拜的前提；「信靈」就是「名信耦」的靈魂，構成精神信仰的前提；「理靈」就是「名理耦」的前提，構成神論的前提。而物靈的本質則是體合的形態共振，環境中的磁場和聲波等能量波動要素構成主要共振源。這樣，就形成了物實碼位原型激活的「交感性」鏈條：欲望主體——名實耦——交感效應——形態共振。

　　這樣，一個呈現在詩歌文本中的「名」，經過一次物實碼位的意向性賦值和四個「耦」的激活，就形成了不但逐漸遠離核心義位、而且逐漸偏離物實維極的意向雲團。我們嘗試著以此來闡釋《詩經》文本，構成第二章的全部四個小節的內容。

　　由於耦合詩學的解碼機制對於軸心時代以前的每一首詩歌文本都是有效的，因此，我們採取隨機抽取的方式來確定具體的篇章。由於物實維極對應的人類行為主要是涉及身體的實踐，其激活標記主要是與身體行為機能有關的動詞，所以，我們主要選取四個帶有明顯的不同時空相態意向性的動詞為代表詞彙形成檢索標靶，來進行耦合圖式的「語義上溯」和維度還原。這四個動詞分別為：在（凸顯場相態，指明情志），置（凸顯境相態：適合需求），歸（凸顯模相態：同構體驗），採（凸顯原型：物靈感應）。

第一節　場耦激活：指物召喚

　　詩歌文本將孔子所謂的「多識⋯⋯之名」安置在能指鏈中，相信詩人最初的目的並不是要編輯一份名物志，讓人們在吟詠詩歌的過程中來學習指認實物的名稱，這一功能估計是到了孔子時代才有的，到了三國時代，甚至有必要湧現出陸璣這樣的人物來專門作《毛詩鳥獸草木蟲魚疏》了。初民時代的人們對於那些日常生活經常接觸的鳥獸草木蟲魚的名稱及其所意指的實物都非常熟悉，而且記憶非常清晰，辨別非常細緻。這一點被列維－布留爾等文化人類學家的考察所證實〔註3〕。因此說，古代初民時代的人們根本就沒有必要利用詩歌文本來幫助完成「多識」的學習任務，那麼，這些蜂擁而至

〔註3〕列維－布留爾援引斯賓塞和紀林的談話內容說：「土人不但能分清每種動物和每種鳥的足印，而且在查看了什麼獸穴以後，能立刻按照最新足印的走向告訴你這裡有沒有動物⋯⋯聽起來很奇怪⋯⋯土人能認出他的每個熟人的足跡。」參見：〔法〕列維－布留爾，原始思維〔M〕，丁由譯，北京：商務印書館，1981：104。

的名物到底是幹什麼來了呢？用海德格爾的話說：「它召喚物，令物到來。」〔註4〕詩歌文本使用「名」的指稱功能的在場意向性來「召喚」物，讓實物聚集圍攏在詩人的周圍，等待分派角色。

　　如前所述，耦合圖式所定義的「在場」，是指位於觀察者對立面的角度上審視所得到的耦合效應。我們用漢語的動詞「在」來引出《詩經》文本中「物實碼位」的這種場耦激活機制。

一、搜索引擎：在

　　《詩經》文本中查找到語符能指鏈中嵌入「在」這個語碼的篇目如下：《周南·關雎》、《召南·采蘩》、《召南·殷其靁》、《召南·小星》、《邶風·凱風》、《邶風·簡兮》、《鄘風·柏舟》、《鄘風·蝃蝀》、《鄘風·干旄》、《衛風·考槃》、《衛風·竹竿》、《衛風·有狐》、《王風·葛藟》、《鄭風·大叔于田》、《鄭風·清人》、《鄭風·女曰雞鳴》、《鄭風·東門之墠》、《鄭風·子衿》、《齊風·東方之日》、《齊風·敝笱》、《唐風·蟋蟀》、《唐風·綢繆》、《秦風·駟驖》、《秦風·小戎》、《秦風·蒹葭》、《檜風·羔裘》、《·候人》、《曹風·鳲鳩》、《豳風·東山》、《小雅·棠棣》、《小雅·湛露》、《小雅·菁菁者莪》、《小雅·六月》、《小雅·鶴鳴》、《小雅·白駒》、《小雅·正月》、《小雅·小弁》、《小雅·北山》、《小雅·鴛鴦》、《小雅·頍弁》、《小雅·魚藻》、《小雅·采菽》、《小雅·白華》、《小雅·苕之華》、《大雅·文王》、《大雅·大明》、《大雅·旱麓》、《大雅·思齊》、《大雅·皇矣》、《大雅·靈臺》、《大雅·下武》、《大雅·鳧鷖》、《大雅·公劉》、《大雅·蕩》、《大雅·抑》、《周頌·清廟》、《周頌·時邁》、《周頌·臣工》、《周頌·振鷺》、《周頌·有瞽》、《周頌·閔予小子》、《周頌·敬之》、《魯頌·駉》、《魯頌·有駜》、《魯頌·泮水》、《商頌·那》、《商頌·玄鳥》、《商頌·長發》，一共68篇，占《詩經》篇章總數的20.74%。

　　由此可見，「在」這個語符在《詩經》文本中的使用是很頻繁而普遍的，也就是說，它首先以一個能指語符的形式在詩歌文本中呈現爲豐富的在場性，彷彿就是繪畫文本中的色彩和線條構成的畫面圖案呈現在每一個觀察者面前，把散漫的目光收攏爲注視，凝聚在一個漢字上。

〔註4〕〔德〕馬丁·海德格爾，在通向語言的途中〔M〕，孫周興譯，北京：商務印書館，2005：13。

二、語義上溯

　　首先來看一下上述《詩經》文本中所涉及的「在」的通常語義指向，它體現在與之搭配的處所名詞上：在河之洲（滸、矗、漘）、在公、在南山之陽（側、下）、在東、在浚之下、在前上處、在彼中河（河側）、在濬之郊（都、城）、在澗（阿、陸）、在左（右）、在彼淇梁（厲、側）、在藪、在彭（消、軸）、在御、在阪、在城闕、在我室（闥）、在堂、在天（隅、戶）、在手、在其板屋、在邑、在水一方（之湄、之涘、中央、中坻、中沚）、在桑（梅、棘、榛）、在野（宇）、在桑野（車下）、在栗薪、在原、在彼豐草（杞棘、宗）、在彼中阿（中沚、中陵）、侯誰在、在淵（於渚）、在彼空谷、在於沼、安在、在床、在廄、在首、在藻（鎬）、在股（下）、在林、在罶、文王在上、在帝左右、明明在上、赫赫在下、天監在下、在洽之陽（渭之涘）、黃流在中、雖雖在宮、肅肅在廟、依其在京、在渭之將、王在靈囿（靈沼）、三后在天、鳧鷖在涇（沙、渚、潨、亹）、陟則在巘、復降在原、曾是在位（服）、在夏后之世、其在于今、相在爾室、對越在天、駿奔走在廟、式序在位、敬爾在公、在彼無惡、在此無斁、在周之庭、嬛嬛在疚、高高在上、日監在茲、在坰之野、在泮飲酒（獻馘、獻囚、獻功）、自古在昔、在武丁孫子、昔在中葉。

　　上述這些「在」，只有「在御」、「在疚」、「在武丁孫子」三處是在處所之外的意義上使用的，「御」這個詞是從「駕馭車馬」的原義引申為普通的「使用」，表示某種行為；「疚」是指疾病；「武丁孫子」是指某個具體的人。而實際上，即便這三處也可以看做是引申為處所：御中、疚中、武丁孫子身上。

　　一般來講，從處所的意義上理解「在」，都是具有實在意向性的，對於欲望主體來說，實在的處所是對應肉身的，也就是提供一個物實碼位等待你滯留。

　　「在」這個漢字的能指形態，首先呈現為公孫龍所謂的「命形」，這是象形文字的特質，也是漢語書寫符號的基本特質——表詞會意。在，漢字的造字本義是在土地上面，甲骨文寫作 ，金文寫作 ，漢代許慎的《說文解字》解釋為：存也，從土才聲。現在的日常用語中，「在」就是「存在」的意思，人們已經習慣於這種日常的用法，而且經常把它等同於「客觀實在」或者「有」。我們可以把這看做是「在」的詞典意義。

但是，引入觀察者的視角之後，尤其是在哲學家的眼裏，「存在」本身就成爲一個值得探討的問題，古代東方老子的「有無相生」論，現代西方薩特的《存在與虛無》、海德格爾的《存在與時間》等著作，都分明在彰顯著與「眼見爲實」的「在」截然不同的哲學思考。由此看來，「在」這個能指符號所傳遞的信息並不是來自於固定的詞典內容，而是來自於不同欲望主體的耦合圖式。

古希臘智者們把「存在」看做「在場」，也就是把人類放在世界的對立面上，從而對象化一切事物。在場凸顯的是當下的呈現或者出席，是和欲望主體斷絕了利害關係的客觀存有。當然，「存在」也可以被看做是「在境」，也就是把人類放在世界之中，從而境化一切事物，天人合一，物我同一，生死同一，這就是傳統東方文化中的「在」，從那個古文字字形上就可以看出，人依據土地而呈現，彷彿就像植物一樣從土地中生長出來那樣，生命形態被環境包裹和生成著。在境凸顯的是背景性的嵌入，是欲望主體對於土地和周邊環境的領有和依賴，是和欲望主體命運息息相關的功利對象。另外，「存在」也可以被看做是「在模」，基因模本躲藏在祖先的身體裏，基因指令躲藏在生命個體的細胞核中，我們的相貌躲藏在家族相似性中，我們的命運躲藏在血緣關係裏，我們的價值觀躲藏在文化習俗裏，等等，這一切都可以看做是在模的，也就是在模型裏。

在歷史上，不同民族曾經因地域環境和歷史機遇等原因而選取了不同的視角，就直接導致了不同的文化價值觀，形成在場的邏各斯中心主義、在境的象喻中心主義、在模的種族中心主義。

三、維度還原

維度還原需要在語義上溯的基礎上進行。結合前述「耦合詩學」中物實碼位的各類激活耦所呈現的激活機制，我們將上述搜索出來的《詩經》文本中的「在」的本體意向性定義爲「在場」的「指物召喚」。

在場，是一種對立面的呈現。物實維極意向性的在場呈現爲被指明了的事物，也就是在文本中被指稱著的事物，這就構成了任何文本中所呈現出來的最爲表層的實物系統，這些實物就位於讀者的對面，就浮現在文本的指物線索中，就是彷彿呈現在《宮中侍女》那幅畫面上的所有物像那樣，都被認作是實物形態的客體，包括畫面上的那些呈現著的人物和狗、畫布背面、上

方的畫像、中間的那面鏡子等等。也就是傳統的「詩經名物學」所研究的那些：某個名稱對應哪個具體的實在物。這就是一種「確認」性解碼。

但作爲詩歌文本，如果只是滯留在指明對應物的層面上解碼的話，一部《詩經》文本就變成一部「名物志」了，「多識草木鳥獸之名」的目的就變成了進行「名」和「實」的對號入座了，名稱彷彿一個席位一樣等待著實物的到來，也就是所謂的「在場」的別名——「出席」。藝術文本中的能指不能滯留在單純的指稱確認上，而要實現海德格爾所謂的「召喚」功能，它要召喚物的到來，但這種因召喚而到來的卻不可能是眞正的實在之物，而是某種實在意向性，它帶領著鑒賞者來到一種被澄明狀態，各種物因被確認而聚集成一種秩序，等待你的檢閱。

當名實耦被「在」激活爲在場狀態的時候，物就被召喚並聚集起來，然而到達這一步，還只是還原出詩歌文本的物實場耦。要想深入理解更深層次的文本內容，還需要將「在」的所有變體碼位全部激盪開來，從而將深藏在語符之下的耦合意向全部呈現於讀者面前，彰顯維度豐盈的詩性智慧，眞正實現耦合解碼。

四、耦合解碼

《詩經》文本中所有的「在」所關聯的處所，都可以很容易地從場耦激活的角度看到位於對立面的物實呈現——處所，經過「確指」解碼之後，類似「洲」這種地方被「水中陸地」所取代，這就形成了場耦激活效應，其公式表示爲：（EWC）R｜……。作爲「水中陸地」的「洲」，被理解爲一種場所，是一切存在要素都可以自由來去的場所，那就是一個場地，一個空間，一個可以接納一切事物存在的時空相態。這個在場的「洲」，直接呈現在文本的能指鏈中，彷彿是畫面中的色彩和線條所組合起來的圖案，呈現爲「在場相態」。

這個在場的「洲」是空空蕩蕩的，它用「空隙」來迎納每一個過往者，它之所以有意義，只是因爲它是一個「虛空」而可以容納存在者。存在者居留於此，彷彿一塊石頭放置在它上面，彼此依靠萬有引力而貼合在一起，這石頭可能是經歷了時光的風化之後從地底下顯露出來的，也可能是某次山崩之後掉落在此的，甚至可能是一個天外來客，但不管怎麼樣，都是在萬有引力的作用下被彎曲的時空所吸附著的——它是在場的。

　　然而，最爲關鍵的是：這個「在」的主體並非一塊石頭，而是一隻名字被喚作「雎鳩」的水鳥。這個水鳥的肉體的確被地球的萬有引力吸附著，從這個意義上它等同於一塊石頭——需要落地。但對於「洲」來說，水鳥的落地與一塊隕石的落地又截然不同，水中陸地是水鳥棲息繁衍的家園，因此，它的每一次降落，都是一次回家。這就是境耦的激活作用。

　　水鳥雎鳩是會飛的，但是，無論它飛到哪裏，都會像被放飛的風箏一樣，總有一根無形的線牽絆著和引誘著，那就是候鳥定時歸巢的「耦」。與候鳥相類似的還有：魚類向出生地洄游，動物向出生地遷徙，人類的故鄉情結與落葉歸根的願望，都是境時空相態下的意向性。

　　水鳥把「洲」看做是自己的家園，來自於其體內的基因信息指令，雎鳩是被它的種系基因所模製出來的，它對於「洲」的家園意向性，也同樣是被模製出來的，這種家園意向性不需要後天的學習，只需要先天的繼承就可以了。這就是模態時空耦，它激活的是來自於基因本能的回歸欲望，本能的回歸欲望將「自我」投射到「洲」上，彷彿就投射到一個生命的歸宿上，於是，那個「洲」就成爲皮革馬利翁眼裏的雕像新娘式的欲望載體，映現出的是一個能夠引發共情的鏡像，是男性心中的女性和女性心中的男性，是榮格所謂的「阿尼瑪」和「阿尼姆斯」，是君子心中的淑女，是孕育生命的子宮。因此，那個模態激活的「洲」比家園更親切，它象徵的是被力比多所耦連著的兩個極端（雄性和雌性）之間的互爲鏡像。因而，「洲」就不只是一個養育生命的搖籃，還是一個被依戀著的伴侶，構成寄託主體欲望的一尊雕像。

　　傳統的《詩經》研究，從來沒有人關注過雎鳩究竟在哪裏的問題，人們寧願探討政教化色彩很濃的道德倫理範圍的所謂「后妃之德」，或者名物化意義上的「雎鳩」到底指稱何種鳥類，也不會思考究竟在何處的問題，因爲在傳統看來，這根本就不是一個問題，以爲只要把「洲」字的指稱意義——「河中小塊陸地」弄清楚就可以了。這是把語言看作是實體事物的標籤的實在論觀念支配下的產物。

　　邏各斯中心主義傳統下的語言符號是在場的，正因如此，海德格爾在分析荷爾德林的詩歌作品的時候，始終無法繞開「在場」的觀念，就是明證。他認爲，詩歌文本把「物」召集來，成爲「在場」狀態，但這種「在場」狀態和現場的「桌子」之類的物品的「在場」狀態不同，所以就稱這種「在場」

為「不在場」的「在場」。〔註5〕是語言觀念的固有障礙，把海德格爾擱淺在「在與不在」的邏輯怪圈之中。事實上，任何一首詩歌都不會把實物召集到場的，或者說，詩歌根本就不需要把任何的實物召集到場。單純的「在場」概念，已經把赫拉克利特與他周圍的民眾徹底隔離開來（諸神並不呈現在當下的感官閾限之中，而是以概念的形式呈現在意識裏）：民眾並不關注概念，只是關注經驗——當他們耳聞目睹雷電把人擊打至死的時候，他們就會相信「雷神」的存在。

因此，詩歌文本中的召喚本來就是要把不在場的要素召喚到在場中來，這種被召喚而來的所謂的「在場」，其實只是一種虛擬的在場，其本質是在境。

如此看來，對於真正的詩歌鑒賞者來說，我們甚至可以借鑒拉康的「我思故我不在」〔註6〕一句來表述如下觀點：被召喚到場的要素其實並不在場。詩歌文本中的那個關關鳴叫的雎鳩鳥，根本就不可能在那個實實在在而又冰冰冷冷的河中陸地上，因為詩歌文本的編碼機制是拒絕實物出場的，被時空相態激活的耦合圖式，把欲望主體帶入一個延宕賦值的莫比烏斯軌道上，形成可以傾注情感的網絡結構，因此，那個容納雎鳩安身的處所不可能是一塊冰冷的水中陸地，而一定是一個溫暖的巢穴，是一個滿滿地承載著愛的激情和生命的美好體驗的神聖港灣。詩歌文本的解碼，由此跨入了藝術鑒賞的門檻。

於是，面對同樣的一個「在河之洲」，伴隨著三種不同時空相態被有效激活，就會呈現出不同的意向性來。那個作為「水中陸地」的「洲」和雎鳩鳥之間存在著三種關係：一塊臨時滯留的場地，這是在場的；一個生命賴以棲息繁衍的家園，這是在境的；一個生命賴以棲居的母體，彷彿胎兒之於子宮，這是在模的。

不獨「洲」如此，所有的被「在」所關聯的「處所」都呈現為被「存在」的不同時空相態所激活的問題，包括「上、下、左、右、東、西、南、北、中」等方位名詞所代表的處所，也包括「公」、「天」等虛置的處所，以及被引申的「御」、「疚」等，也都是如此。所有的處所對於欲望主體來說都存在著：身處其外、置身其中、鏡像對視這三個角度。伴隨角度的變換，是時空

〔註5〕〔德〕馬丁·海德格爾，在通向語言的途中〔M〕，孫周興譯，北京：商務印書館，2005：13。

〔註6〕馬元龍，雅克·拉康：語言維度中的精神分析〔M〕，北京：東方出版社 2006：103。

相態的轉換，而時空相態的轉換，則代表著觀察者身份角色的變化，在那個最初遭遇作者的目光聚焦和凝視的地方，反饋著作品主人公原型、觀眾、評論家的不同目光，那是一個彼此觀照而又意象叢生的耦合視野。

第二節　境耦激活：適合需求

物實維極的在境意向性，就是欲望主體面向客體的時候呈現出來的鄰近適合意向性：欲望主體嵌合在綿延時空中，而嵌合也就是共生，就是混同，就是處於鏈條之上。比如：特定動物種類所對應的食物意向性、天敵意向性、配偶意向性等需求類意向；地球磁場、陽光、空氣等也構成了所有生命形態所共享的在境意向性。在日常生活中，語言的物實碼位被激活的時候，經常滯留在這裡，它作為終極所指被言說主體所領會，比如日常生活中說的「吃蘋果」中的「蘋果」被激活物實碼位後所形成的所指意向性就經常滯留在某個具體的個體對象上，僅此而已。但是，在詩歌文本中呈現出來的物實碼位激活，則是在具體實物缺席的情況下所形成的對於物質實在需求的渴望意向性，這也就成了何休所謂的「饑者歌其食，勞者歌其事」。

初民時代的人們根本想不到「在場」的問題，因為他們是先天就在境的，他們嵌入在環境之中，把所有的存在要素都看做是與自身的功利需求相互補的，他們在命名的時候，也只針對那些有用的事物，而對於沒有用的事物，他們認為根本就沒有命名的必要〔註7〕。

一、搜索引擎：置

「置」在《詩經》文本中的用例有如下一些篇目：

《周南‧卷耳》：置彼周行；《魏風‧伐檀》：置之河之干（側、漘）；《小雅‧谷風》：置予於懷；《商頌‧那》：置我鞉鼓；《大雅‧生民》：誕寘之隘巷，牛羊腓字之。誕寘之平林，會伐平林。誕寘之寒冰，鳥覆翼之。

〔註7〕列維－斯特勞斯引用一位生物學家對菲律賓群島的俾格米矮人所作的描述：
「尼格利託矮人完全是其環境中的固有部分，而且更重要的是，他們始終不斷地研究著自己周圍的環境。我曾多次看見一個尼格利託人，當他不能確認一種特殊的植物時，就品嘗其果實，嗅其葉子，折斷並察驗其枝莖，捉摸它的產地。只有在做過這一切之後，他才說出自己是否知道這種植物。」參見：
〔法〕列維－斯特勞斯，野性的思維〔M〕，李幼蒸譯，北京：商務印書館，1997：7。

二、語義上溯

「置（寘）」在《詩經》文本中的用法雖然不多，卻擁有非常重要的象徵意義。

「置」和「寘」異體關係，從造字法上看，兩個字都是形聲字，前者上面是一個「網」字的變形，後者上面是一個「宀」字——造字時代的意義是「房屋」，因此，它們的造字本義都是放置在其中的意思，凸顯的是在境。但在具體的詩歌文本中，多處都被理解爲「放置」或「設置」的意思，只有「置予於懷」是「把我放在懷中」的意思。而《生民》文本中的「誕置之」……「隘巷」、「平林」、「寒冰」中的「置」，表面上看是「放置」的意思，實際上則蘊含著「移植」的隱喻意義。

把「置」（寘）的本體意向性看做是「在境」的，不但有造字法上的根據，更重要的是語境的支撐：不管是放置、安置、設置，都涉及一個處所，這個處所被看做是與我的身體相關聯的環境，我就置身其中。

三、維度還原

正是這個頗具象徵意味的「置身其中」的「置」，引導著我們步入物實碼位——名實耦的境相時空中。

物實碼位的能指和所指的在境性賦值關係，就本質而言是一種借代，也就是用局部替代整體，或原因代替結果，或用明顯的標誌替代隱藏著的事物，呈現爲最初的語言效應，就是標記性的「名實耦」。「名實耦」的直接來源是用鳥獸蹄迒之跡來指代鳥獸，那是最初的符號形態——信號。其他比如：煙指代火，雲指代雨，沙漠上的綠洲指代水源等等，都屬於這種情況，也就是皮爾斯所謂的「標誌符號」。因此，這種能指對所指的賦值關係，實際上是一種類似於獵人依靠跟蹤獵物的蹤跡來搜尋獵物的意向性，也類似於動物依據氣味或聲音蹤跡來覓食或躲避天敵的意向性，甚至是植物的趨光意向性：它們都是從某種天然的耦合狀態中，通過把握事物的端倪或標誌的方法來達到追蹤或消費事物整體的目的，這就是「在境適合」。

這樣一來我們發現，實際上存在著兩種在境適合關係，一種是人對於世界的在境性嵌入與適合關係，這構成了欲望主體面對世界的時候所形成的物實維極的在境狀態；另一種是物實碼位的能指和所指的指代關係，這構成了詩歌文本的深層激活機制。二者相互啓發，形成在境激活的耦合效應。

　　植物把根系牢牢紮在大地母親的懷抱裏，那是一種「咬定青山不放鬆」的執著和耐力所支撐著的生命形態，彷彿胎兒通過臍帶植根於母腹的子宮裏那樣，牢牢地吸附著。人立在地面上，腳與地面緊緊依偎著，依靠的就是這種鄰近性。正是這種鄰近性，才彰顯著生命體與物質世界的耦合狀態，並啓發了能指與所指的在境賦值關係：指代。直接的指代關係，就是足跡和聲音指代相應的鳥獸蟲魚；綠洲指代了潛在的水源；烏雲指代了即將到來的降雨；煙指代了火等等，都是源於自然而然的鄰近性指代。間接的指代關係，就是巴甫洛夫的狗實驗中使用鈴聲替代食物；古代邊境的狼煙替代軍事情報；衣服上的標誌替代人的職務和級別等等，都是來自於某種文化約定性的鄰近性指代。

　　在境型的能指（象形文字和摹聲擬態語），就是從「鳥獸蹄迒之跡」中得到啓發而創製的，這種能指的本質屬性，就在於其最初的信號功能，它最初就像銘刻在實物上的印記一樣，緊緊依附著那個具體的實存要素，所有的專名都具有這個特點，比如：某人的姓名，某地的名稱，某個機關單位的名稱，都是如此。正是這種依附於實在物的特性，往往導致了古代初始民族的名實混同而不分，甚至把名直接看作是物質實體的一個構成部分，就像把帆看作船的一個構成部分、把雲看作雨的一個構成部分、把煙看作火的一個構成部分那樣。

　　詩歌文本中的物實碼位被激活之後所延宕出來的在境意向性，不同於實際食用物品所帶來的欲望實現感，而是來自於單純意念作用所帶來的欣快效應或安慰劑功能。關於這個問題，美國生物學家利普頓先生解釋了意念產生快感的生理機制：

> 我的研究聚焦於控制從一個行爲到另一個行爲的轉換的細胞膜知覺開關。我所研究的主要的開關有一個對組織胺有反應的蛋白受體。組織胺是一種身體所用的相當於當地緊急報警的分子。……我後來認識到，身體的全系統緊急響應信號，腎上腺素……當我把組織胺和腎上腺素同時引進我的組織培養中時，我發現，由中樞神經系統釋放的腎上腺素信號，勝過了本地產生的組織胺信號的影響……我們的生理系統中有一個類似的優先權，要求細胞遵從從頭部「老闆」神經系統發出的指示，即使這些信號和本地信號有衝突。〔註8〕

〔註8〕〔美〕布魯斯・H・利普頓，信念的力量〔M〕喻華譯，中國城市出版社，2012：124～125。

當意念的「優先權」被有效激活，呈現爲物實維極上的在境體驗就類似於巴甫洛夫實驗中的狗對於鈴聲的條件反射作用，這種欣快感不只是人類所獨有，動物也有，甚至植物在優美的音樂旋律中也能體驗到，因此，它是一種人類和其他生命形態所共享的耦合維極，但不能因此而否定這個維極，它是所有其他維極美感體驗的基礎，當然我們也不能滯留於此，一旦滯留於此就等同於動植物了。

《詩經》文本中的草木鳥獸蟲魚，首先都是作爲與人們的生活息息相關的衣食住行的物品呈現的，因此，這些對於人們擁有切身功利性關係的物質屬性最容易形成在境激活這個耦合效應鏈條的終極指向，該耦合效應鏈條爲：欲望主體──名實耦──適合意向──物欲體驗。很明顯，「實物」這個環節是缺失的，從「名實耦」過渡到「物性體驗」的中間環節鄰近適合的意向性，也就是說，詩歌文本中的名稱不召喚實物，而是通過召喚鄰近適合的意向性來召喚物性體驗，從而形成某種欣快效應，那是大腦內部分泌內啡肽的功能機制被激活了。

當這種耦合效應鏈形成的時候，審美體驗就產生了，它和實驗心理學所揭示的效果是相同的：

> 目前多數的生理心理學家傾向於認爲內驅力與腦的皮層下結構，特別是下丘腦即腦幹的網狀結構有密切關係。這些部位對基本的內驅力十分敏感，當用電流刺激動物的這些區域，就會激發它的某種行爲，似乎比食物等一般的獎賞更能令其得到滿足。諾貝爾醫學與生理學獎獲得者 W.R.郝斯曾在貓身上做過著名的實驗：他在貓的腦幹中埋藏電極，發現有適當的對象時，他能刺激貓去吃食、攻擊或逃跑。如果刺激十分強烈，動物會咀嚼吃不得的束西，或者去攻擊觀察它的人來代替攻擊它的天敵。〔註9〕

詩性智慧正體現在這種超越「實物」而獲得的在境激活效應，現在看來，是有科學理據的。《詩經》中大部分野菜是可以食用的，因此，都能激活相應的欣快體驗。比如蕨、薇、荼、薺等；大部分動物是可以作爲獵物的，比如兔、鹿、鳥、魚；一部分植物是用來紡織衣物的，比如葛、麻、紵、菅等；部分動物的皮毛是可以用來縫製衣服的，比如羔、狼、虎、豹；很多樹木則

〔註9〕吳思敬，心理詩學〔M〕，北京：首都師範大學出版社，1996。

是可以用來建築房屋宮殿和鋪路搭橋的等等，這些都是常識性的衣食住行範圍內的功用價值。

另外還有很多是作爲藥材使用的。藥物，是人類歷史上僅次於食物的賴以生存的物質資源，中醫中有「食療」的說法，也充分反映了這種藥食同源的歷史狀況。而在有些情況下，藥物的功能還要大於食物，比如病魔纏身，只有藥物才可以救命，食物則無濟於事。根據學者們的粗略統計，《詩經》文本中涉及到花草之名大約有 132 種，可以作爲藥物的有 50 餘種，如芣苢（車前）、蕢（澤瀉）、葛（葛根）、薇（白薇）、蔞（蒿）、芩（甘草）、芩（黃芩）、蝱（貝母）、蘋（浮萍）、藻（水藻）、茨（蒺藜）、蓷（益母草）、茹藘（茜草）、秀葽（遠志）、蒲（菖蒲）、苕（凌霄）等。此外涉及到 80 餘種動物和 10 多種礦物，其中也有不少可以用作藥材，如鴻（蟾蜍）、鳴蜩（蟬）、蕃（蠍）、蛇、鱉、赭（赭石）、厲石等。〔註10〕

中醫學利用所有這些大地上出產的自然物品作爲藥物來進行治療，充分凸顯了在境的思維方式。這種在境的思維方式認爲人類和環境中的諸要素是相互聯繫的，同屬於神聖的大地母親，而大地母親承載著萬物，滋養著萬物，與物質同構。英語中的「物質（matter）」這個詞與「母親（mother）」一詞是同源的，大地母親就是大母神，被看作是生命力的源泉，因此，從她身上生長出來的一切物品，都帶有生命的活力，可以治癒人類的各種疾患。

所有這一切的「物性」，在《詩經》文本中都呈現爲一個「名」所對應的在境意向性。因此，一旦遇到這些「名」的時候，對應的物實維極的在境性體驗就被激活了，尤其是採摘植物的場面描寫，將直接把欲望主體帶入被意念「優先權」所激發的欣快感之中，這就是任何詩歌文本最爲本質的審美體驗。這種審美體驗不是直接接觸物質實體，而是通過名稱來傾注欲望，這就是物實碼位的在境激活，其公式表達爲：（EWC）∫……。

正是基於這樣的一個在境的事實，我們說：人類置身其中的這個世界，開始於被拋擲，但那拋擲不是丟棄，而是移植。

四、耦合解碼

對於《詩經》文本來說，歷來的闡釋存在問題最多的，要算《生民》中的那個「寘」了。自從漢代司馬遷以來，它就被定型解碼爲「丟棄」，從而形

〔註10〕溫長路，《詩經》中的藥物與治療學思想〔J〕，江蘇中醫藥，1991（07）：38。

成一個闡釋學上權威的邏輯預設：從字面上解釋，「寘」就是「丟棄」的意思。這種邏輯預設一直延續到現在，以至於幾乎所有涉及《生民》文本闡釋的學者都一律認可這個說法，並基於此邏輯預設來闡釋為何要「棄子」，形成了蔚為壯觀的關於「棄子」習俗及其原因的闡釋學，諸如：賤棄說、遺腹說、早產說、晚生說、易生說、難產說、怪胎說、卵生說、不哭說、假死說、陰謀說、避亂說、殺長宜弟說、汰弱說等等〔註11〕。

其實這是基於一個誤讀起點的一系列的誤讀，引起誤讀的最初原因就是漢代以來人們思維方式的重大變化，樸素的唯物主義在孔子的「不語怪力亂神」的基礎上逐漸演變成王充的「無神論」，一方面，人們不再相信姜原可以無夫而孕，后稷可以無父而生；另一方面，人們更不再相信孩子出生之後會被「放置」甚至是「安置」在「隘巷」、「平林」和「寒冰」上，如果有這種行為，就主觀臆斷地判定為肯定是「丟棄」。這些，都是把「后稷」這個符號所意指的信息內容孤立地滯留在物實維極的在場意向性上了，彷彿滯留在呈現於畫面上的一個人形上。而在境狀態下的「后稷」其實是一粒生命的種子，被泥土所塑造成形，這一點，不管是在西方的「上帝造亞當」宗教故事裏，還是在東方的「女媧搏土造人」的神話故事裏都被詩性智慧所隱喻著，更為重要的是，構成我們機體的全部物質要素都來自於大地之上，也被當下的生命科學所認可。大地真的是形塑人類的母體，也真的是養育人類的母體。因此，從基因母體誕生之後的「后稷」所面臨的第一個問題就是與環境母體接通，這一點對於任何生命形態來說都是一樣的，實際上就是要完成從基因母體到環境母體的移植。而對於人類個體來說，移植成活的標誌就是哭泣——呼吸。胎兒在母腹子宮中只需要依靠一條臍帶來獲取所有的營養就可以了，出生的嬰兒伴隨臍帶被剪短而終止了這種營養供給，同時也獲取了一個獨立的「自我」身份，這個自我身份就是弗洛伊德意義上的那個與母體分離開來的「人格」，是英雄的原型。〔註12〕

一般來說，嬰兒從出生之後直到呼吸之前，經歷了一個非常短暫的瞬間。但詩人將這個瞬間給凝固或延宕起來，成為一個漫長的過程，彷彿電影的慢鏡頭一樣，一幕一幕地播放著，體驗著，玩味著。那的確是每一個生命形態

〔註11〕參見：曹書傑，后稷傳說與稷祀文化〔M〕，北京：社會科學文獻出版社，2006：183～228。

〔註12〕參見：〔美〕Christopher Vogler，作家之旅：源自神話的寫作要義〔M〕，王翀譯，北京：電子工業出版社 2011：27。

的門限，既是一個出口又是一個入口，既斷開又連接，是一個典型的耦合節點。生命在此節點之處，開始英雄之旅，它被拋在環境母體中，慢慢地嘗試著適應：它赤身裸體地被移植著，由近及遠，從隘巷到平林再到寒冰，伴隨與基因母體的距離越來越遠，來自環境母體的適應性刺激不斷加強，從煙火繚繞、人氣聚集的村落，到野獸出沒、雜草叢生的森林，再到人跡罕至、海拔高聳的寒冷地帶，嬰兒開始接近生物圈的極限，那也是人類生存之「境」的極限。英雄在完成了一系列的在境歷險之後，終於宣告移植成功——后稷呱矣！

更何況，「后稷」這個符號中，還攜帶著農業文明祖先神的意向性，那裡面蘊含著的就是植物之「靈」。因此它還是一個象徵符號，這一點在後文中還要詳細探討。

第三節　模耦激活：同構體驗

同構體驗，也就是模本鏡像複製的體驗。個體生命的模本，是血緣關係的承載者，一個具體的生命形態，既是父母這個模本的鏡像複製品，又是子女這個複製品的模本，因此，每一個生命個體都是一個「模耦」，將生命種系耦合成一個完整的鏈條，將欲望時空耦合成一個進化樹。

一、搜索引擎：歸

《詩經》文本中使用「歸」這個語碼的篇章有：《周南・葛覃》、《周南・桃夭》、《周南・漢廣》、《召南・雀巢》、《召南・采蘩》、《召南・殷其?》、《召南・江有汜》、《邶風・燕燕》、《邶風・擊鼓》、《邶風・匏有苦葉》、《邶風・式微》、《邶風・北風》、《邶風・靜女》、《鄘風・載馳》、《王風・揚之水》、《鄭風・丰》、《齊風・雞鳴》、《齊風・南山》、《齊風・敝笱》、《唐風・葛生》、《檜風・素冠》、《檜風・匪風》、《曹風・蜉蝣》、《豳風・七月》、《豳風・東山》、《豳風・九罭》、《小雅・四牡》、《小雅・采薇》、《小雅・出車》、《小雅・杕杜》、《小雅・湛露》、《小雅・六月》、《小雅・黃鳥》、《小雅・我行其野》、《小雅・小弁》、《小雅・四月》、《小雅・小明》、《小雅・楚茨》、《小雅・都人士》、《小雅・采綠》、《小雅・黍苗》、《大雅・生民》、《大雅・泂酌》、《大雅・崧高》、《大雅・烝民》、《大雅・常武》、《魯頌・有駜》。一共 47 首，占

《詩經》篇章總數的 14.34%。

二、語義上溯

　　總括上述所有文本中的「歸」字，在具體的上下文中擁有四個意思，分別爲：女子出嫁，回家，歸宿，通「饋」。例文如下：

嫁女：

《周南・桃夭》：

　　　　桃之夭夭，灼灼其華。之子于歸，宜其室家。

　　　　桃之夭夭，有蕡其實。之子于歸，宜其家室。

　　　　桃之夭夭，其葉蓁蓁。之子于歸，宜其家人。

省親：

《周南・葛覃》：

　　　　葛之覃兮，施于中谷，維葉萋萋。黃鳥于飛，集于灌木，其鳴喈喈。

　　　　葛之覃兮，施于中谷，維葉莫莫。是刈是濩，爲絺爲綌，服之無斁。

　　　　言告師氏，言告言歸。薄污我私，薄浣我衣。害浣害否，歸寧父母。

回家：

《召南・殷其靁》：

　　　　殷其靁，在南山之陽。何斯違斯，莫敢或遑？振振君子，歸哉歸哉！

　　　　殷其靁，在南山之側。何斯違斯，莫敢遑息？振振君子，歸哉歸哉！

　　　　殷其靁，在南山之下。何斯違斯，莫或遑處？振振君子，歸哉歸哉！

歸宿：

《檜風・素冠》：

　　　　庶見素冠兮，棘人欒欒兮。勞心慱慱兮。

　　　　庶見素衣兮，我心傷悲兮。聊與子同歸兮。

　　　　庶見素韠兮，我心蘊結兮。聊與子如一兮。

死後魂歸：

《唐風·葛生》：

> 葛生蒙楚，蘞蔓於野。予美亡此，誰與獨處？
> 葛生蒙棘，蘞蔓於域。予美亡此，誰與獨息？
> 角枕粲兮，錦衾爛兮。予美亡此，誰與獨旦？
> 夏之日，冬之夜。百歲之後，歸于其居。
> 冬之夜，夏之日。百歲之後，歸于其室。

被假借為「饋」字用：

《邶風·靜女》：

> 靜女其姝，俟我於城隅。愛而不見，搔首踟躕。
> 靜女其孌，貽我彤管。彤管有煒，說懌女美。
> 自牧歸荑，洵美且異。匪女之為美，美人之貽。

歸，繁體字寫作「歸」，本義是女子出嫁，但也指出嫁了的女子回娘家省親。其他文本用例中，都是從這個意義上引申出來的，甚至那個習慣上被認定為通「饋贈」的「饋」字用的時候，其實也不完全是沒有意義聯繫的純粹假借，當下的民間表達嫁女的意思還使用「給」這個詞，就是最好的證據。

三、維度還原

作為模本的生命個體擁有兩個歸著點，一個是自己的父母，一個是自己的子女，它被兩個歸著點拉扯著，奔波著，眷戀著。這種模耦的極端張力狀態，就呈現為法國油畫家達維特的傑作《劫奪薩賓婦女》中：

（圖片採自網絡）

畫面中所呈現出來的內容源自於羅馬神話。薩賓婦女被入侵的羅馬人掠奪之後成爲羅馬人的妻子並生育繁衍後代，從此羅馬人與薩賓人就開始了連綿不絕的戰爭，而這些被劫奪的婦女們所面對的尷尬處境就是：一方是自己的父兄，一方是自己的丈夫和子女。她們在兩個歸著點之間被撕扯和拉伸著，居於畫面正中間的那個伸展雙臂的婦女形象，正是這樣的一個「模耦」。

「歸」行爲凸顯的是模態時空，歸著點處擁有與生俱來的無法扯斷的血緣紐帶，彷彿是肉體作爲靈魂的軀殼那樣，等待著欲望主體的回歸，對於一個豆蔻年華的女子來說，不管是鏡像自我的父母家，還是被自我複製出鏡像的丈夫家，都是自我命運的歸著點，歸著點上存在著殷切的期盼所構成的巨大誘惑力，彷彿地球的萬有引力之於地球上的生命形態那樣，被牢牢地牽絆著。然而命運的歸著點，真的可以終身託付嗎？從某種意義上講，那不過是一個美好的夢境。

四、耦合解碼

在《詩經》文本中，「歸」是一個非常重要的主題，它凸顯了古代中華文明的本質屬性：對家的眷戀。從出嫁（《桃夭》）到省親（《葛覃》），再到外出的丈夫思歸與獨守空房的妻子的盼歸（《殷其靁》），再到命運的歸宿問題（《素冠》），以及死後的魂歸故里或落葉歸根（《葛生》），就連那個徘徊在城牆角落裏的靜女，其實也在用那個通假的「歸」字連同那個象徵愛情的信物——「荑」一起，將遙遙遠離而又朝思暮想、時空阻隔而又藕斷絲連的歸著點謳歌得淋漓盡致。

模相態時空造就了以家族血緣關係爲賦值機制的模耦效應，同時也生成了「家天下」和「世襲制」的價值取向和思維定勢，甚至形成了語言上的「迴向力」支撐。眾所周知的是，漢語中類似英語的個案「go home」這樣的不需要介詞的介入，而直接連接動詞和處所名詞的結構俯拾即是，比如：回家、回國、去北京、來上海、走路、走穴……等等，甚至還有像「靠山吃山靠水吃水」、「曬太陽」、「烤火」這樣明顯被工具化的處所，更有甚者，就連赤裸裸的工具都可以直接做賓語使用，比如「吃大碗」、「吃紅本」、「啃老」等等，古代漢語中甚至名詞可以不需要介詞的介導而直接用作狀語，這些語言現象的生成，無不受制於模態時空的耦合效應。之所以在動詞與處所或工具之間不使用介詞（比如：英語的 to 或漢語的「從」或「到」之類），

其原因就在於二者之間存在著一種無形的耦，那個耦就是一種「迴向力」，類似於地球將生命束縛在地表的力，或者是父母與子女之間的血緣紐帶之力，也就是回家的誘惑力。

同時，這個歸，也可以被激活在場和在境相態。場相態的歸，呈現爲一種面向宇宙深處尋求家園的文化特質，他們將射電望遠鏡對準外太空，尋找地球生命的來源。境相態的歸，是向地球深處尋求文明的起源，他們將目光聚焦於某一地域上，去尋找自我的歷史。

因此，在耦合圖式理論之下的耦合解碼，需要將所有的時空相態全部打開，讓擁有維度豐盈的耦合圖式的鑒賞主體能夠充分地在藝術文本中鏡像出那個英雄的自我來。

第四節　原型激活：物靈感應

原型耦與模耦的區別在於：原型是生命意志本身，是被象徵地說成是「靈」的基因欲望所發出的指令本身，是自我的本體，是榮格意義上的自我。而弗洛伊德意義上的「自我」已經是基因的宿主了，是作爲基因本體那個自我的鏡像。

或者打個比方來說，模就是模子，是模本，如果它相當於一個細胞的話，而基因則是細胞核內部的信息指令。

基因編碼來自遙遠的時空，是一種未知的主宰，任何一個生命個體都只是它的宿主而已，因此，用「靈」這個詞來象徵表達「基因」是最合適的。基因的鏡子功能將不同的生命個體呈現出互爲鏡像的狀態：在父母和子女之間、男人和女人之間，都被這面看不見的鏡子相互鏡像著。甚至鏡像神經元的功能——將他者的行爲鏡像爲自我的行爲，很可能也來源於此。

一、搜索引擎：采

《詩經》文本中使用「采」字的篇章及其嵌入句式如下：《周南・關雎》：參差荇菜，左右采之。《周南・卷耳》：采采卷耳，不盈頃筐。《周南・芣苢》：采采芣苢，薄言采之。《召南・采蘩》：于以采蘩？于沼于沚。《召南・草蟲》：陟彼南山，言采其蕨（薇）。《召南・采蘋》：于以采蘋？南澗之濱。于以采藻？于彼行潦。《邶風・谷風》：采葑采菲，無以下體。《鄘風・桑中》：爰采唐矣？沬之鄉（北、東）矣。《鄘風・載馳》：陟彼阿丘，言采其蝱。《王風・

采葛》：彼采葛兮，一日不見，如三月兮！彼采蕭兮，一日不見，如三秋兮！彼采艾兮，一日不見，如三歲兮！《魏風・汾沮洳》：彼汾沮洳，言采其莫。彼汾一方，言采其桑。彼其之子，美如英。美如英，殊異乎公行。彼汾一曲，言采其藚。彼其之子，美如玉。美如玉，殊異乎公族。《唐風・采苓》：采苓采苓，首陽之巔。人之爲言，苟亦無信。舍旃舍旃，苟亦無然。人之爲言，胡得焉？采苦采苦，首陽之下。人之爲言，苟亦無與。舍旃舍旃，苟亦無然。人之爲言，胡得焉？采葑采葑，首陽之東。人之爲言，苟亦無從。舍旃舍旃，苟亦無然。人之爲言，胡得焉？《秦風・蒹葭》：蒹葭采采，白露未已。《曹風・蜉蝣》：蜉蝣之翼，采采衣服。《豳風・七月》：春日遲遲，采蘩祁祁。……采荼薪樗，食我農夫。《小雅・采薇》：采薇采薇，薇亦作止。曰歸曰歸，歲亦莫止。靡室靡家，玁狁之故。不遑啓居，玁狁之故。采薇采薇，薇亦柔止。曰歸曰歸，心亦憂止。憂心烈烈，載飢載渴。我戍未定，靡使歸聘。采薇采薇，薇亦剛止。曰歸曰歸，歲亦陽止。王事靡盬，不遑啓處。憂心孔疚，我行不來！《小雅・出車》：采蘩祁祁。《小雅・杕杜》：陟彼北山，言采其杞。《小雅・采芑》：薄言采芑，于彼新田，呈此菑畝。《小雅・我行其野》：我行其野，言采其蓫。……我行其野，言采其葍。《小雅・小宛》：中原有菽，庶民采之。《小雅・北山》：陟彼北山，言采其杞。《小雅・小明》：歲聿云莫，采蕭穫菽。《小雅・采菽》：采菽采菽，筐之莒之。……觱沸檻泉，言采其芹。《小雅・采綠》：終朝采綠，不盈一匊。予髮曲局，薄言歸沐。終朝采藍，不盈一襜。五日爲期，六日不詹。《小雅・瓠葉》：幡幡瓠葉，采之亨之。《大雅・桑柔》：菀彼桑柔，其下侯旬，捋采其劉，瘼此下民。《大雅・泮水》：思樂泮水，薄采其芹。……思樂泮水，薄采其藻。……思樂泮水，薄采其茆。

一共是 28 篇，占《詩經》文本總數的 8.54%。除了以下三處「采采」被用作形容詞外，其餘都是做行爲動詞使用的。

《周南・芣苡》：采采芣苡，薄言采之。

《秦風・蒹葭》：蒹葭采采，白露未已。

《曹風・蜉蝣》：蜉蝣之翼，采采衣服。

二、語義上溯

采，意指一種用手的行爲。甲骨文寫作：，金文寫作：。兩個字形反應了初民時代的造字意圖——用手採摘植物的果實或葉片，一目了然。這

個字後來有一個加提手旁的分化字：採，顯然是由於字形隸變後形成了遮蔽效應而導致的畫蛇添足。現在規範漢字的使用方法又恢復到原來造字之初的狀態，像複合詞「采取」、「采摘」等中的「采」就是如此。

《詩經》文本中的「采」，除了上述那三處疊音形容詞之外，其他被用作「採摘」的意思來意指與手相關的行爲是沒有問題的。歷來學者們也沒有人在這裡作太多的滯留，因爲在他們的眼裏，這裡根本就沒有什麼問題。

三、維度還原

需要進行維度還原的，是這個手的行爲及其所關涉的實在之物。

首先我們對這個行爲作出維度還原。「採」作爲人手的行爲，被三類神經元所支配著，傳統上認爲是感覺神經元和運動神經元〔註 13〕，最近又新發現了鏡像神經元。〔註 14〕當代神經科學對於人的行爲控制系統——神經元的研究，已經把人類逐步帶入到接近傳統所謂的「靈魂」安居之處了。人的所有行爲，都是基於神經元的信息傳導作用形成的，眞正的「靈魂」位於生命個體的神經元細胞中，發佈行爲的指令。正是感覺和運動神經元支配著軀體將自我封閉在皮囊之內，而鏡像神經元則可以將他者的行爲與感覺鏡像爲自己的，從而形成共情體驗。

其次對相關實在之物進行維度還原。眾所周知的是，那些被採摘回來的植物的果實和葉子都是有用的，正是在這種最初的功利目的驅使之下才完成「採摘」行爲的。但問題是，這些採摘回來的果實和葉片究竟有什麼用途呢？有的是用來食用的，春季的野菜是青黃不接時的救荒之物（比如：荼、薺），有的是用作藥材的（比如：蓫，也就是羊蹄），但藥食本來就是同源的，古人更無法將兩種功效嚴格區分開來；有的是用來製取纖維用以織布的（比如：葛），有的是用來染色的（比如：綠），這些都體現了物品的實用價值。

但在很多情況下，有些植物不是被實用的，而是拿來祭祀天地祖先或者施行魔法巫術的（比如一些蒿草：蔞、荍、艾），有的是用作禮物或信物的（蕑），或者是用作禮物包裝的（白茅）。物品的這些功用和前面的實用價值相對立，

〔註 13〕 參見：〔美〕Michael S，Gazzaniga，Richard B，Ivry，George R，Mangun，認知神經科學——關於心智的生物學〔M〕，周曉林、高定國等譯，北京：中國輕工業出版社，2011：51～93。

〔註 14〕 〔美〕詹姆斯‧卡拉特，生物心理學〔M〕蘇彥捷等譯，北京：人民郵電出版社，2012：253。

我們稱之為「儀式價值」。其實，也可以把擁有儀式價值的所有物品都稱之為「禮物」。而所謂的「禮物」也可以理解為寄託了行為者特殊用意、傾注了行為者的欲望或情感的載體，包括敬獻給神靈的祭物和寄存情感的信物。所謂的儀式價值，其實就是傾注了欲望的載體所擁有的價值，那麼，這些傾注在物品上的欲望又是什麼呢？

在巫術行為中，一個最基本的邏輯預設就是「萬物有靈」，也就是所謂的「泛靈論」。它其實是一個社會群體中的集體無意識，在群體中的任何得病的個體都可以依靠這種信念而被治癒，也可以因為某種巫術詛咒而身亡。現代心理學的實驗研究成果證實了信念的安慰劑效應，現代腦神經科學研究成果則證明各種神經遞質被主觀意識和信念控制下而形成或激活。甚至人體自身的免疫力也可以被信念有效加強，如果再加上那些實物的食用價值、藥用功效，就果真產生了非常奇特而靈驗的治癒效果。〔註15〕

因此，所謂的「物靈」，最為保守的估計很可能就是：存在於實物中的實用價值和儀式價值相互耦合在一起的功能存在。而更為大膽的猜想則是被稱為「生物能量共振」（哈弗大學物理學家 C・W・F・麥克萊爾的主張）或「形態共振」（英國生物學家魯伯特・謝德瑞克的主張）〔註16〕的耦合效應。美國學者利普頓在他的《信念的力量》一書中介紹物理學家麥克萊爾的研究說：

> 他研究「生物能量共振」發表在《紐約科學院年報》上。文章揭示：能量信號機制，如電磁頻率，在傳送環境信息時，比物理信號，如激素、神經遞素和生長因子等，效率高一百倍。〔註17〕

由此看來，物實碼位的原型激活，「物靈」構成了首當其衝的耦合介質。那麼，在物靈觀念支配著的人們的行為中，那個被「採摘」著的對象就不再是一個簡單的物質實體了，其中蘊含著原型的力量，從本質上說，這種力量與形成交感巫術的治癒效應的力量，是一種。

〔註15〕 參見：〔美〕布魯斯・H・利普頓，信念的力量〔M〕，喻華譯，中國城市出版社，2012：111～134。

〔註16〕 〔英〕〔英〕魯珀特・謝德瑞克，狗狗知道你要回家——探索不可思議的動物感知能力〔M〕，蔡承志譯，汕頭：汕頭大學出版社，2003：358～377。

〔註17〕 〔美〕布魯斯・H・利普頓，信念的力量〔M〕，喻華譯，中國城市出版社，2012：100。

四、耦合解碼

我們選取《芣苢》篇章來進行系統的耦合解碼工作。下面是《芣苢》篇章的全部內容:

> 采采芣苢，薄言采之。
> 采采芣苢，薄言有之。
> 采采芣苢，薄言掇之。
> 采采芣苢，薄言捋之。
> 采采芣苢，薄言袺之。
> 采采芣苢，薄言襭之。

芣苢，在古代人的生活實踐以及習俗觀念中是一種治療婦女不孕的草藥，其種子被稱之爲「車前子」，直到現代，中藥鋪裏面還作爲一種藥材被使用著。《詩經》名物學最早的權威著作陸璣《毛詩草木鳥獸蟲魚疏》，基本上就是從「名實耦」的角度來進行闡釋的:

> 芣苢，一名馬舄，一名車前，一名當道。喜在牛跡中生，故曰
> 車前當道也。今藥中車前子是也。幽州人謂之牛舌草，可鬻作茹，
> 大滑。其子治婦人難產。〔註18〕

這段話對於「芣苢」所作的「名物」性闡釋，也就是對「芣苢」這個符碼的物實意向碼位的說明。從一系列的別名，到生物習性，到命名的理據，到產地和食用價值，再到醫療功效，都說得很清楚，呈現著人們對於該物品的物實意向性。但是，出現在詩歌文本中的「芣苢」這個編碼，反覆吟詠在詩句中，如果只是停留在這種作爲物品的物實意向性上來理解，層次就很淺了，甚至是浮遊在詩性智慧之外。讀詩者如果把注意力只關注在「芣苢」的基本物性和那幾個輪番替換著的行爲動詞之差別上（採、有、掇、捋、袺、襭），就不得要領了。眞正關鍵的地方就在於「芣苢」所指示的物性功能所引起的在境激活意義上，它構成了詩人所言之志的核心指向:呈現在詩歌文本中的行爲主體所欲望著的並非表層意義上作爲「芣苢」的那些物品，而是求得子嗣綿延的意願。

「芣苢」物實碼位的在境激活，就是「芣苢」物性中的對於人類孕育和生產的藥用價值被深刻體驗的過程，這是人和環境深度耦合著的嵌入狀態的顯現。「芣苢」這個名稱作爲擁有這種物性實體的標記，處於最鄰近的位置上

〔註18〕陸璣，毛詩從阿木鳥獸蟲魚疏廣要〔M〕，北京:商務印書館，1936:1〜2。

（或者是銘刻在該實體上），因此，當詩人口中吟詠這個標記的時候，就和用手觸摸到實物一樣擁有觸感效應。這樣，欲望主體通過「名」這個標記性中介，就與「芣苢」的實體物性聯繫起來，構成一個鄰近性的耦合鏈條，最終實現物性體驗的審美效果。

　　聞一多先生所分析的「芣苢」與「胚胎」的諧音問題，是更深一層的事物命名的理據，屬於語源學的範圍，也就是指明物的命名到底是有理據的還是約定俗成的，這將直接導致物實碼位激活之後的在場能指化過程是否順利進行，作為詩歌文本的符碼信息，它要比「車前」、「當道」或者「牛舌草」之類的命名理據更加重要：它構成了揭示謎底的密鑰或提供了進入迷宮的線索，公開了暗語的源代碼。這種在場能指化一旦成功，就和在境能指化構成雙重耦合效應，從而加強詩歌文本的深層信息領會。而那個蘊含著諧音雙關意向性的「名」中，就已經蘊含著某種「靈」在其中了，那就是傾注在其中的懷胎生子的欲望。原型作為一種集體無意識，也是一種莫名其妙的美感體驗，是可以在生命個體的基因中遺傳的一種潛在信息，是將欲望主體和客體耦合在一起的意向性，那是一種天然的交感：那些籽粒飽滿而又細小的車前子顆粒，作為生命種子的意向性，已經沉澱在初民時代的集體無意識裏，是無法說清楚、無法講明白的一種潛意識。那其中就蘊含著生殖的「靈」力，這種「靈」力作為中醫藥的療效力，不但三千年前的人們無法清楚理解，即便到今天，仍然不能很清楚地呈現在我們的知識結構中。但是，每個人卻都在時刻使用著這種「靈」力，就像我們體內的基因時刻都在運行著它的指令功能，而作為主體的我們卻無法自知。

　　因此我們說，《芣苢》篇章所呈現的內容信息，表面上看是在反覆吟詠著那個採摘和收藏芣苢種子的動作行為，但這只是從在場的角度看到的物被召喚出來的意向層面，更深層面的意向性則是某種咒語巫術功能。從這個意義上說，詩歌文本中的主人公就不是在召喚物的到來，而是召喚物靈的到來。

　　從詩歌發生學的角度來看，物實碼位的原型意向性——物靈，是積澱在最底層的，蘊含著初民時代的巫術咒語意向性。像《禮記·郊特牲》中的那首《蠟辭》，就是一首最典型的巫術咒語詩歌，而它所涉及的主要內容，就是「土」、「水」、「昆蟲」、「草木」這些基於大地母神而衍生出來的最基本的擁有靈魂之物：

　　　　土反其宅，

水歸其壑，

昆蟲勿作，

草木歸其澤。

《詩經》中很多詩歌文本具有巫術咒語功能，這已經是被許多學者們關注過的事情，這裡就不加以贅述了〔註19〕。問題是，這種巫術咒語功能何以可能，何以擁有一定的交感效應？

一般認為，泛靈論只是從人的角度來看物所形成的投射，實際上並非如此。所謂的「靈」，是被命名賦值了的夾在能指和所指中間的對於未知功能要素的一種意向性，是對未知的超自然力量的一種隱喻式表達。作為無機物的磁力就曾被古希臘的智者們稱為「靈」，亞里士多德的靈魂階梯論則將植物身上所具有的生長能力和動物身上所具有的感知能力，以及人身上所呈現出來的理性能力都看作是「靈」，美國學者約翰・塞爾將生命的欲望力說成是四種基本自然力之外的第五種力——「靈力」，萊布尼茲的「單子」中也蘊含著「靈」，很多原始文化中認為：禮物中含有一種叫做「馬納」的靈力……所有這些，都是人類對於某種未知的超自然力量的隱喻式表達，也就是說，被表達的那個對象是客觀實在的，而非主觀投射。

我們主要從交感巫術的致動和致幻功能來闡釋這個問題。致動是在交感狀態下對於他者的驅動效應，致幻是在交感狀態下對於自身的通靈能力的激活和喚醒。

巫術行為是以物靈崇拜觀念為前提的，物靈崇拜的初始原型，就是大地母神，就是人類和其他生命形態對於地球母親的體悟。這種體悟，本質上就是一種集體無意識原型效應。其實這並不是單純的信仰，而是基於實在性的一種依賴和默認，從某種意義上講，人類像植物一樣根植於大地，被地球引力牢牢吸附著，大地像子宮一樣含納和孳乳著人類的肉體生命，人類依靠類似於母子之間的營養臍帶——物質實在，維持一種耦合效應，在大地母親的懷抱裏予取予求、縱橫馳騁，並與之融為一體。

女巫，在古今中外的歷史上都被作為一種巫師原型，她們擁有奇特的通靈本領，而她們所通之靈，多半都是物靈，這可以從漢語中的「物——巫——母——毋——無——舞」這些語言符碼的同源關係上看出其意義指向的鄰

〔註19〕參見：葉舒憲，詩經的文化闡釋〔M〕，西安：陝西人民出版社，2005：359～365。

近關係。所有的巫術行爲都與音樂韻律節奏以及舞蹈存在著必然聯繫，即便是今天的薩滿教巫術也是如此，一般來說，這種行爲的目的都是企圖實現物質性需求的滿足，總是要溝通肉眼凡胎所無法感知到的「虛無」狀態的靈魂存在，這和擁有「無中生有」能力的母親具有類似的功能，「毋」則是來自於巫術行爲中的某種禁忌。

從本質上說，物靈既不是純粹的客體（像古希臘智者們認爲的磁石中的磁力那樣），也不是單純的主觀想像（像王陽明的「我心即宇宙宇宙即我心」）或者漢代王充所謂的「目虛見」，它是主體與客體之間的一種「形態共振」（謝德瑞克語）。當人類眼睛所固有的振動頻率（9.8 赫茲左右）和來自外界環境中的頻率相同的次聲波形成共振的時候，人就能見到「鬼」，這個「鬼」就像我們看到一根筷子插入水中變成彎曲狀態的情況是一樣的——呈現在我們視覺中的現象不但不是假象，反而恰恰是光在水和空氣這兩種介質中傳播的速度不同這個本質屬性所決定了的眞相。在這裡，眼睛並沒有「虛見」，而是「實見」，忠實地反應了客觀世界的本質規律。

物實維極的「靈」就是物靈，是呈現爲欲望主體與實在客體之間的「形態共振」。正是這種形態共振，導致了欲望主體與實在客體之間的召集與驅離的致動效應。但致動效應並非「靈」所固有，從物實維極的在境意向性的角度來看，是特別明顯的：存在著兩個生命形態的個體，二者是食物和天敵的關係，比如羚羊和獅子，作爲食物的一方擁有召集的誘惑力驅使天敵一方接近，作爲天敵的一方擁有驅逐的恐嚇力驅使食物一方遠離。

從原型意向性上看，就呈現爲蘊含在名稱之下的「形態共振」效應。蘊含在名稱之下的形態共振，來自於命名所帶來的一種「銘刻」效應：從物實維極來說，命名，彷彿是給具體事物鑴刻上印痕一樣，成爲該物的一個有機構成部分。這種銘刻效應被謝德瑞克稱爲「銘印」（imprint）。他引用法國學者何內·裴侯所做的一個實驗來說明「心理致動術」和「銘印」之間的關係：

> 裴侯讓剛孵化的小雞與機器人接觸，於是它們便將機器人當作母親，並對它產生銘印，跟著機器人到處走。接著，裴侯將小雞放在籠子裏，不讓它們跟著機器人移動。小雞在籠子裏可以看到機器人，卻不能到它身邊。結果它們竟然能夠讓機器人移動到它們身邊！它們期盼接近機器人的意念竟然能夠影響亂數產生器，讓機器人留在籠子附近。沒有對機器人產生銘印的小雞，就不能對機器人的行

動產生作用。〔註20〕

這種來自於小雞的「銘印」效應和人類的「命名」行爲固然不是一回事,但它們之間存在著可以類推的邏輯:小雞會把被孵化出殼後第一眼所看到的移動物體當作自己的母親,從而形成「銘印」,也就是把它所看到的移動物體銘刻在頭腦裏形成某種針對於該物體的意志力,這種意志力將母親的意向性傾注在該物體上,形成某種召喚意識,從而對該移動物體擁有致動效應;而人類的「命名」行爲,也會對首次看到的事物進行標記或認證,這同樣也會在人的頭腦中形成關於該物的召喚意識。當欲望主體的召喚意識和被銘印了的客體對象之間形成「形態共振」的時候,致動效應就形成了,比如呼喚某人的名字,聽到呼喚的人就會應答並作出相應的行爲,這就是人與人之間的致動效應。現在我們把這種致動效應轉移到人與某物之間,當我們呼喚某個寵物的時候,它會應答並作出相應的行爲,這種致動效應也不難理解,因爲寵物聽懂了我們的話。接下來我們用同樣的方法來呼喚:土反其宅,水歸其壑,昆蟲毋作,草木歸其澤。這種呼喚,就是古代的巫術咒語,建立在古人相信萬物有靈的泛靈論基礎之上,今天的人們多半把這種巫術行爲看作是迷信活動,那是因爲不明白其中的運作機理。

這樣,致動效應的原理就可以很好地解釋交感巫術所產生的效驗了。

漢語的「靈」字,即便是望文生義地理解,也很容易看出古代巫術行爲和人工降雨之間的關係。那些伴隨著音樂舞蹈節奏的咒語歌聲和樂器音響,與所祈求的欲望對象之間一旦形成「形態共振」,人工降雨的效果就會呈現出來。這一點甚至可以用單純的物理意義上的震動來解釋,比如早晨樹木上凝結的露珠,是可以用搖晃樹幹的辦法使其下落的。

而對於人類語言來說,還有一個問題是不可忽視的,那就是摹聲擬態以及「聲感語」(即指發音時由唇所形成之不同聲響以象徵事物之形態)等命名方式,這些命名無形中對應了事物的某種固有的振動頻率也是可能的。

因此,如果從「形態共振」的角度出發來闡釋巫術咒語的致動效應,其意義就不只是破除迷信(傳統上的所謂「破除迷信」往往是抹除問題而不是解決問題,漢代人就是這麼做的,用一個「目虛見」將「鬼」這個現象整個地給否定掉了),而是發現一個嶄新的世界。

〔註20〕 〔英〕魯珀特·謝德瑞克,狗狗知道你要回家〔M〕,蔡承志譯,汕頭:汕頭大學出版社,2003:326。

那麼，在詩歌文本中，巫術咒語功能是如何實現的呢？這就要首先從「致幻」效應說起，它既是古代巫師們實現致動效應的一種策略，也是將人類導入通靈感應狀態的一種生理機制。

所有的「草木鳥獸」之名，一旦呈現在古代的詩歌文本中，埋藏在其深層的（像地層深處的礦產資源那樣）物靈交感效應就會被有效激活，在巫師身上就呈現為通靈的巫術致幻效應。對於人類來說，物性的致幻功能和飲食一樣，都是從物實維極上體驗到的耦合效應。一些植物和酒的致幻功能，在很早就被人們發現並利用著：

> 在祭祀儀式上使用致幻藥物是一種跨文化現象……在非洲……致幻性蘑菇……在阿爾泰山脈……大麻……古希臘……酒……《神農本草經》載：雲實……多食令人狂走。久服輕身通神明……麻蕡……多食令人見鬼狂走……莨菪子……見鬼，多食令人狂走……雞頭……久服，輕身不饑，耐老，神仙。〔註21〕

古代的巫師充分利用物品的致幻功能來實現「通靈」目的，實際上就是巫師所掌握的一種經驗科學。關於植物對於人類的致幻效應是如何形成的問題，已經被當代的神經生理學進行了合理的闡釋：

> 在植物中最名副其實的致幻藥物是曼陀羅花，人吃了它會立即昏迷……那麼，這些致幻植物為什麼能使人產生幻覺呢？原來，在人的大腦和神經組織中，有一些特殊的化學物質——中樞神經媒介物質，主要有乙醯膽鹼、去甲腎上腺素、5-羥色胺、多巴胺及前列腺素等等。這些中樞神經媒介物質像信使一樣，擔負著調節神經系統的機能活動和協調精神功能的重要使命。而多數致幻植物中，含有不同類型的生物鹼，這些生物鹼是致幻的元兇，它們的化學成分和5-羥色胺等的分子結構極其相似，在人的大腦中可以假亂真，參與和影響神經傳遞的代謝活動，擾亂腦的正常功能，導致神經神經分裂症的出現，使人產生種種離奇古怪的感覺。〔註22〕

一般認為，這些能夠致幻的植物，需要接觸或口服才能達到療效，但實際上，當一個人因為體驗過或者作為氏族內部的間接知識經驗被傳授而形成某種信任和依賴的話，巫術效應就會產生的。這一點，和巴浦洛夫所做的關

〔註21〕郭淑雲，致幻藥物與薩滿通神體驗〔J〕，西域研究，2006（3）：71～77。

〔註22〕包剛，植物與巫術〔J〕，大自然探索，2000（4），10～11。

於狗在約定的鈴聲刺激下所形成的條件反射道理是一樣的。而對於人類來說，巫術咒語歌被吟唱的時候，就會產生相應的條件反射性刺激，刺激的結果會自然導致大腦激活分泌指令，從而導致和實際上接觸或服用某植物後分泌生物鹼相一致的生理效應，因而形成致幻，這其實也就是信念的力量所導致的，和安慰劑效應原理應該是相同的，也就是人類可以通過大腦中樞系統釋放出來的信念意識來控制身體內部的生理機能。

詩歌文本的物實碼位正是充分利用激活人類自主神經系統諸如腎上腺素之類的功能要素，來實現巫術交感功能的，包括催眠術、安慰劑、祝由術、氣功等等，當生命個體充分調動自己的意念力量來達到左右身體的生理機能的目的被實現時，也就是致動和致幻等效應呈現的時候。

總體上來說，所有的《詩經》文本都具有致幻的功能，任何詩歌文本用於儀式上的吟詠頌唱的時候，都會對參與其中的個體形成潛意識的心理暗示。《頌》是專門用於祭祀場合的，《雅》是專門用於交際場合的，《風》則多半是用於房中的，因此，都擁有儀式性的致幻功能。其實，即便是純粹的用於男女對唱的民間歌謠，也都是利用這種致幻效應來達到彼此之間的情感溝通或心心相印。因此，即便是《風》詩，非常明顯地帶有巫術咒語傾向的文本也隨處可見：《關雎》、《桃夭》、《芣苢》、《螽斯》、《騶虞》、《碩鼠》等等，絕大多樹詩篇是蘊含著物實維極的這種原型耦合效應在其中的。

除了擁有表達巫術咒語的功能之外，物實碼位的原型激活，還可以啟用「靈」來支撐禮物的功能效應。物實碼位的原型激活，就是一種物性中被賦予了約定性的文化象徵內涵，從而形成擁有「馬納」（就是靈魂）的禮物。禮物的意義是不同於自然物性的，它本身就攜帶著非常具體的象徵意味，以此為基礎而衍生出來的能指化效應直指文本的終極意向。關於禮物的意義，法國學者莫里斯・古德利爾在他的著作《禮物之謎》一書中分別引述莫斯和列維・斯特勞斯對於禮物之謎的解答，前者認為是「瑪拉」（即mana，通常翻譯為「馬納」），後者認為是「游移的能指」。他引用列維・斯特勞斯的話說：

> 在從動物生活上升過程中的某個時刻——不管是哪個時刻和
> 什麼樣的情況，語言出現了，而且是突如其來的出現。事物賦名不
> 可能是逐漸的。在一種轉化的覺醒中——這種轉化不是社會科學的
> 研究對象，而是生物學和心理學研究的對象，在一個階段發生了提

升，由原來的沒有任何事物具有意義，發展到每件事物都有了意
義……換言之，在這一刻，整個宇宙突然變得有意味了，但並不是
對存在有了更好的知曉——即使語言的出現的確加快了知識發展的
節奏。……似乎是人類突然獲得了一片巨大的領地及它的詳細平面
圖，還有這片領地與平面圖之間交互關係的概念；又經過了無計其
數的學習，讓這片領地的各個不同方面在平面圖上得到了各自的象
徵。……如同語言一樣，社會也是一種自治的現實，象徵比起它們
所象徵的東西來更爲眞實，能指先於而且決定了所指之物。〔註23〕

　　其實，質而言之，禮物的本質就是符號。但符號並非是人類所特有的，
列維・斯特勞斯分明也受到了邏各斯中心主義傳統的干擾，極力遷就符號的
「邏各斯」屬性，而將動物排除在符號使用者之外。動物界也存在著奉獻禮
物的行爲，比如公雞在發現食物的時候對於母雞的呼喚，母雞發現食物的時
候對雞雛的呼喚，就是一種明顯能指化的示好行爲和母性行爲，其中的符號
學意義是顯而易見的。結合東西方智慧精華的耦合圖式符號學，將邏各斯中
心主義和象喻中心主義整合在一起，就形成了一個完整的生命存在維度的進
化階梯。正是在這個意義上，我們說，禮物是符號的最好客體化標本，它所
要實現的是欲望主體之間的致動效應，其中蘊含著的「馬納」就是原動力。

　　關於禮物的詩歌文本《國風・召南・野有死麕》的內容如下：

　　　　野有死麕，白茅包之。有女懷春，吉士誘之。

　　　　林有樸樕，野有死鹿。白茅純束，有女如玉。

　　　　舒而脱脱兮！無感我帨兮！無使尨也吠！

　　這裡面我們著重來分析一下「死鹿」（或死麕）、「白茅」這兩個符
號所呈現出來的禮物屬性。

　　麕，同「麇」，是一種比鹿小的動物，俗名「獐子」，我們把它與「鹿」
合併在一起，就是因爲它們都是獵物的具體呈現方式，區別到底是哪個物種
並不重要，或者說和詩歌文本所要表達和傳遞的信息之間並沒有太大的關
係。也就是說，我們把「死鹿」或者「死麕」都替換爲「獵物」就可以了。
獵物有多重用途，可以自己吃，也可以送人，送人的就成爲廣義上的「禮物」，
可以是送給友人或者情人的，可以是被用來納稅的（給統治者的禮物），也可

〔註23〕〔法〕莫里斯・古德利爾，禮物之謎〔M〕，王毅譯，上海：上海人民出版社，
　　　　2007：18～19。

是用來祭祀的（給神靈的禮物）。《豳風・七月》文本中就有對如何處置獵物的直接表述：「言私其豵，獻豜于公。」這裡列舉了兩個用途，一個是自己和家人享用那些六個月以下的野豬或者小野獸，另一個就是把那些三歲以上的野豬或者大的野獸送給王公貴族們享用。

　　用於自己及其家人享用的獵物，就呈現其作為符號的物實碼位的在境適合意向性，這種意向性和欲望主體的肉體食欲息息相關，是生命本能賦值的結果。這種享用，目的在于果腹，也就是「民以食為天」的「天」，是天然本能的需求，其客體對象在於獵物提供的肉食。因此，從某種意義上說，也可以理解為這就是獵物提供給獵人自己食欲的「禮物」，這便是「圖騰餐」和「獵頭祭」的巫術效應，其原理就在於交感。

　　禮物的功用是求得一種致動效應，將獵物獻給自己，目的是為了求得來自於獵物的力量（為了果腹就是在境適合，為了通靈就是原型交感），將獵物獻給他人，就是為了獲取對方的歡心。

　　作為禮物送人的時候，需要用「白茅包之」。那麼，這個「白茅」就充當了獵物的「表象」，從而將原來的「獵物」兌換成純粹的「禮物」，是用於送人的。精美的包裝，即便在當下世界中也是禮品的必備裝束，構成禮物的重要組成部分。這種表象，構成符號的象表碼位，形成「表達」、「表白」、「示好」、「示敬」等符號功能。中國有一個「買櫝還珠」的寓言故事，說的是將精美的盒子買回來而將裏面的寶珠還回去，這是從實用主義的角度來嘲諷那些不務實的人。但對於禮物來說，精美的盒子是必要的，因為其主要功能是「表達」和「表白」等符號學意義上的，而「白茅」在古代，就是那精美的盒子以及捆綁盒子的綢帶和故意打上的蝴蝶結。

　　白茅，甚至不只是作為禮品的包裝，還可以在祭祀的時候用來「縮酒」，以象徵被神靈飲用，這就是「徵信」碼位。而詩歌文本中的「白茅純束」，彷彿潔白的緞帶，象徵了少女的純潔如玉，彷彿當下贈送情人的玫瑰，代表著火熱的情感同時也象徵著女子的美貌。

第三章　象立意生：《詩經》文本的象表碼位

　　符號的象表碼位來自於欲望主體對於象表維極的意向性指涉。象表維極是欲望主體面對客體的表感性賦值，這種賦值來自於客體世界與生命之表感器官之功能閾限的耦合性——表合。構成視聽兩個表感器官之功能閾限的要素來自於客體世界的相應波動，因此，象表維極包括人類的表感器官及其相對應的波動性客體要素，呈現為人類自身的表感功能閾限以及構成環境的各種電磁波、聲波、宇宙背景輻射等要素之間的形態共振，提供生命感知世界的直接通道：對於人類來說，一般認為可見光的波長範圍在 380——780 納米之間，而可聽聲波的頻率在 20——20000 赫茲之間。生命在感知閾限內的通道裏，享受著與環境交流和溝通的過程。然而在這個意義上的象表維極，還只是冰冷的現象而已。

　　東方文化傳統中的象，是在此基礎上而形成的「意象」，這一點我們從《易・繫辭上》的表述可以看出來：「天垂象，見吉凶，聖人象之；河出圖，洛出書，聖人則之。」〔註 1〕聖人們本來是在「天垂象」的基礎上來「象之」的，所謂「象之」也就是模仿的意思，實際上就是「立象盡意」中的「立象」。關於這一點，《易・繫辭上》有言曰：

　　　　「聖人有以見天下之賾，而擬諸其形容，象其物宜，是故謂之
　　　　象……子曰：『書不盡言，言不盡意。』然則聖人之意，其不可見乎？
　　　　子曰：『聖人立象以盡意。』」〔註 2〕

─────────────────

〔註 1〕　〔清〕阮元校刻，十三經注疏〔M〕，北京：中華書局，1980：82。
〔註 2〕　〔清〕阮元校刻，十三經注疏〔M〕，北京：中華書局，1980：79～82。

這段話，幾乎成了軸心時代以來的中華文化之思維定勢的最好闡釋，是象喻中心主義思維模式的典型寫照。這種文化的邏輯預設是：言語是說不盡意思的，因此，只能依靠立象的方式才可以勉強盡意。這和古希臘以來的西方傳統的「邏各斯中心主義」所主張的──說出的就是真理，正好相反，形成耦合圖式認知維度的兩個極端。

那麼，既然「立象」的目的是用來「盡意」的，這個象就不可能是普通的客觀現象了。它是人為設立的象，是傾注了主體意向性的象，因此，它實際上就是位於主客體之間的那個感性之耦，呈現在語言符號之中也就是「名象耦」，是詩歌文本的「象表碼位」。

象表碼位在詩歌文本中被三個時空相態耦所激活，就形成了三種不同的「盡意」機制，也就是我們所謂的「賦值意向性」：場耦的表象，表達為（EXC）│……；境耦的喻象，表達為（EXC）∫……；模耦的興象，表達為（EXC）⊙……。

此外，象表碼位的原型耦為象靈，也就是圖騰意象。圖騰意象有的時候借助於興象呈現，就形成了圖騰興象，但不一定所有的圖騰意象都借助於興象呈現，也不一定所有的興象都是圖騰意象。因此，不能將圖騰意象與興象混同起來。象靈激活表達為（EXC）∮……。

第一節　場耦激活：感性場耦──表象

象表維極是凸顯事物的顏色、形狀、性質、樣態、聲音等耦合要素的（被主客體耦合賦值的位於感官閾限之內的存在要素），因此，象表碼位主要是針對這些要素進行指稱的。象表碼位的在場激活表達為：（EXC）│……，先定位象表維極的賦值機制，然後激活能指和所指的理據性關係：表象表達。表象表達就是充分利用上述那些天然的關於事物的顏色、形狀、性質、樣態、聲音等要素來進行欲望傾注的表達。

所謂的「表象」，也就是在場感性之象，也就是呈現為感官閾限之內的所有耦合效應被激活之後，又傾注了欲望主體的表達意向性，形成《詩經》文本中的那些場景類的描寫，或者也可以說，是場景描寫類的「賦」。最為典型的就是《小雅·采薇》中的那句「昔我往矣，楊柳依依。今我來思，雨雪霏霏。」彷彿是用白描的手法在寫景，但一切景語皆是情語，全都傾注了主體

的欲望。

但如果是簡單地重複傳統上「賦、比、興」手法的介紹就沒有任何意義了，即便是重新闡釋也無非老調重彈。

耦合圖式理論下的象表碼位在場激活，是針對所有「名象耦」而言的。公孫龍所謂的「命形、命色」，我們都一律歸納爲「命象」。實際上在先秦時代的語境中，「象」和「形」還是有區別的，即所謂「在天成象，在地成形。」〔註3〕這個「形」多少有點「實」的味道，它是意指實體的框架。也正是基於這個原因，公孫龍才將「命形」和「命色」區別開來說。而我們把「形」、「色」、「象」都歸納在一起的理由是：它們都是來自於在場感性的某種性狀。

那麼，何爲在場感性呢？

柏拉圖曾經用「洞穴隱喻」來說明感官給人帶來的遮蔽效應，並藉此來彰顯他的「永恆理念」的正確性。但實際的情況是，有些感覺現象並沒有欺騙感官，並不是假象，而是眞相。比如我們日常所見到的彩虹、海市蜃樓等，都沒有欺騙我們的感官，都是某種眞相。一根筷子插到水裏，看上去變成彎曲的了，這同樣也是眞相。這些現象都是基於同樣的一個道理，那就是光線在空氣中和在水中的傳播速度是不同的，由此就會形成折射、衍射和散射現象，我們的眼睛非常精準地把握了這些物理細節，才呈現出上述的感覺現象。這恰恰是感官在其耦合閾限之內的澄明與洞察，而不是相反的遮蔽。從澄明的意義上說，它位於我們的對立面，而不是在背景中，因此說是在場的。

傳統上所謂的感覺「虛假」，只不過是與「物實維極」意向性不同所形成的「不實」而已。所謂「眼見爲實」的「實」，如果指稱的是物實維極的「實」就有問題了，但如果指稱的是象表維極的「眞相」的話，就是可以的。眞實情況是：它是呈現爲與「永恆理念」相對立的另一個維極的意向性，它雖然可以瞬間千變萬化，但這並不影響其在場性的澄明。胡塞爾的現象學還原主張〔註4〕，就是基於此提出來的。我們本著維度還原的原則，稱之爲與「在場理性」相對立的「在場感性」，它是完全有資格與柏拉圖的「永恆理念」分庭抗禮的，也是那些執持「存在就是被感知」的學者們所依據的重要邏輯預設。

在場感性的表象世界，正是基於這種感性的眞相來訴說著眞實的情感。

〔註3〕〔清〕阮元校刻，十三經注疏〔M〕，北京：中華書局，1980：79～82。
〔註4〕參見：〔德〕埃德蒙德・胡塞爾，邏輯研究〔M〕，倪梁康譯，上海：上海譯文出版社，2006：152～189。

它超越傳統上對於「賦」的表現手法的冰冷界定，發生在文本中任何一個可以激活在場感性的事物性狀，及其在感官的耦合閾限之內所形成的美感體驗，甚至包括那些雙聲疊韻的模擬以及純粹的音樂節奏等等。

表象表達在《詩經》文本中使用起來非常靈活，很難用傳統的修辭手法進行簡單歸類，只能用場耦激活的機制來闡釋。象表碼位的在場激活耦合效應鏈為：欲望主體──名象耦──表象表達──表感直覺。伴隨著場景展現和音樂節奏，詩歌鑒賞者在不知不覺中就開始了審美體驗。也正是在這個意義上，柏拉圖把詩歌看做是音樂這個大類中的一個小類。

如果把節奏也看做音樂性的，而把所有的名物出現的場合全部看做是場景性的，那麼，《詩經》文本中沒有一首不是使用了這種表象表達的手法的，甚至包括那六首有目無辭的笙詩。

關於《詩經》文本中的重言詞使用情況，很多學者進行過專門的統計。馬真《先秦複音詞初探》一文統計為 346 個，向熹的專著《詩經語言研究》統計為 359 個，程湘清的《漢語史專書複音詞研究》則認為一共出現了 689 次，共計 360 個不同的字形，程俊英的《詩經譯注》則統計為 357 個。〔註 5〕這些呈現在《詩經》文本中的重言詞，傳統上一般都是隨文釋義的，如果脫離了語境，意思就很難捉摸了。實際上，對於真正的藝術鑒賞活動來說，對於這類詞的隨文釋義是沒有必要的，因為解碼機制在於象表碼位的場耦激活。

葉舒憲先生《詩經的文化闡釋》一書中，系統地介紹了摹聲、重言、雙聲疊韻、嬰兒語等語言現象在漢語詩歌功能與中國詩發生學方面的作用，並詳細論證了其咒語效應。他引用朱廣祁先生的話說：「重言在《詩經》中的作用，一是摹聲，一是擬寫事物的態貌。摹聲也是為了擬寫態貌，所以重言的絕大部分可以歸入形容詞。」〔註 6〕

形容詞的本質是名詞象表碼位的激活標記。因此，一般來說，重言詞本身並不具有太多的意義，只是仿傚大自然的聲音和樣態而已，具體仿傚的事物之表象被在場激活，才是最為重要的。形容詞本身也有重疊使用的情況，一般有 AA、ABB、AABB 三種形式，在這種重疊過程中，所起到的就是場耦的作用。

〔註 5〕張俊賓，《詩經》重言知多少〔J〕，現代語文（語言研究版），2011（05）：49～50。

〔註 6〕葉舒憲，詩經的文化闡釋〔M〕，西安：陝西人民出版社，2005：364。

重疊所產生的節律震動，導致了欲望主體的在場直覺狀態的形成，喚醒曾經的生活體驗。從本質上說，《詩經》文本中的雙聲疊韻、韻腳、名詞並置、重章疊句等現象，也都是場耦激活的作用，朱光潛先生《詩論》中就說：「其實韻腳也還是一種疊韻，雙聲在古英文詩裏也當作韻用過。雙聲、疊韻、押韻和調平仄，同是選配『調質』的技巧。」〔註7〕

我們隨機選取一篇《桃夭》為例，來簡要分析之。

《桃夭》篇的內容如下：

> 桃之夭夭，灼灼其華。之子于歸，宜其室家。
> 桃之夭夭，有蕡其實。之子于歸，宜其家室。
> 桃之夭夭，其葉蓁蓁。之子于歸，宜其家人。

從這首詩歌中，我們尋找到的象表碼位的場耦有：

第一，三個雙聲疊韻詞：夭夭，灼灼，蓁蓁。

雙聲疊韻形容詞，不管是摹聲還是擬態，都能激活欲望主體身臨其境的在場感，這三個疊音詞都是擬態的，它將每一個欲望個體的直覺體驗召喚出來，形成一種關於桃樹整體、桃樹花朵、桃樹葉片的全景觀照，其中蘊含著旺盛的生機與活力和欲望主體的視覺體驗耦合在一起，形成一種無可名狀的情感共鳴效應。

第二，節奏韻律：典型的四言詩，節拍是二二式的；韻律是每句一韻，分別在魚部、脂部、眞部。

呈現於詩歌文本中的節拍，也被稱為「頓」或者「音步」，屬於音樂的基本構成要素，其本質就是節律，與自然節律和生命節律相同構，因此會形成純粹的音樂性的節律共振體驗。押韻則是所有的詩歌文本的共同屬性，在前後一致的聲音協調中，產生某種天然的「眞理」感，很多諺語的說服力都來自於這種韻律的和諧。甚至有的時候可以形成單純的「韻興」，就像拍手歌那樣的數數方式來提供韻腳。

第三，能夠引起個人直覺體驗的名物表象：桃，華（花），實，葉，室，家，之子。

所有的擁有實物指稱的名詞，都擁有表象，也就是公孫龍所謂的「命形」和「命色」。這些表象即便是不借助詩歌文本中的韻律節奏以及相關的摹聲擬態的激活機制，也都會在具體的語境中被激活。只不過詩歌文本的特殊語境，

〔註7〕朱光潛，詩論〔M〕，北京：北京出版社，2005：209。

將這些表象轉變爲特殊的意象,並首先傾注了作者的主觀欲望。讀者在詩歌中遭遇到這些事物表象的時候,會根據自己日常生活中所積澱和建構起來的耦合圖式,激活響應的情境,從而形成藝術審美效應。

疊音並置仿傚的是自然的節律:日出日落,雲聚雲散,季節更替等等。摹聲擬態詞語仿傚的是某一類事物相關的聲音和樣態的特有節律。詞綴法仿傚的是情緒情感節律:所有的謳歌詠歎,都是拉長了音調,放緩了節奏。啼哭、哀嚎、唱和、詠歎等等,都是疏泄情緒的渠道。《詩經》文本中的「兮」字就是很典型的一個詞綴。

場耦激活的所有要素都可以歸結爲節律。節律本身是事物的波動性導致的,被欲望主體的表感器官所感知,就構成一種耦合效應,也就是閾限內形態共振。用當代比較流行的腦神經生理學來闡釋象表碼位的場耦效應,能夠獲得很多實驗數據上的支持。根據目前學者們關於韻律激活的腦電波 CPS 和 P3 的實驗研究〔註 8〕,我們可以初步做出如下判斷:

CPS 主要是韻律邊界誘發的腦電位效應,P3 主要是信息單元引起的腦電位效應。也就是說,韻律邊界和信息單元所誘發的腦電位效應是不同的,因此,它們的加工機制不同。

基於此,我們做出一個大膽假設,那就是韻律邊界是感性場耦激活的結果導致的腦電位效應,而信息單元則是邏輯語法所形成的理性場耦激活結果導致的腦電位效應。也就是說,在一個具體的能指鏈中,的確存在著感性場耦激活和理性場耦激活這樣的差異。感性場耦激活所誘發的 CPS,是欲望主體發生強烈的預期效果的腦電位標記,這就是韻律文本對欲望主體形成強烈的快感體驗和有利於記憶效應的原因。詩歌文本不但可以依靠韻律實現有效記憶,而且還可以爲審美體驗提供快感激活。如果能夠證明在韻律節奏特別明快的音樂中也會誘發 CPS 的話,那麼,CPS 就可以作爲快感體驗的腦電位標記來使用了。根據最近的認知科學實驗研究結果,我們基本上可以得出如下結論:

傳統上訓詁化、經學化和材料化的解讀方法,直接形成了《詩經》文本信息編碼的異化:一方面,原有配樂演唱的韻律成分的被驅逐,直接導致了

〔註 8〕 〔美〕Michael S,Gazzaniga,Richard B,Ivry,George R,Mangun,認知神經科學——關於心智的生物學〔M〕,周曉林、高定國等譯,北京:中國輕工業出版社,2011:375～382。

感性場耦激活要素的消失，使得右腦激活的審美誘發機制整體喪失；另一方面，被語義訓詁化的結果，形成了左腦單側激活優勢，被經學化和材料化的結果，也使得藝術文本的在境激活要素進一步被忽視，導致那些感性場耦激活要素被虛無化或無視化。

在這種情況下，要想實現聞一多先生提出的還原《詩經》文本到它的時代中去的願望幾乎就是無法做到的了。因為最重要的感性場耦激活要素——音樂韻律，已經被驅逐了。但除掉音樂要素之外，還殘留著與詩歌文本同步的節奏韻律，這就是我們當下所面臨的《詩經》文本所僅存的象表碼位感性場耦激活要素，如果在文本解碼過程中連這一點點可憐的僅存要素都被忽略了，那就連藝術的邊也摸不到了。

第二節　境耦激活：感性境耦——喻象

境耦，是構成欲望主體最為切近的而且隨時背負著的背景環境，它不一定都呈現為感官閾限之中，也經常淹沒在感官閾限之外，更為重要的是，它的存在對於欲望主體來說是不可或缺的，比如空氣、溫度、生物電磁場等等，需要時刻伴隨。

感性境耦，就是象表維極的這種伴隨效應，與感性場耦的區別就在於它的時刻伴隨性，就是互為背景的整體性——那些色彩、形體、性狀、聲音等等，都不再是一個分開著的獨立個體，而是還原為一個耦合體中的多個維度。象表碼位境耦激活的耦合鏈條是：欲望主體——名象耦——仿傚喻合——背景體驗。

傳統修辭學中所謂的比喻（包括明喻、暗喻、借喻等），都是從語言的能指標記的意義上來闡釋的，比如在現代漢語中被總結歸納出的標記原則：明喻的標記是「像」，暗喻的標記為「是」，借喻隱藏本體直接用喻體來指代——沒有標記。但符號學意義上的信息功能和賦值機制，並沒有涉及到。這也就意味著兩種可能，一種是：在具體的語境之中，表面上被看做是比喻的句子，很可能不是比喻，而是比照，或者誇張，或者諷喻，或者象徵等等，那這樣一來，傳統上所有的這些表達手法上的劃界將統統無效，或者沒有意義；另一種是，表面上根本就不是比喻的句子，在具體的語境中反而是典型的比喻。下面我們主要列舉《詩經》文本中的兩處，來說明這個問題。

首先是《衛風‧碩人》中的那個典型的比喻。詩篇全文如下：

> 碩人其頎，衣錦褧衣。
>
> 齊侯之子，衛侯之妻。
>
> 東宮之妹，邢侯之姨，譚公維私。
>
> 手如柔荑，膚如凝脂，領如蝤蠐，齒如瓠犀，螓首蛾眉。
>
> 巧笑倩兮，美目盼兮。
>
> 碩人敖敖，說于農郊。
>
> 四牡有驕，朱幩鑣鑣，翟茀以朝。
>
> 大夫夙退，無使君勞。
>
> 河水洋洋，北流活活。
>
> 施罛濊濊，鱣鮪發發。
>
> 葭菼揭揭，庶姜孽孽，庶士有朅。

其中典型的比喻句爲：手如柔荑，膚如凝脂，領如蝤蠐，齒如瓠犀，螓首蛾眉。「如」相當於現代漢語中典型明喻標記的那個「像」，最後一句則可以理解爲「螓首（方頭廣額）一樣的首，蛾眉（觸鬚）一樣的眉。」其中的「一樣」經常出現在「像……一樣」的句式裏，也是明喻的典型標記。那麼好了，按照比喻的思維模式，讓我們來仔細觀賞和玩味一下，這個美女到底長成什麼樣呢？

柔荑是茅草的嫩芽，凝脂是凝固的脂肪，蝤蠐是天牛的幼蟲，瓠犀是瓠瓜內部排列整齊的種子，螓是一種身體綠色方頭廣額的蟬，蛾是一種觸鬚細長如絲的昆蟲。

下面，我們把這六種喻體所指稱的物象圖片搜索出來，以便直觀。

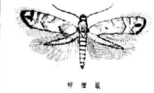

（圖片全部採自網絡）

在詩歌文本中，所有這些物象都是以傳統上所謂「喻體」的形式出現的，但如果把這些物象還原出來，分別去看，那麼，詩中所謂的「碩人」這個美女的「美」到底美在哪裏呢？我們一時無法看出來。

但是，這可是被傳頌了兩千多年的著名詩句呀，幾乎所有的人在吟誦這首詩歌的時候，都能夠體驗著一種極致的美感。因此我們說，詩歌文本不是依靠傳統上所謂的「比喻」之「像」來表達美感的，而是依靠象表碼位的境耦激活，因此只是將某種表達手法確認爲「比喻」的意義是不大的。它需要將所有這些物象中所擁有的部分性狀抽取出來，然後組合到「碩人」的身上，構成一個互爲背景的耦合體，才可以。

其次我們再以《召南・行露》文本爲例，來說明沒有明確比喻標記的情況。詩歌文本的全部內容如下：

> 厭浥行露，豈不夙夜，謂行多露。
>
> 誰謂雀無角？何以穿我屋？
>
> 誰謂女無家？何以速我獄？
>
> 雖速我獄，室家不足！
>
> 誰謂鼠無牙？何以穿我墉？
>
> 誰謂女無家？何以速我訟？
>
> 雖速我訟，亦不女從！

關於「角」和「牙」的問題，傳統上一致存在著爭論，到底「角」是不是指鳥嘴，「牙」是不是可以兼指「齒」，這就是傳統訓詁學所必然遭遇的問題。錢鍾書對於這個問題，就曾經總結並認眞分析過，他說：

> 雀本無角，鼠實有牙，岨峿不安，相耦不倫。於是明清以來，或求之於詁訓，或驗之於禽獸，曲爲之解，以圓其說。……正如《谷風》之「誰謂荼苦？」，《河廣》之「誰謂河廣？」，孟郊《送別崔純亮》之「誰謂天地寬？」。使雀噣本銳，鼠齒誠狀，荼實薺甘，河可葦渡，高天大地眞踡跼偪仄，則問既無謂，答亦多事，充乎其量，只是鬭謠、解惑，無關比興。〔註9〕

那麼，情況眞的如錢先生所說的「無關比興」嗎？或者說，眞的與「誰謂荼苦，其甘如薺」中的問話相一致嗎？

實際上，「角」就是專門指稱「獸角」的，而不能與鳥喙相混同，傳統

〔註9〕錢鍾書，管錐編第一冊〔M〕，北京：中華書局，1979：74。

訓詁學一定要牽強附會爲與「囑」、「咮」等字通假，就是沒有從詩歌文本的編碼機制上來解碼詩歌，而是單獨從一個句子出發片面強調其表面邏輯性。「牙」就是指後當輔車的大牙，「齒」就是指前當口唇的門齒，二者在古代區別明顯，也不能互相替代（二者不分是後來的事情）。因此，在詩歌文本中基本可以明確的是：角的確不是鳥喙，於是說「雀無角」本來沒有什麼問題的，因爲鳥眞的沒有角；牙的確不是齒，而鼠作爲齧齒類動物眞的沒有牙（主要指後當輔車的大牙），這在今天的生物學上已經是常識，因此說「鼠無牙」也是對的。也就是說，「雀無角」和「鼠無牙」已經是人們習以爲常的常識了，而詩人恰恰就要在這個本來是習以爲常的問題上做文章，她偏偏要質問人們的常識，這到底是爲什麼呢？

象表碼位充分調動人類的視聽感官，將人帶入象表維極上來，但是，視覺影像有的時候會騙人的，遮蔽可能就來自於熟視無睹，也可能是習以爲常的偏見，就像「螟蛉之子，蜾蠃負之」那樣，後來從窩裏爬出來一個小生命，就以爲是「螟蛉之子」成了過繼給「蜾蠃」養育的子嗣，實際上那個被「負之」的生命體早已經化成了小蜾蠃的腹內美食了。表象之騙人，實在令人毛骨悚然。而語言中的象表碼位就是用來指稱這些視覺影像的，是否也會騙人呢？「雀無角」和「鼠無牙」是否會是假象呢？所謂「眼見爲實」並不靠譜，眼睛經常是騙人的，因此，即便是眾人熟知、習以爲常的現象，也是需要質疑的。但質疑的目的不是爲了要弄清楚「雀」是否眞的無角，「鼠」是否眞的無牙，而是要揭穿一個至關重要的假象——欺騙了自己感情的那個男人。

詩人有意識地運用了這個「徒有其表」的象表碼位的境耦激活，目的就是想要揭示出給她帶來官司的那個騙人男子其實是有家室的。從表面上看來，鳥作爲飛禽類動物是的確沒有獸類之「角」的，老鼠作爲齧齒類動物是的確沒有犬類之「牙」的，那個男人最初呈現在我面前的時候的確是沒有家室的（他刻意隱瞞了眞相）。但是，那都只是表象而已，實際上，鳥的喙就相當於獸類的「角」的功能，老鼠的「齒」就相當於其他食肉類動物的「牙」的功能，只不過一些表面的假象或者習慣的偏見掩蓋了功能的眞相，遮蔽了人們的視野，從而誤導了人們的判斷，形成「鳥無角」因而很安全（實際上它有穿屋的功能）、「鼠無牙」因而不可怕（實際上它有穿墉的功能），這和那個欺騙詩人男人貌似沒有家室因而很可靠（實際上正是他帶來了獄訟的麻煩）是一樣的道理，這就將騙人男子的眞實面目揭露得淋漓盡致：貌似無

家而速我獄，和雀貌似無角而穿我屋、鼠貌似無牙而穿我墉互爲背景，相互啓發，從而產生境耦激活的效果。

再聯繫前面的三句：「厭浥行露，豈不夙夜，謂行多露。」我們就更加明白了作者的獨具匠心的藝術構思了：詩人分明已經全部弄清楚了欺騙了她感情的那個男人的眞實嘴臉，因此，開篇就直接點明「厭浥行露」，隱喻地告訴讀者她已經對於實際情況瞭如指掌了，即便是天還沒亮，看不清楚實際上是否有露水，但基於自己的判斷，已經非常清楚了，因此，絕不會貿然趕夜路的：豈不夙夜，謂行多露。詩人用夜露沾衣來隱喻遭遇男子的糾纏，更爲主要的是，她通過這個「先言他物」的「興」來表達出自己對於判斷準確性的堅信以及與男騙子勢不兩立、鬥爭到底、絕不屈服的決心和態度。

詩歌語言的本質是隱喻性的，而在象表碼位的在場激活中所呈現出來的編解碼機制，則是故意營造的一種意象，比如下面這段在網絡上流行的筆名爲「秀水」的詩人的詩句：

> 磨了一冬的喙，
>
> 最先啄破時間的殼，
>
> 一點一點吐出來。

詩人想要表達的是：春天來臨時，植物的嫩芽像尖尖的鳥喙啄破蛋殼一樣悄悄地鑽出來，展露在枝頭上。很顯然，那「磨了一冬的喙」，根本就不是鳥嘴，但詩人一定要這麼說，目的就在於建構一個意象，營造一種氛圍，在於使用那個具體可感的鳥嘴的功能意象來表達雖然不是喙但勝似喙的旺盛生命力。這和《行露》文本中的雀雖無獸角但其功能卻勝似獸角的表達方式何其相似乃爾！不得不讓我們由衷感歎，古今詩人眞是心有靈犀呀。模仿《行露》的表達手法就可以把這首詩改寫爲：

> 誰謂芽無喙，
>
> 何以破枝殼？

其實，那春天裏迎風招展的枝頭嫩芽哪裏有什麼「喙」呀，那分明是一種神秘的審美意象，就像賀知章的名句「不知細葉誰裁出，二月春風似剪刀」中的「剪刀」那樣，難道有誰還能懷疑「春風」和「剪刀」是否會是「通假」現象嗎？

日常生活中也有一種比喻的說法，某個人的鞋子穿得很費，就被說成「腳長牙了」，模仿《詩經》的說法就是：「誰說腳無牙，何以穿我鞋？」

象表碼位境耦激活的本質是象喻表達，將傳統的各種比喻包含在內，但在具體的詩歌文本中，從具體表達手法上看，有的時候真的不能簡單地歸到比喻上去，但又確實是象喻表達的手法，這種情況非常多，我們大致歸納如下：

鏡像功能：河水清且漣漪……

映象功能：東門之池……

霧象功能：蒹葭蒼蒼……

假象功能：誰謂雀無角……

喻象功能：手如柔荑……

以上五種「象」功能，只有最後的「喻象」功能是明顯的比喻手法，其他都無法確切歸屬為比喻。這也是造成《詩經》學史上所謂的「兼類」問題的基本原因：依靠標記的形式分類只能浮在語言表面上，而無法深入到文本信息的內部賦值機制上去解碼。

第三節　模耦激活：感性模耦──擬象

感性模耦，也就是命名中的擬象機制，就是能指和所指之間的賦值意向性取自於模擬仿傚關係，也就是傳統所謂的「其名自詨」。漢語中的「貓」、「虎」、「豕」、「布穀」、「雎鳩」等摹聲命名，漢字能指的象形指物和表意法，都存在著擬象命名的賦值機制。

象表碼位模耦激活的耦合鏈條是：欲望主體──名象耦──仿傚鏡合──同構體驗。

這種能指對於所指的仿傚，實際上都已經全部蘊含在象表碼位中，只不過在語言的義位上無法呈現而已。如果把語言的義位比作原子核，那麼，信息碼位就彷彿是其周圍的電子雲團，象表碼位就是其中的一個殼層，而象表碼位的模耦激活則是電子躍遷，形成能量釋放或輻射。「關關」這種聲音作為「雎鳩」這類鳥的表象，被「關關」這個象聲詞所仿傚，但作為一類鳥的表象實際上就依附在「雎鳩」這個詞的義位周圍，「雎鳩」的命名本身也是一種仿傚，現代漢語的舌面音都來自於古代舌根音，因此，「雎鳩」在《詩經》時代的讀法和「關關」非常相似。這就是所謂的「其名自詨」，在《山海經》一書中記載了非常多的實例，朱炳祥先生曾引證如下：

《南山經》：「《南次二經》之首，曰櫃山，……有鳥焉，其狀如鴟而人手，……其名曰鴸，其名自號也。」

「《南次三經》之首，……有鳥焉，其狀如鷓，而白首、三足、人面，其名曰瞿如，其鳴自號也。」

「令丘之山，……有鳥焉，其狀如梟，人面四目而有耳，其名曰顒，其鳴自號也。」

《西山經》：「《西次三經》……，鹿臺之山，……有鳥焉，其狀如雄雞而人面，名曰鳧徯，其鳴自叫也。」

「《西次三經》……章莪之山，……有鳥焉，其狀如鶴，一足，赤文青質而白喙，名曰畢方，其鳴自叫也。」

「《西次四經》……，崦嵫之山，……有鳥焉，其狀如鴞而人面，蜼身犬尾，其名自號也。」

《山北經》：「《山北經》之首，……石者之山，……有獸焉，其狀如豹，而文題白身，名曰孟極，是善伏，其鳴自呼。」

「邊春之善，……有獸焉，其狀如禺而文身，善笑，見人則臥，名曰幽鴳，其鳴自呼。」

「蔓聯之山，……有獸焉，……名曰足訾，其鳴自呼。有鳥焉，……名曰鵁，其鳴自呼。」

「灌題之山，……有鳥焉，其狀如雌雉而人面，見人則躍，名曰竦斯，其鳴自呼也。」……〔註10〕

這種使用「其名自詨」的方式命名的詞匯同時又被象聲詞激活的情況，在《詩經》文本中是普遍存在著的，比如：倉庚喈喈，鳥鳴嚶嚶，雝雝鳴雁，雞鳴膠膠，等等。

其實，同一類事物構成一個相同的語言「義位」，可是使用的擬聲能指並不相同，這恰恰說明了仿傚的個體和民族的差異性，事物相似性的表象呈現出不同的維度，其中的節奏韻律、元音輔音、調值的高低長短等都可能構成審視的焦點。比如仿傚布穀鳥的叫聲來命名，由於關注的焦點不同，就會產生各個民族的差異。

〔註10〕 朱炳祥，中國詩歌發生史〔M〕，武漢：武漢出版社，2000：80～81。

　　象表碼位的模耦激活，實際上是激活了能指與所指的鏡像關係。當這種鏡像關係同構爲主體與客體之間的鏡像關係的時候，一種非常獨特的審美體驗就形成了，彷彿整個世界都是一面巨大的鏡子，其中映現著的就是自我欲望的影像。我們就以《關雎》篇爲例，來闡釋這種鏡像同構效應。

　　按照模耦賦值的能所關係來看，「關關」之聲這個能指形式與「雎鳩」之鳥這個實在內容構成明顯的鏡像對稱效應，聞其鳴而相其貌，觀其形而連其影——在鏡像效應下，一切事物都如影隨形。從那關關鳴叫的雎鳩身上，人類很容易就鏡像出自身的行爲來，那正是鏡像神經元的功能。如果忽視感覺神經元的作用，人類甚至可以直接體驗到鳥世界的情感。面對那樣的一池春水，那樣的柳綠花紅，那樣的鶯歌燕舞，那樣的軟語呢喃，哪個淑女能不懷春，哪個君子能不坐亂？於是就「寤寐求之」，求之不得就「輾轉反側」，就「琴瑟友之」，就「就鐘鼓樂之」。

　　這一切美好體驗，都是鏡像同構的結果，也都是象表碼位模耦激活所形成的信息效應。這也正應了《小雅·伐木》中的那段著名的歌詞：「嚶其鳴矣，求其友聲。相彼鳥矣，猶求友聲。矧伊人矣，不求友生？神之聽之，終和且平。」詩人用了一個「相」字來表達這種鏡像效應，簡直是淋漓盡致。

第四節　原型激活：感性原型——興象

　　象表碼位的原型耦呈現爲興象。興象在《詩經》文本中呈現爲所謂的「先言他物」，按照耦合圖式的賦值意向理論來說，那其實不可能是一個「物」，而是一個徒有其表的「象」：它既不是意向於召喚物的到來，也不是意向於功利或儀式性地使用，而是要引出下文中的「所詠之詞」。這在本質上也就是「立象以盡意」在詩歌文本中的具體應用了：《周易》用「卦象」的方式來「立象」，《詩經》則用「興象」的方式來「立象」。

　　因此也可以說，興象從某種意義上說是東方象喻思維方式下所形成的詩歌的原型。而這個原型的直接來源，就是象表碼位的原型。象表碼位的原型被耦合圖式原型的象表維極所賦值，這就形成了從「物靈」到「象靈」的進化，圖騰意向由此萌生。

　　象表碼位的原型激活表達爲：（EXC）$\oint$……，先定位象表維極的賦值機制，然後激活名中所蘊含著的「象靈」，其功能意向是圖騰崇拜。象表碼位的

在境激活耦合效應鏈爲：欲望主體——名象耦——圖騰意向——象靈體驗。

物實碼位擁有「物靈」這個原型，對應巫術功能。萬物有靈的思想曾經是初始民族的普遍信仰，它肇始於人類對於死者屍體進行處理和埋葬，比如根據考古資料發現：很普遍地使用赤鐵礦粉末灑在屍體上，陪葬各種物品，把屍體做成木乃伊等等。〔註11〕

目前還在世界各地流行的薩滿巫師所通之「靈」也都屬於物靈範疇，比如：狐狸精、兔子精、蛇精等等精靈古怪。究其本質來說，物靈是對存在於物質實體中的未知要素的一種象徵性表達。實在界中的電磁場，被稱爲「幽靈粒子」的中微子，宇宙中的背景輻射，頻率小於 20Hz 的次聲波和大於20000Hz 的超聲波等等，都時刻蕩漾在我們周圍的時空場中。它們給生命帶來的一些干擾和破壞，無法被人理解和知曉，但卻實實在在地存在著，這些被象徵性地闡釋爲「靈」的存在要素，逐漸成爲現當代科學研究的對象之後，就不再是迷信，而是被還原了的客觀實在——物實碼位的在場意向性。當「靈」還處於被認爲是物質實體中蘊含著的未知能量的時候，就形成了「物靈」說，這個「物靈」就成爲了巫術的前提，而「物靈」本身，則成爲物實碼位的維極原型。「象靈」意向性正是在此基礎上誕生的，在現存的原生態民俗中還保留著這些演變的痕跡：

> 阿留申人相信鳥、魚和其他動物，以及太陽、天空及其他無生物都有靈魂和思維。而與這種靈魂交往只有巫師才有可能，他們戴上歌舞跳神時所戴的假面具，扮演成某一種物象的摸樣，便具有了與其靈魂交往的能力。這種面具⋯⋯一般是極爲醜陋的，以這種形象表現某種動物。〔註12〕

象表碼位的原型是「象靈」，其對應的情感投射是圖騰信仰，人們相信祖先的靈魂會聚居於某個動植物體內，但所謂的「動植物體內」也只是一個比喻的說法，實際上是動植物的表象中。比如在某些圖騰儀式中，人們會身披圖騰動物的毛皮而跳舞：

> 韋尼阿米諾夫指出，其他地方的阿留申人有幾個與狩獵有關的節日，節日期間，一些人穿上北歐海豹皮歌舞，扮演始祖的奇異經

〔註11〕傅亞庶，中國上古祭祀文化〔M〕，長春：東北師範大學出版社，1999：11～15。

〔註12〕〔蘇〕Д，E，海通，圖騰崇拜〔M〕，何星亮譯，桂林：廣西師範大學出版社，2004：104。

歷。〔註13〕

或手持圖騰動物的畫像而叫喊：

> 澳大利亞中部的白鸚鵡圖騰繁殖儀式更加簡單。圖騰首領手持
> 白鸚鵡的畫像，整個晚上模仿白鸚鵡的叫聲。當他疲困時，由其子
> 代替。〔註14〕

在日常活動中則將圖騰動物的圖案刻畫在用具或身體上來保祐自己，這
或許也就是紋身習俗的起源：

> 據納爾遜的報導：「烏鴉部落的狩獵民在箭袋上、武器上和
> 用具上都繪有或刻有烏鴉圖像，甚至在面頰上也刺上烏鴉圖像。」
> 〔註15〕

後來的相對文明時期則使用祖先的牌位來替代，神廟裏面的雕像則是這
一習俗的延續。最終到偶像崇拜，也還都是從表象的角度著眼的，比如某些
民族把領袖的頭像懸掛在各種人跡到達的角落裏，印在鈔票上等等。

中國古代的龍、鳳、麒麟等，都是依靠想像雜合起來的圖騰符號，就更
是以「表象」的形式呈現的了，古代感生神話中的感生介質，多數是以「表
象」的形式呈現的，少數是實物。甚至古希臘的諸神也都擁有各自的動物表
象：

> 古希臘諸神均有其表象——宙斯神的表象為鷹，雅典娜是蛇和
> 貓頭鷹，阿耳忒彌斯是扁角鹿，阿芙洛狄忒是鴿子，阿波羅為狼和
> 海豚，波塞冬是馬，等等。所有這些，都屬於圖騰表象。〔註16〕

弗雷澤在《金枝》中介紹了生活在日本北部地區的阿伊努人和熊之間的
故事：

> 他們有個傳說，說一個婦女和熊生了一個兒子：他們有許多人
> 住在山裏，以做熊的後代自豪。……我們這裡想談的是阿伊諾的熊
> 節。冬天將盡的時候捉一頭小熊，帶回村子裏。如果熊特別小，就

〔註13〕 〔蘇〕Д，E，海通，圖騰崇拜〔M〕，何星亮譯，桂林：廣西師範大學出版社，
2004：104。

〔註14〕 〔蘇〕Д，E，海通，圖騰崇拜〔M〕，何星亮譯，桂林：廣西師範大學出版社，
2004：65。

〔註15〕 〔蘇〕Д，E，海通，圖騰崇拜〔M〕，何星亮譯，桂林：廣西師範大學出版社，
2004：105。

〔註16〕 〔蘇〕Д，E，海通，圖騰崇拜〔M〕，何星亮譯，桂林：廣西師範大學出版社，
2004：124。

由一位阿伊諾婦女餵養……一直養到殺了吃掉的時候。……熊身上的一切都得在宴會上吃掉……熊頭剝去皮後，放在屋外神杖旁的一根長杆上，一直放在那裡，到最後變成光光的白骷髏。掛在那裡的這種骷髏不只是節日受到禮拜，它在那裡存在多久，都一直受到禮拜。〔註17〕

我們主要關注的是那顆「到最後變成光光的白骷髏」的熊頭，還一直受到禮拜這個事實。很顯然，阿伊努人們相信，在那個骷髏裏藏著熊的精靈，也是他們祖先的精靈。而骷髏，已經淪爲一具表象而已，和一張畫像或者一個牌位的意義基本相同。

關於圖騰，林惠祥先生總結到：

弗雷澤（J.G.Frazer）說「圖騰（totem）」便是一種類的自然物，野蠻人以爲其物的每一個都與他有密切而特殊的關係，因而加以迷信的崇敬」。賴納茨（Reinach）更具體的說這個名稱便是指一氏族人所奉爲祖先、保護者及團結的標誌的某種動物、植物或無生物。……圖騰不是個體而是指全種類，如以袋鼠爲圖騰，便指全部袋鼠，如以牛爲圖騰，便指牛全部，不是單指某隻袋鼠，或某頭牛。〔註18〕

把一類事物作爲圖騰，「靈魂」的居所一定在於這類事物的表象中，而不是實體中。這是一種非常樸素的辯證邏輯。

弗洛伊德不僅認爲圖騰是類似「象形文字」那樣的象似符號，而且認爲是父性祖先的替代象徵：

圖騰本質上就像一個通俗易懂的象形文字。……圖騰崇拜實在可以說是一種被曲解了的祖先崇拜。……他們（原始民族）形容圖騰是他們的共同祖先和原始的父親……這種將圖騰認爲是父親的替代物，是一個值得令人注意的地方。因爲要是圖騰動物即代表父親，那麼，圖騰崇拜的兩個主要制度，也是由兩個禁忌所構成的——禁止屠殺圖騰和禁止與自己圖騰的婦女發生性關係——正好和伊底帕斯的兩個罪惡有著相似的地方（他殺害了父親而與母親結婚）。〔註19〕

〔註17〕〔英〕詹·喬·弗雷澤，金枝〔M〕，徐育新、王培基等譯，北京：中國民間文藝出版社，1987：727～729。
〔註18〕林惠祥，文化人類學〔M〕，北京：商務印書館，1934：233。
〔註19〕〔奧〕弗洛伊德，圖騰與禁忌〔M〕，文良文化譯，北京：中央編譯出版社，2005：121～142。

　　我們認為，很可能的是，在只知其母不知其父的時代，人們往往要利用相貌上的相似性來確認自己的父親，而圖騰物也都選取與自己相貌相似性高的動植物，但相似性其實沒有一個客觀標準，而是一種心理上的認同，因此，就會產生紋身、化妝、修飾等方法來實現這種相似性的目的，也就是儘量把自己打扮得外觀上更像圖騰物，實際上就是一種順應的思維方式。

　　對於古代某個時期的人類來說，母親是自己所熟知的，但父親則是模糊的，很可能是一個團體成員，它們和自己的關係，與圖騰物和自己的關係比較接近，都是外表相似，但又都與自己分離開來（和母親的連接性相比），存在不確定的因素。

　　最後，圖騰被徹底表象化為一個標誌符號，其所有的信仰和情感，完全被傾注的在那個用以標誌該圖騰物的「象」中，這就是最為徹底的蘊含於象表碼位中的原型：

> 據迪爾克姆的意見，圖騰不僅僅是名稱或稱謂，圖騰是具有象徵意義的標誌：「這些象徵、標誌、符號表明，人們分別屬於一定的氏族。」這種圖騰標誌是神聖的……觸犯圖騰標誌比觸犯圖騰物的觸發更為嚴厲，因為圖騰標誌比現實中的圖騰動物、植物等更為神聖，它可以再生出各種圖騰物。〔註20〕

　　圖騰崇拜與物靈觀念分屬於象表維極和物實維極的原型，在圖騰崇拜時代，疊合了物靈觀念在裏面，因此，在物靈時代就存在著的巫術行為，也普遍地在圖騰信仰中起作用。前蘇聯學者海通先生就認為：

> 圖騰崇拜與巫術和萬物有靈觀念有些不同。如前所述，化身信仰屬於純粹的萬物有靈範疇，而繁殖儀式則屬於巫術範疇。其實，圖騰化身信仰之所以能夠存在，是因為存在靈魂觀念，而借助儀式能夠影響圖騰繁殖的信念之所以存在，則是因為存在相信巫術能夠作用於周圍的自然力和自然現象的信仰。僅從這些來看，便足以說明圖騰崇拜與萬物有靈觀念和巫術緊密地聯結在一起。〔註21〕

　　如果將二者區別開來的話，那麼就是：萬物有靈和巫術觀念是基於物實維極的人類初民時代的靈魂信仰，是從物質實體與人類的鄰近性適合著眼

〔註20〕　〔蘇〕Д，Е，海通，圖騰崇拜〔M〕，何星亮譯，桂林：廣西師範大學出版社，2004：201。

〔註21〕　〔蘇〕Д，Е，海通，圖騰崇拜〔M〕，何星亮譯，桂林：廣西師範大學出版社，2004：75。

的；而圖騰崇拜則是過渡到象表維極上，是從物質表象與人類某個族群擁有外觀的相似性的角度著眼的：

> 作為圖騰的主要是動物。鳥在其中占首要地位，據我們統計，鳥類圖騰占 20%～40%。……占第二位的有：一為魚圖騰，它完全取決於自然條件（在澳大利亞南岸約占 20%）；二為爬行動物圖騰（阿蘭達部落約占 25%，新南威爾士西部占 18%）；三為小動物圖騰（埃爾湖地區約占 16%），在澳大利亞，大動物圖騰所佔比例不大（3%～8%）。天文現象圖騰較少見，人造物圖騰（捕獲潛鴨的飛去來器、尖刃、斧子、打火石、煙斗）也叫少見。最為罕見的是以人本身作為圖騰的（卡里埃拉和瓦拉蒙加部落），以及以神話中的蛇——沃倫古阿（瓦拉蒙加部落）為圖騰。〔註22〕

總而言之，興象是被原型圖式在象表碼位上投射出來的意向性，其核心內容是基於表象的圖騰崇拜。關於圖騰興象的問題，趙沛霖先生已經進行過深入的研究，〔註23〕此不贅述。這裡我們所要強調的是，興象在《詩經》文本中是否牽涉到圖騰問題，主要從兩個方面來看：一個是鑒賞作品的角度，一個是鑒賞作品的深度。從耦合圖式的不同角度進入，到達不同層次的深度，以及維度豐盈的程度等等，都是重要參數。

我們就拿《詩經》文本中普遍存在著的「鳥」這個意象來說吧。

那是一隻怎樣的鳥呀？在它身上疊合了巫術意義上的物靈、圖騰意義上的象靈、神話意義上理靈、宗教意義上的信靈，其實還不只是這些靈，它還是那個物本身，正是在物的意義上，呈現出它與人之間同為大地母親所滋養的萬物的親近關係；它還是一個象本身，它以它的歌聲和樣態，仿傚了它自身，命名了它自身，並從此與人類的命名行為獲取了相似性，它的歌唱和人的歌唱，都帶上了求偶的意味，它呼朋引伴，它嚶鳴求友，它是誰（鳥或者人）？仿傚使得能指和所指互為鏡像，鳥鳴與鳥互為鏡像，鳥鳴與人語互為鏡像，從而獲取了鳥與人的互為鏡像。

〔註20〕〔蘇〕Д，Е，海通，圖騰崇拜〔M〕，何星亮譯，桂林：廣西師範大學出版社，2004：104。

〔註20〕趙沛霖，興的起源——歷史積澱與詩〔M〕，北京：中國社會科學出版社，1987。

第四章　皇家之律：《詩經》文本的徵信碼位

　　康德在《實踐理性批判》中說：「有兩樣東西，我們愈經常持久地加以思索，它們就愈使心靈充滿日新月異、有加無已的景仰和敬畏：在我之上的星空和居我心中的道德法則。」〔註 1〕這裡的「道德法則」，多數學者翻譯為「道德律令」。康德之所以把頭頂上的燦爛星空和心中的道德律令比併起來，就是因為那「景仰和敬畏」來自於人和宇宙相互耦合而成的高高在上的「徵信」維極意向性。

　　徵信維極意向性建構象徵界，與物實維極意向性建構實在界形成明顯的對立格局。象徵界是一個依靠信仰而存在著的世界，它可以是哲學智慧信仰、功利神明信仰、宗法倫理信仰、宗教教義信仰等等，所有這些信仰，就構成了不同時空相態下的「道德律令」——在不同人的心目中，「道德律令」的內容是不同的。這些「道德律令」在不同的時空相態之下指導人們的行為，就成為坎貝爾所謂的「皇家之律」。〔註 2〕它在英雄歷險的過程中，構成第一道門限。

　　高高在上的命運之神，就連奧林匹斯山上的自然諸神也都必須服從，「殺父娶母」這個人類早期的普遍行為，也同樣構成它們的歷史（實際上它們的行為也即是早期人類自身的象徵），因此，命運本身也就是宇宙中的一種神秘

〔註 1〕　〔德〕康德，實踐理性批判〔M〕，韓水法譯，北京：商務印書館，1999：177。
〔註 2〕　〔美〕約瑟夫‧坎貝爾 Joseph Campbell，千面英雄〔M〕，朱侃如譯，北京：金城出版社，2012：53。

的定律，它約束著所有的生命形態，橫亙在英雄歷險的途中——也就是弗洛伊德意義上的那個與母體分離開之後所形成的異於他者的「自我」的成長旅程中，等待被識讀和破解。〔註3〕那是任何一個生命個體的人都必須直面的「俄狄浦斯之謎」，彷彿被雕刻在德爾菲神廟門前石碑上的銘文那樣警示著：人啊，必須認識你自己！

而那神秘的定律就掩藏在或破衣爛衫、或光怪陸離、或明豔亮麗的種種表象變形背後的原型，是之謂：「皇家之律」。

不同的「皇家之律」造就不同的國王：在柏拉圖的「理想國」中，合格的國王必須是哲學智慧的信仰者，也就是哲學之王；而依靠武力征服獲取王位的人們心中信仰的則是成王敗寇的邏輯，成就的是勝者之王；依靠血緣繼承獲取王位的人們心中信仰的則是宗法世襲邏輯，成就的是世襲之王；依靠宗教信仰而獲取教皇之位的人們心中信仰的是宗教教義，成就的是宗教之王。

然而，人生如夢，命運之神永遠都存在於未來的徵兆世界，它就是夢境或者神諭本身，它自己不去實現，而是止步於提供預兆，就像特瑞西阿斯那樣只有預見未來的能力，而沒有阻止厄運到來的辦法。這種預兆的本質就是未來命運的象徵，也被看做是某種不可洩露的天機，因此，不管是夢境還是神諭，都不能說破，點到為止，這實際上就是一個謎語，就是俄狄浦斯王所面對的那個謎底被稱之為「人」而謎面呈現為獅身人面的怪獸。它構成了徵信維極的原型，也即是信靈，是一個超然物外的絕對的命運之神，就是《易經‧繫辭上》所說的「一陰一陽之謂道……陰陽不測之謂神」〔註4〕中的那個「神」，由於其「陰陽不測」的特性，所以只好依靠「信」來維持。這個信靈，也就是被原型圖式投射在徵信維極上的耦合意向性，其表達方式為：(EZC) ∮……，它對應的是宗教之王。

徵信維極正是依據這個信靈原型而被賦值出的一個徵兆世界。徵兆世界中充滿著五花八門的徵兆，或者說，象徵界利用徵信維極的原型意向性將普通的現象耦化為各種各樣的徵兆。天垂星象、風霜雪雨、潮起潮落、雲卷雲舒、鳥飛蟲鳴、虎嘯猿啼……等等，無不是自然界中的普通現象而已，但所有這些現象都不是孤立的，都存在著相互伴隨著的耦合事件，甚至是蝴蝶效應那樣小的要素所引發的大事件。當某種現象的呈現成為另一現象呈現的必

〔註3〕 參見〔奧〕弗洛伊德，精神分析引論新編〔M〕，高覺敷譯，北京：商務印書館，2004：44～62。

〔註4〕 〔清〕阮元校刻，十三經注疏〔M〕，北京：中華書局，1980：78。

然前提被堅信的時候，徵信維極的賦值意向性就形成了，從而形成徵信維極的耦化功能——將現象賦值爲徵兆。

我們在軸心時代的詩歌文本中，經常能發現這種基於詩人某種無意識狀態的徵信耦化效應。它彷彿是作者無意之中安插的一個阿里阿德涅線團，放置在一個熟視無睹的地方——像《竊信案》中的那封藏匿於眼皮底下的信那樣，〔註 5〕等待讀者發現。

然而這條線索，對於那些不具備維度豐盈的耦合圖式的人來說，眞的是熟視無睹的，它彷彿就是一個簡單的被召集到場的鳥、獸、草、木、蟲、魚，或者是愉悅感官的物象而已，其實——用赫拉克利特的話說——這裡諸神也在場。正是由於普通民眾的熟視無睹，所以破解起來就更加困難。所有的徵兆都是被徵信維極的原型耦所賦值的，那個原型耦就是呈現爲「皇家之律」的命運之神，它把種種現象設置爲線索的變形——彷彿阿里阿德涅的線團那樣，構成通往藝術迷宮的解碼之耦。

徵信碼位的能所關係是「名信耦」，體現在文本中，能指是某種現象構成的徵兆，所指是欲望主體用信仰來維持的賦值內容，那其實是不同時空相態下的夢。彷彿美國作家愛倫·坡的小說《竊信案》中的那封「被竊的信」——關於其中的信息內容，作者隻字未提，只是依靠完全相同的結構性重複，不斷被相應的欲望主體所置換著。雖然被置換的內容不同，但形式上是完全相似的，那就是「竊取」：對於王後來說，可能是在偷情；對於大臣來說，可能是在竊取宮中政治鬥爭的權柄；而對於警察總長來說，他們覬覦著的是來自王后的物質獎賞；對於偵探杜賓來說，則是竊取了王后、大臣以及警察總長們的思維模式，並用「以子之矛攻子之盾」的手法「請君入甕」了。

〔註 5〕拉康曾經對愛倫·頗的小說《竊信案》進行過深入分析，並專門開過研討班，小說的主要故事情節是圍繞一封信展開的：王后收到一封密信，國王突然回來，王后匆忙之間只好把信堂而皇之地放在桌子上，希望這樣反而不致引起疑心，恰好這時大臣到來，他巧妙地在王后眼皮下偷走了這封信，在原處放了另一封信。由於國王在場，王后無計可施，後來只好找警察總長去找回這封信，警察總長仔細搜查了大臣的住宅，但未能找到那封信，只好去請教業餘偵探杜品。杜品隻身造訪大臣的住宅並輕而易舉地拿到信。杜品是分析能力超強的人，推論大臣也會像王后一樣，不會將信藏匿起來而只會放在明處，因爲放在明處恰好是最好的隱藏方法。這樣，杜品發現信隨便插在壁爐架上掛著的袋裏，等大臣的注意力被引開時偷走信，又在原處放了一封相似的信。參見：黃漢平，拉康與後現代文化批評〔M〕，北京：中國社會科學出版社，2006：100。

　　這個在藝術作品中被欲望主體不斷置換著的夢，早就被弗洛伊德所發現了。弗洛伊德首先將夢定義爲：「夢的內容乃是欲望的滿足，而夢的動機卻是一種欲望。」〔註 6〕然後將詩歌藝術與夢境聯繫起來，認爲作家就是在做「白日夢」。弗洛伊德曾經以「作家與白日夢」爲題做過演講，將作家的創作源泉歸結爲童年時代的幻想。同時，他也在《釋夢·論夢》中強調夢的詩性特點：「它們（夢）不以我們思想通常使用的散文體語言出現，相反，卻是用一種明喻和暗喻，用一種詩般語言的影像象徵性地表現出來。」〔註 7〕詩歌的象徵功能基本上可以被看做是與「夢的工作」相似的功能，「夢的工作」機制被弗洛伊德概括爲「壓縮」和「移置」，二者又被拉康闡釋爲「隱喻」和「換喻」。〔註 8〕

　　如果眞的把詩歌作品的內容看做是「白日夢」的話，那麼，詩歌文本中一定留有夢境的痕跡，這些痕跡也就是「釋夢」的線索，內部蘊藏著的是詩歌文本的解碼機制。耦合圖式理論徹底擺脫傳統的修辭學用語（拉康並沒有擺脫這種束縛，還在使用「隱喻」和「換喻」之類的詞彙闡釋弗洛伊德的思想）的束縛，將這種機制看做是徵信維極三個時空相態的耦合賦值機制：徵兆。不同時空相態下的徵兆之於欲望內容，由不同的賦值機制來完成。

　　那其實是一個不斷重複的相同結構下，不斷被置換的不同時空相態中的人類精神信仰，是我們頭頂上的燦爛星空和心中的道德律令。而那線索，就在你的眼皮底下延展開來……

　　場相態的徵兆：位於對立面，是需要透過現象看穿本質的線索，是王后看穿國王的「視而不見」的盲目、大臣看穿王后的鋌而走險的心態、警察總長看穿王后的貪婪本性、杜賓看穿不斷重複著的欲望結構。「看穿本質」的謎底是可以演繹出來的，那是光天化日之下的三段論，其實很簡單：把大象裝冰箱，總共分三步。這就是所謂的「正夢」——夢境與欲望內容之間的關係是正向推理的，也就是所謂的「日有所思，夜有所夢」。晚上做夢娶媳婦，就是白天想娶媳婦的直接演繹：日有所思夜有所夢構成大前提，某人晚上做了夢構成小前提，某人一定白天有所思構成結論。場耦激活正夢：（EZC）∣……，它對應的是智慧之王和眞理信仰。

〔註 6〕〔奧〕弗洛伊德，釋夢〔M〕，孫名之譯，北京：商務印書館，1996：115。
〔註 7〕〔奧〕弗洛伊德，釋夢〔M〕，孫名之譯，北京：商務印書館，1996：648。
〔註 8〕馬元龍，雅克·拉康：語言維度中的精神分析〔M〕，北京：東方出版社 2006：
　　　　145。

境相態的徵兆：位於背景面，是置身其中的線索，國王置身於王后的欲望陷阱中、王後置於大臣的欲望陷阱中、大臣置身於警察總長的欲望陷阱中，這些人都置身於偵探杜賓所觀察到的重複結構中，杜賓自身也陷入在其中，使用同樣的伎倆愚弄了一把大臣。「置身其中」的謎底是可以根據相似性的體驗類推出來的。那是純粹的類比推理，弗洛伊德用來闡釋夢的象徵原理就是：凡是擁有外形相似性的東西就可以進行類比，凹形的容器與女陰相似，凸形的器具與男陰相似，都是典型的類比耦對，夢中夢見了前者，就說明潛意識中欲望後者。這就是我們所謂的「類夢」。境耦激活類夢：（EZC）∫……，它對應的是勝者之王和領地信仰。

模相態的徵兆：位於鏡像面，是鏡像領會的線索，所有參與《竊信案》中的那些角色之間都互為鏡像，他們都充分利用了自己頭腦中天然擁有的鏡像神經元，分別將他人的行為鏡像為自我的行為，從而形成了共情體驗，並不斷同構著那結構性重複的行為鏈條。「鏡像領會」的謎底是反向極端對立的：從鏡子的正面看是婀娜多姿的美女，從鏡子的背面看就是一堆醜陋的白骨，但通過「鏡像領會」，就沒有必要再去特意翻轉「風月寶鑑」了——和實際情況相對照，夢境所呈現出來的內容是反的，這就是我們所謂的「反夢」。反夢是利用鏡像功能將相反兩個極端的現象顛倒過來去領會，原始初民將夢中發生的事情鏡像為真實的發生的事情，將他人的體驗鏡像為自我的體驗，其實也是這種「反夢」機製造成的：自我與他人兩個極端互為鏡像。反夢也意味著：欲望成功，反而失敗；欲望著萬世為王，實際上二世而亡。模耦激活反夢：（EZC）⊙……，它對應的是世襲之王和祖先信仰。

第一節　原型激活：英雄之旅與皇家之律

美國神話大師坎貝爾介紹了一個關於愛爾蘭國王埃歐凱依得的五位王子因外出打獵而迷路、口渴、尋水的故事。故事梗概是這樣的：找到了一口井，但有一個外表奇醜無比而又骯髒卑瑣的老太婆在那裡守護著，她開出的給水條件是在她的臉頰上吻一下。以富格斯為首的四個王子都因嫌惡她的骯髒和醜陋而拒絕施吻，得到的當然是拒絕給水。最後是小王子尼歐爾，他不但吻了她，而且還擁抱了她，於是得到了水。更為重要的是，當老太婆被小王子擁吻之後，立刻變成婀娜多姿、肌膚嬌嫩、光鮮亮麗的年輕女子，並聲稱自

己就是「皇家之律」，最後告誡小王子說：「去吧！去找你的兄弟們，帶著你的水一起去。還有，你和你的子孫們將永遠享有王國和無上的權力……就像你最初看我那麼醜陋、粗鄙，讓人厭惡，最後我又變美麗一樣，不歷經戰鬥和猛烈的衝突，是不可能贏得勝利的，這也是『皇家之律』。最後的結果是，你將成為那散發一切美好氣質的英俊君王。」〔註9〕

其實，不管是醜陋的老太婆，還是靚麗的年輕女子，她們都不過是變形而已，真正的原型就是那個所謂的「皇家之律」，而那些所謂的王子們，也就是等待皇家之律考驗的一個個「自我」。皇家之律作為原型，是典型的賦值耦。這個賦值耦在「自我」這個生命形態的觀察視野中，一會兒呈現為老太婆的變形，一會兒呈現為年輕女子的變形，她們所代表的正是在觀察者的意志下所呈現出來的正反兩個極端表象，被皇家之律這個賦值耦所支撐著，構成一個完整的審美維度。這也正如坎貝爾所闡釋的那樣：

> 這是「皇家之律」嗎？這就是生命本身。永不枯竭的水井的守護女神——不論是由富格斯、阿克提恩還是由孤島王子發現她——條件是英雄必須擁有吟遊詩人和戀詩歌手所謂的「溫柔心」。阿克提恩的獸欲，或富格斯挑別的眼光，都無法瞭解她，也無法正確地服侍她，只有溫柔才行。〔註10〕

坎貝爾所謂的「溫柔心」是什麼？它就是識破「皇家之律」的「耦」，埋藏在人的內心深處，構成道德律令。「皇家之律」呈現為生命本身所蘊含著的原型意向，是最基本的人性，它呈現為善良與醜惡、天使與魔鬼等極端變形，等待識破。王子也不過是英雄的一個具體身份而已，而所謂的英雄乃是每一個脫胎於母腹之後開始獨立於他者的封閉「自我」，〔註11〕它需要在不斷的拓展中塑造成一個開放的大我，在維度還原中不斷接納各種各樣的維極變形，並將所有的異己能量全部收回到自己的體內，最終完成英雄之旅。

象徵界的原型中，蘊含著每一個平凡生命個體的欲望投射，用坎貝爾的

〔註9〕　〔美〕約瑟夫·坎貝爾 Joseph Campbell，千面英雄〔M〕，朱侃如譯，北京：金城出版社，2012：53。

〔註10〕〔美〕約瑟夫·坎貝爾 Joseph Campbell，千面英雄〔M〕，朱侃如譯，北京：金城出版社，2012：54。

〔註11〕弗洛伊德認為：「出生的焦慮經驗為其後各種危險情境的原型（prototype）。」參見：〔奧〕弗洛伊德，精神分析引論新編〔M〕，高覺敷譯，北京：商務印書館，2004：69。

那句名言來表達就是：神話是眾人的夢，夢是私人的神話。〔註12〕因此也可以說，眾人的夢彰顯的就是榮格的集體無意識之自我，而私人的神話彰顯的就是弗洛伊德的個體人格之自我。

坎貝爾認為：每個人都擁有一座廟宇，每個人在出生時候都是英雄，英雄就是把自己的生命奉獻給比他偉大的事物的人。〔註13〕因此，被這一普遍的欲望投射的結果就構成了一個象徵意向性原型：英雄王子在未出生之前，就有種種異象發生，或者是被感孕的，或者是被託夢的，或者是被神諭的。感生神話忠實地記錄了這些象徵原型，它們呈現為各種實物或現象的變形。下面是蒙梓整理出來的一張圖表〔註14〕，稍有改動，引用如下：

	始祖	始祖母	感生物	感生地	資料出處
1	九隆	沙壺（壹）	沉木	水中	《後漢書》《華陽國志》
2	竹王	一女子	大竹	水濱	《華陽國志》
3	禹	女嬉	薏苡	砥山	《吳越春秋》
4	禹	修己	月精	石紐山泉水	《遁甲開山圖》
5	禹	修己	流星		《尚書》
6	禹	鄒屠氏	神龜		《路史後記》
7	布庫里雍順	佛庫倫	神鵲	布爾和里池	《滿文老檔》
8	神農	安登	神龍首		《春秋元命苞》
9	阿龍	蒲莫列衣	龍鷹血		《勒餓特衣》
10	皋陶	扶始	白虎	高丘	《春秋元命苞》
11	帝嚳子	鄒屠氏之女	日		《拾遺記》
12	東明	索離國王侍兒	日		《後漢書》
13	契	簡狄	玄鳥卵		《詩經》
14	朱宣	女節	大星		《河圖握矩記》
15	顓頊	女樞	瑤光	幽防	《詩含神霧》
16	大業	女修	玄鳥卵		《史記》
17	黃帝	附寶	大電	郊野	《史記・五帝本紀・正義》

〔註12〕〔美〕菲爾柯西諾 Phil Cousineau，英雄的旅程──與神話學大師坎貝爾對話〔M〕，梁永安譯，北京：金城出版社，2011：19。

〔註13〕參見：〔美〕約瑟夫・坎貝爾 Joseph Campbell，千面英雄〔M〕，朱侃如譯，北京：金城出版社，2012：1。

〔註14〕蒙梓，中國的感生神話〔J〕，學術研究，1991（06）：90～96。

18	舜	握登	大虹	姚墟	《史記》
19	庖羲	神母	青虹	華胥之洲	《拾遺記》
20	伏羲		風		《三墳》
21	伏羲	華胥	巨人跡	雷澤	《帝王世紀》
22	帝	陳豐氏	大跡		《路史後記》
23	后稷	姜嫄	武敏	扶桑	《詩經》《春秋元命苞》

英雄王子一出生就踏上了英雄之旅，英雄之旅的途程中充斥著「皇家之律」——各種各樣的變形和偽裝，它象徵著假象對於本能小我的遮蔽和真相對於超驗大我的引導，考驗英雄的意志和定力。

英雄自我，呈現為嬰兒的臍帶被剪短之後的生命形態，從此它就是一個異於他人的獨立個體。英雄之旅就從這裡開始。英雄自我，本身就是一個攜帶著特殊使命的符號，因此，它本身也是一個變形，它擁有與眾不同的受孕方式，它是某種超自然力量的功能載體，隱匿了原型，以變形的方式來到了人間。出生之後的它，攜帶著那個原型（就像賈寶玉口中銜著的那塊玉），開始自己的英雄旅程。旅程中所遭遇的變形，在世俗看來往往是醜陋的、險惡的，甚至是恐怖的，水井的女神以醜陋的老太婆的外形呈現，它嚇跑了所有的肉眼凡胎，而得到英雄的青睞和撫愛。

在普世的英雄之旅和皇家之律的參照之下，我們再來重新解碼《詩經》文本的周族史詩《大雅·生民》中的那個象徵符號——英雄始祖后稷，便有了煥然一新的美感體驗，這完全依賴於維度還原所帶來的耦合解碼效應。

后稷作為周始祖的象徵符號，也同樣經歷著不平凡的英雄之旅。隘巷、平林、寒冰，都是支撐著農業文明的自然力之變形。那隘巷和牛羊的糞便，提供了天然的有機肥料，那是植物不可或缺的營養，但其外形污穢醜陋，骯髒無比；平林和伐木的人們，通過拓荒和墾殖，提供了肥沃的耕地和土壤，但這土壤並沒有珠寶美玉那樣漂亮的外形，甚至也不能直接食用，又經常被踐踏在腳下，因此呈現出卑污而猥瑣的外表，經常被高傲的人們拒斥，連同那滿腳滿腿都是泥巴的農人也一起被鄙視；寒冰，作為水源的變形是顯而易見的，而正是那個被老子所稱道的「上善如水」的水，不只是滋潤和構成著微生物、植物和動物們的軀體，更濡養和浸潤著人們的精神，呵護著所有的生命形態，就在那個守護著井水的醜陋的老太婆外表之下，躲藏著的卻是一個個光鮮靚麗、美豔絕倫的酮體。在今天看來，就在那糞便、土壤、水源的

表象之下，蘊藏著支撐生態文明幾乎所有的自然力，這種自然力的原型以具體的變形方式呈現出來，遮蔽一切無知者的視野。

對於一個與生俱來就負有開拓農業文明使命的原型符號——后稷來說，所有這些依據變形而呈現出來的自然力都是及其寶貴的資源，它必須洞察這一切，必須看透那個外形醜陋的老太婆背後所掩藏著的青春靚麗的酮體——那是巨大而神秘的滋生萬物成長的自然力。雖然古代農業文明的科學知識還不能很清晰地被闡述出來，但那隱約恍惚、依稀可辨的自然規律正在激活詩人的靈感，並引導著詩人用詩性智慧象徵地表達了這一切。

識破變形的騙局，是所有英雄歷險途程中所突破的門檻，一旦掉進變形的陷阱，英雄歷險的旅程就會戛然而止。戛然而止意味著一種時空凝固，它是睡去的荼蘼公主或者因阿波羅（時光的象徵）追趕而麻木起來的月桂樹。〔註15〕時空凝固也就是維極滯留。英雄歷險必須不斷識破變形所帶來的表象遮蔽，也就是不斷破除封閉的自我閾限，成長為一個維度豐盈的大我，才算完成歷險。

那麼，那些順利完成了歷險的王子們，又將如何演繹此後的人生呢？

第二節　相態激活：釋夢——正夢、類夢、反夢

徵信維極的原型是信靈，依據這個原型耦的進一步賦值，就形成了宗教功能（也就是康德所謂的「道德律令」的功能），與物實維極的巫術功能形成鮮明的兩極對立。但凡宗教，不管是西方的猶太教、基督教、佛教、天主教，還是中國本土的道教和儒教，都是明顯的象徵符號系統，它呈現出來的是欲望和夢境的真實，是從象徵的意義上理解的真實，而不是實在的真實。因此，對於宗教故事的解碼，都不能滯留在字面指稱上，也就是說，它的真不在於字面指稱上的真，而在於象徵意義上的真。關於象徵意義的真這個問題，坎貝爾曾經援引弗洛伊德的話進行如下闡釋：

> 宗教的教義所蘊含的真理，畢竟是一種扭曲而有系統的偽
> 裝……以至於大眾並不認為它們是真理。這個例子如大人告訴小
> 孩，新生寶寶是由鸛鳥銜來的故事類似。我們在這裡也是以象徵的

〔註15〕參見：〔美〕約瑟夫・坎貝爾 Joseph Campbell，千面英雄〔M〕，朱侃如譯，北京：金城出版社，2012：11～13。

方法說出眞理，因爲我們知道那隻大鳥所象徵的意義，但小孩並不
知道這一點。他們聽到的只是大人話中的扭曲部分，並覺得自己已
經被騙了。小孩對大人的不信任，實際上源於此印象。我們逐漸認
定，在我們告訴小孩的話中最好避免這類象徵性的眞理僞裝，並且
對他們的認識層次所能瞭解的眞實狀況，最好有所瞭解。」〔註16〕

此話有理，但對於古老的詩歌文本來說，象徵意義就在其中蘊含著，它
已經就那樣講故事了，我們作爲「小孩」，首要任務就是如何讀懂其中所蘊含
著的眞實信息。因此，系統瞭解現成文本的編解碼機制，才是正確的途徑。

孩子的本能經常是按照「眼見爲實」的原則來理解世界的，而語言符號
的指稱功能不只是一味滯留於物實維極的，作爲「存在之家」的語言含納所
有存在相態的多維意向性，類似「這裡諸神也在場」的感官閾限之外的維度，
就只能用語言來說出，正是在這個意義上，海德格爾才由衷地發出這樣的感
慨：詞語缺失處，無物存在。〔註17〕

在多維耦合著的古代詩歌文本中，必然蘊含著象徵性的眞實，那是迫不
得已的事情，也是人類本身的無奈：對於那些「陰陽不測」的未知存在，需
要言說甚至是必須言說，那是人類探求未知世界的天性使然。於是，就會出
現孔子母親夢中的「麒麟送子」，也會出現那些感生神話中所提到感應物——
諸如「燕卵」、「薏苡」、「瑤光」、「龍鷹血」、「巨人跡」、「龍首」等，甚至還
包括普通百姓所謂的「糞堆裏扒出來的」、「垃圾堆裏撿來的」等等，全部都
是對於「人是從哪裏來的」這個未知之謎的象徵性闡釋。

在《詩經》文本中，最富象徵意義而又帶有濃重的宗教色彩的詞匯，莫
過於「上帝」和「天子」了——這正是燦爛的星空與心中的道德律令相互耦
合效應的產物。周代人把君王稱爲「天子」，而把賦予君王權力的那個存在者
命名爲「帝」或「上帝」。

經統計確認，《詩經》文本中使用「帝」或「上帝」的共有16篇，包括：
《鄘風・君子偕老》、《小雅・正月》、《小雅・菀柳》、《大雅・文王》、《大雅・
大明》、《大雅・生民》、《大雅・蕩》、《大雅・皇矣》、《大雅・板》、《大雅・
雲漢》、《周頌・執競》、《大雅・思文》、《周頌・臣工》、《魯頌・閟宮》、《商

〔註16〕〔美〕約瑟夫・坎貝爾 Joseph Campbell，千面英雄〔M〕，朱侃如譯，北京：
金城出版社，2012：21。

〔註17〕〔德〕馬丁・海德格爾，在通向語言的途中〔M〕，孫周興譯，北京：商務印
書館，2005：152。

頌‧玄鳥》、《商頌‧長發》。使用「天子」的共有 10 篇，後詳。這顯然是一條眼皮底下的熟視無睹的線索，沒有人願意過多關注這些彷彿是不言自明的現象。但實際情況是，在不同的時空相態中，傾注在「上帝」和「天子」中的欲望是不同的：那是一封被不同欲望主體不斷置換內容的信。

場相態時空中的上帝是賦權之主，天子是智慧之王：正夢，成功的絕對保證，前車之鑑很重要。

境時空相態中的上帝是封建領主，天子是武功之王：類夢，所有的動物都是如此的弱肉強食，武裝革命很重要。

模相態時空中的上帝是血緣宗主，天子是世襲之王：反夢，失敗的不二法門，裙帶關係很重要。

一、場耦激活：正夢——智慧之王

俄狄浦斯王利用自己的聰明智慧成功地破解了「斯芬克斯之謎」，自以為揭穿了「人」的謎底，認清了人之為人的本質，並因此而獲得了進入忒拜城的特許權，但令他無法自知的是：他已經踏上了被神諭所告知的命運不歸路。而這一切，被那個曾經因偷窺智慧女神雅典娜的裸體而被刺瞎雙眼並同時也被賦予了預知未來命運之能力的盲人特瑞西阿斯所洞察著，他目盲而心不盲，對世上發生的一切都了然於心，是之謂：智慧之王。

周人將用「殷鑑不遠，在夏后之世」一句詩詞表明了自己的清醒認識，他們自認為看穿了朝代更迭的本質。這一點，我們從《大雅‧蕩》篇章中可以找到些蛛絲馬蹟的線索：下面是《大雅‧蕩》的全文：

> 蕩蕩上帝，下民之辟。疾威上帝，其命多辟。天生烝民，其命匪諶。靡不有初，鮮克有終。
>
> 文王曰咨，咨汝殷商。曾是彊御？曾是掊克？曾是在位？曾是在服？天降滔德，女興是力。
>
> 文王曰咨，諮女殷商。而秉義類，彊御多懟。流言以對。寇攘式內。侯作侯祝，靡屆靡究。
>
> 文王曰咨，諮女殷商。女炰烋于中國。斂怨以為德。不明爾德，時無背無側。爾德不明，以無陪無卿。
>
> 文王曰咨，諮女殷商。天不湎爾以酒，不義從式。既愆爾止。靡明靡晦。式號式呼。俾晝作夜。

> 文王曰咨，咨女殷商。如蜩如螗，如沸如羹。小大近喪，人尚
> 乎由行。內奰于中國，覃及鬼方。

> 文王曰咨，咨女殷商。匪上帝不時，殷不用舊。雖無老成人，
> 尚有典刑。曾是莫聽，大命以傾。

> 文王曰咨，咨女殷商。人亦有言：顛沛之揭，枝葉未有害，本
> 實先撥。殷鑒不遠，在夏后之世。

對於此篇的闡釋，唐代孔穎達的疏具有提綱挈領的作用。他說：

> 上帝者，天之別名，天無所壞，不得與「蕩蕩」共文，故知
> 上帝以託君王，言其不敢斥王，故託之於上帝也。其實稱帝亦斥
> 王。此下諸章皆言「文王曰咨」，此獨不然者，欲以「蕩蕩」之言
> 為下章總目，且見實非殷商之事，故於章首不言文王，以起發其
> 意也。〔註18〕

據說詩歌是召穆公所作，是用來感傷周王室大壞的，所斥責的並非殷商
之事，只是假託「殷商」來諷喻周室。這就更能看出作者的象徵性用意了：
那彷彿就是一個夢境，在夢境中夢到的是早已仙逝的開國元勳——文王，他
正對著那個被他革了命的對象——殷商大加斥責呢。所有的斥責之詞全部用
那句「文王曰咨，咨汝殷商」所提醒著，耳提面命之形溢於言表。

在夢境之中的句句言辭，全都揭示著一個關於朝代更迭的本質規律：「靡
不有初，鮮克有終。」它列舉了那個曾經繁榮興盛、不可一世的朝代的種種
劣跡，諸如：曾是彊御？曾是掊克？曾是在位？曾是在服？……女炰烋于中
國。斂怨以為德。不明爾德，時無背無側。爾德不明，以無陪無卿。所有這
些，全都是痛徹肺腑的直言，句句都在警告當下的當權者，不要得意忘形，
忘記那些發生在殷商身上的種種劣跡所帶來的自我毀滅，前車之鑒，就在眼
前，殷鑒不遠，在夏后之世。

這就是我們所謂正夢。作者在夢中所看到的所有?象，都預示著一種即將
到來而又無法阻止的命運，他看在眼裏，急在心頭。那一句句來自文王的斥
責，表面上看是針對殷商，實際上是在痛貶時弊；而那擲地有聲的警示，彷
彿是對周王朝行將就木的讖語。正所謂「以史為鑒，可知興替。」夢中夢到
了前一個朝代的滅亡，正預示著本朝的在劫難逃，這就是我們所謂的「正夢」，
其推演的邏輯就是：所有朝代都是要更替的，某朝是一個朝代，所以必然要

〔註18〕〔清〕阮元校刻，十三經注疏〔M〕，北京：中華書局，1980：552。

被後來者更替。

如果把整個《詩經》或其他歷史文本都當做一個正夢來看的話，那麼，何止是殷鑒不遠，周鑒不遠，所有的朝代的「鑒」都不遠，最多不過幾百年，少的卻只有幾十年，甚至是幾年。在這裡，我們隱隱約約看到的是，在《詩經》文本的背後，躲藏著一個中國的「特瑞西阿斯」！

中國的歷史週期律，正是正夢所揭示出來的一條「皇家之律」。在命運之神面前，依靠智慧成功破解了「斯芬克斯之謎」的俄狄浦斯王，最終還是走上了被神諭告知的「殺父娶母」的結局，那麼，打著「德」的旗號而獲取政權的周王朝，最終命運如何呢？

二、境耦激活：類夢──武功之王

商人認爲自己的政權來自於天賦神權，而且這種天賦神權又是可以世襲的，所以有詩言曰：「天命玄鳥」、「帝立子生商」，也就是說，商人曾經是自命不凡的，以爲眞的有老天的賦權，而那些後來的繼體之君們都是被天賦神權的「帝王」所生的。但是不能忘的一點是，商湯實際上是乘人之危的，在夏桀昏庸無道之時，被他討伐了。商湯打著「替天行道」的旗號，革除了暴君夏桀之天命，《商書‧湯誓》篇中還保留著商湯歷數夏桀之罪的記錄：

> 王曰：「格爾眾庶，悉聽朕言。非臺小子，民敢行稱亂！有夏多罪，天命殛之。今爾有眾，汝曰：『我后不恤我眾，舍我穡事，而割正夏？』予惟聞汝眾言，夏氏有罪，予畏上帝，不敢不正。今汝其曰：「夏罪其如台？」夏王率遏眾力，率割夏邑。有眾率怠弗協，曰：「時日曷喪？予及汝皆亡。」夏德若茲，今朕必往。爾尚輔予一人，致天之罰，予其大賚汝！爾無不信，朕不食言。爾不從誓言，予則孥戮汝，罔有攸赦。〔註19〕

實際上，商湯不只是討伐了昏庸無道的夏桀，他還打著「古帝命」的旗號，征戰四方，《商頌‧玄鳥》篇中以驕傲的口吻述說著這段歷史：

> 天命玄鳥，降而生商，宅殷土芒芒。古帝命武湯，正域彼四方。
>
> 方命厥后，奄有九有。商之先後，受命不殆，在武丁孫子。武丁孫子，武王靡不勝。
>
> 龍旂十乘，大糦是承。邦畿千里，維民所止，肇域彼四海。

〔註19〕〔清〕阮元校刻，十三經注疏〔M〕，北京：中華書局，1980：160。

四海來假，來假祁祁。景員維河。殷受命咸宜，百祿是何。

由此看來，崇尚武力征伐是古代所有民族的傳統，那其實是與普通動物界一樣的規律：弱肉強食。這本來也無可厚非。

周人幾乎用了與商湯同樣的辦法，給了商紂王以致命的最後一擊，從而徹底革除了商人的天命，並同樣認為這就是老天選擇了自己，自己是替天行道，也就成了天賦神權的真命天子。但與商湯不同之處在於，周人明確提出了自己的革命理據，那就是「德」。這也可以算作是一種思維範式的革命，它用「德」的邏輯來取代血緣世襲邏輯，並將是否有「德」的判斷權力交給了「天」（實際上是假託「天」，即所謂「偷天換日」——借天言德），重新闡釋了政權得來的合理性問題。於是，被「天」選擇並賦予了權力的周代君王，就成為「天子」了。

非常奇妙的是，「天子」一詞在《詩經》文本中僅限於《雅》，出現在 10 個篇章中。眾所周知的是：「雅」者，正也。《雅》是政治詩，代表了周代的主流意識觀念和價值取向，因此，「神權天賦」和「以德治國」的象徵意味必將充斥其中，我們從「天子」一詞的使用上，就能隱約讀出周人的這種驕傲和自豪。現將這些篇章列舉如下：

《小雅‧出車》：

我出我車，于彼牧矣。自天子所，謂我來矣。召彼僕夫，謂之載矣。王事多難，維其棘矣。

我出我車，于彼郊矣。設此旐矣，建彼旄矣。彼旟旐斯，胡不旆旆？憂心悄悄，僕夫況瘁。

王命南仲，往城于方。出車彭彭，旂旐央央。天子命我，城彼朔方。赫赫南仲，玁狁于襄。

昔我往矣，黍稷方華。今我來思，雨雪載途。王事多難，不遑啟居。豈不懷歸？畏此簡書。

喓喓草蟲，趯趯阜螽。未見君子，憂心忡忡。既見君子，我心則降。赫赫南仲，薄伐西戎。

春日遲遲，卉木萋萋。倉庚喈喈，采蘩祁祁。執訊獲醜，薄言還歸。赫赫南仲，玁狁于夷。

《小雅‧六月》：

六月棲棲，戎車既飭。四牡騤騤，載是常服。玁狁孔熾，我

是用急。王于出征，以匡王國。

比物四驪，閑之維則。維此六月，既成我服。我服既成，于三十里。王于出征，以佐天子。

四牡脩廣，其大有顒。薄伐玁狁，以奏膚公。有嚴有翼，共武之服。共武之服，以定王國。

玁狁匪茹，整居焦穫。侵鎬及方，至于涇陽。織文鳥章，白旆央央。元戎十乘，以先啓行。

戎車既安，如輊如軒。四牡既佶，既佶且閑。薄伐玁狁，至于大原。文武吉甫，萬邦爲憲。

吉甫燕喜，既多受祉。來歸自鎬，我行永久。飲御諸友，炰鱉膾鯉。侯誰在矣？張仲孝友。

《小雅·吉日》：

吉日維戊，既伯既禱。田車既好，四牡孔阜。升彼大阜，從其群醜。

吉日庚午，既差我馬。獸之所同，麀鹿麌麌。漆沮之從，天子之所。

瞻彼中原，其祁孔有。儦儦俟俟，或群或友。悉率左右，以燕天子。

既張我弓，既挾我矢。發彼小豝，殪此大兕。以御賓客，且以酌醴。

《小雅·節南山》：

節彼南山，維石巖巖。赫赫師尹，民具爾瞻。憂心如惔，不敢戲談。國既卒斬，何用不監！

節彼南山，有實其猗。赫赫師尹，不平謂何。天方薦瘥，喪亂弘多。民言無嘉，憯莫懲嗟。

尹氏大師，維周之氐；秉國之鈞，四方是維。天子是毗，俾民不迷。不弔昊天，不宜空我師。

弗躬弗親，庶民弗信。弗問弗仕，勿罔君子。式夷式已，無小人殆。瑣瑣姻亞，則無膴仕。

昊天不傭，降此鞠訩。昊天不惠，降此大戾。君子如屆，俾民心闋。君子如夷，惡怒是違。

不弔昊天，亂靡有定。式月斯生，俾民不寧。憂心如醒，誰秉國成？不自爲政，卒勞百姓。

駕彼四牡，四牡項領。我瞻四方，蹙蹙靡所騁。

方茂爾惡，相爾矛矣。既夷既懌，如相?矣。

昊天不平，我王不寧。不懲其心，覆怨其正。

家父作誦，以究王訩。式訛爾心，以畜萬邦。

《小雅·雨無正》：

浩浩昊天，不駿其德。降喪飢饉，斬伐四國。旻天疾威，弗慮弗圖。舍彼有罪，既伏其辜。若此無罪，淪胥以鋪。

周宗既滅，靡所止戾。正大夫離居，莫知我勩。三事大夫，莫肯夙夜。邦君諸侯，莫肯朝夕。庶曰式臧，覆出爲惡。

如何昊天，辟言不信。如彼行邁，則靡所臻。凡百君子，各敬爾身。胡不相畏，不畏于天？

戎成不退，饑成不遂。曾我暬御，憯憯日瘁。凡百君子，莫肯用訊。聽言則答，譖言則退。哀哉不能言，匪舌是出，維躬是瘁。哿矣能言，巧言如流，俾躬處休！

維曰予仕，孔棘且殆。云不何便，得罪于天子；亦云可使，怨及朋友。

謂爾遷于王都。曰予未有室家。鼠思泣血，無言不疾。昔爾出居，誰從作爾室？

《小雅·采菽》：

采菽采菽，筐之筥之。君子來朝，何錫予之？雖無予之？路車乘馬。又何予之？玄袞及黼。

觱沸檻泉，言采其芹。君子來朝，言觀其旂。其旂淠淠，鸞聲嘒嘒。載驂載駟，君子所屆。

赤芾在股，邪幅在下。彼交匪紓，天子所予。樂只君子，天子命之。樂只君子，福祿申之。

維柞之枝，其葉蓬蓬。樂只君子，殿天子之邦。樂只君子，萬福攸同。平平左右，亦是率從。

泛泛楊舟，紼纚維之。樂只君子，天子葵之。樂只君子，福祿膍之。優哉游哉，亦是戾矣。

《大雅·假樂》：

　　假樂君子，顯顯令德，宜民宜人。受祿于天，保右命之，自天申之。

　　千祿百福，子孫千億。穆穆皇皇，宜君宜王。不愆不忘，率由舊章。

　　威儀抑抑，德音秩秩。無怨無惡，率由群匹。受福無疆，四方之綱。

　　之綱之紀，燕及朋友。百辟卿士，媚于天子。不解于位，民之攸墍。

《大雅·烝民》：

　　天生烝民，有物有則。民之秉彝，好是懿德。天監有周，昭假于下。保茲天子，生仲山甫。

　　仲山甫之德，柔嘉維則。令儀令色。小心翼翼。古訓是式。威儀是力。天子是若，明命使賦。

　　王命仲山甫，式是百辟，纘戎祖考，王躬是保。出納王命，王之喉舌。賦政于外，四方爰發。

　　肅肅王命，仲山甫將之。邦國若否，仲山甫明之。既明且哲，以保其身。夙夜匪解，以事一人。

　　人亦有言，柔則茹之，剛則吐之。維仲山甫，柔亦不茹，剛亦不吐。不侮矜寡，不畏彊禦。

　　人亦有言，德輶如毛，民鮮克舉之。我儀圖之，維仲山甫舉之。愛莫助之。袞職有闕，維仲山甫補之。

　　仲山甫出祖。四牡業業。征夫捷捷，每懷靡及。四牡彭彭，八鸞鏘鏘。王命仲山甫，城彼東方。

　　四牡騤騤，八鸞喈喈。仲山甫徂齊，式遄其歸。吉甫作誦，穆如清風。仲山甫永懷，以慰其心。

《大雅·江漢》：

　　江漢浮浮，武夫滔滔。匪安匪遊，淮夷來求。既出我車，既設我旟。匪安匪舒，淮夷來鋪。

　　江漢湯湯，武夫洸洸。經營四方，告成於王。四方既平，王國庶定。時靡有爭，王心載寧。

> 江漢之滸，王命召虎：式辟四方，徹我疆土。匪疚匪棘，王國
> 來極。于疆于理，至于南海。
>
> 王命召虎：來旬來宣。文武受命，召公維翰。無曰予小子，召
> 公是似。肇敏戎公，用錫爾祉。
>
> 釐爾圭瓚，秬鬯一卣。告于文人，錫山土田。于周受命，自召
> 祖命，虎拜稽首：天子萬年！
>
> 虎拜稽首，對揚王休。作召公考：天子萬壽！明明天子，令聞
> 不已，矢其文德，洽此四國。

《大雅·常武》：

> 赫赫明明。王命卿士，南仲大祖，大師皇父。整我六師，以修
> 我戎。既敬既戒，惠此南國。
>
> 王謂尹氏，命程伯休父，左右陳行。戒我師旅，率彼淮浦，省
> 此徐土。不留不處，三事就緒。
>
> 赫赫業業，有嚴天子。王舒保作，匪紹匪遊。徐方繹騷，震驚
> 徐方。如雷如霆，徐方震驚。
>
> 王奮厥武，如震如怒。進厥虎臣，闞如虓虎。鋪敦淮濆，仍執
> 醜虜。截彼淮浦，王師之所。
>
> 王旅嘽嘽，如飛如翰。如江如漢，如山之苞。如川之流，綿綿
> 翼翼。不測不克，濯征徐國。
>
> 王猶允塞，徐方既來。徐方既同，天子之功。四方既平，徐方
> 來庭。徐方不回，王曰還歸。

從字面上理解，「天子」在這些詩篇中，全部是指被賦予天命的所謂「真命天子」，具體主要指取得革命成功的周代文武二王，也就是用「德」的合理性取代商代的世襲制的不合理性的精神領袖。

但不可忽視的一個問題是，是武王給了商紂的最後一擊，這一擊也有點乘人之危的味道，旗號中雖然明確提出了「德」這個賦權機制，可在具體行為上，依靠姜子牙這個軍事家的謀劃來獲取了戰爭的勝利，這一點與商湯討伐夏桀依靠了伊尹的輔助何其相似乃爾。

我們如果再仔細對比和玩味一下《大雅》和《商頌》的具體內容，其中洋溢著的尚武精神更是相同的。你看《大雅·常武》中的描寫：

> 王奮厥武，如震如怒。進厥虎臣，闞如虓虎。鋪敦淮濆，仍執

醜虜。截彼淮浦，王師之所。

王旅嘽嘽，如飛如翰。如江如漢，如山之苞。如川之流，綿綿翼翼。不測不克，濯征徐國。

再看《商頌・長發》的內容：

濬哲維商，長發其祥。洪水芒芒，禹敷下土方。外大國是疆，幅隕既長。有娀方將，帝立子生商。

玄王桓撥，受小國是達，受大國是達。率履不越，遂視既發。相土烈烈，海外有截！

帝命不違，至于湯齊。湯降不遲，聖敬日躋。昭假遲遲，上帝是祗，帝命式于九圍。

受小球大球，為下國綴旒，何天之休。不競不絿，不剛不柔。敷政憂憂：百祿是遒。

受小共大共，為下國駿厖。何天之龍，敷奏其勇。不震不動，不戁不竦，百祿是總。

武王載斾，有虔秉鉞。如火烈烈，則莫我敢曷。苞有三蘗，莫遂莫達。九有有截，韋顧既伐，昆吾夏桀。

昔在中葉，有震且業。允也天子，降予卿士。實維阿衡，實左右商王。

如果把這些作品都看做是夢境的話，那麼，這種夢就是「類夢」，它將詩人潛意識中的欲望——尚武精神全部揭示出來，更為重要的是，在人類歷史長河中的各種戰爭，全部都是圍繞著一個領地的問題，這個問題在動物界甚至是在植物界都普遍存在著，因此，它是可以向所有生命形態類推的：夢見了獅子，就是武者的象徵，夢見綿羊，就是文者的象徵。這種徵兆和象徵思想充斥在古人的思想意識中，就像《小雅・斯干》中所描寫的那樣：

下莞上簟，乃安斯寢。乃寢乃興，乃占我夢。吉夢維何？維熊維羆，維虺維蛇。

大人占之：維熊維羆，男子之祥；維虺維蛇，女子之祥。

乃生男子，載寢之床。載衣之裳，載弄之璋。其泣喤喤，朱芾斯皇，室家君王。

乃生女子，載寢之地。載衣之裼，載弄之瓦。無非無儀，唯酒食是議，無父母詒罹。

三、模耦激活：反夢——世襲之王

革命成功之後形成的后稷配天的祭祀習俗，還是把周族帶入了一個歷史的死循環裏，因爲在后稷身上，也充滿了圖騰色彩，其祖先不管是牛首人身的帝嚳，抑或是感神龍首而生的神農，而「履帝武敏欣」中的「巨人之跡」（根據司馬遷的解釋）出於雷澤的時候，就又與伏羲扯上了關係，伏羲則是東夷族的圖騰象徵，據說是蛇首人身的，有漢墓出土的文物爲證。更爲重要的是，周代分封諸侯的辦法，並沒有徹底改變商代的血緣世襲制。因此，這種革命中存在著一個重要的原型密碼需要揭示。

對於后稷配天的祭祀，《周頌・思文》中就有明確交代：

> 思文后稷，克配彼天。立我烝民，莫菲爾極。貽我來牟，帝命率育，無此疆爾界。陳常於時夏。

因此，周取代商的革命，雖然結果是形成了從「帝王」到「天子」這個名稱上的轉變。但實際上，其中所蘊含著的巫術觀念和圖騰意識並沒有本質上的改變。帝，本來是「花蒂」的意思，那是植物繁衍後代的根基，用以表示人王所自出的血親父母，這是典型的類比推理方法，從中我們還能看出一些物靈崇拜的痕跡在，那是原型圖式投射在物實維極上的意向性，從「帝」與「地」諧聲同音的意義上說，則是一種植物式的向下的追尋根本，植物的根（實際上相當於動物的頭）是朝下的，生殖器官是朝上的。因此，從「帝」所蘊含著的觀念上，我們很容易讀出生殖崇拜的味道來，它是朝著血緣根本的方向追問到祖先神本體那裡的。那麼，「天子」的「子」呢？很明顯，它從血緣分蘗的方向上追問到祖先神鏡像——子孫那裡。

應該說，前述坎貝爾所謂的「溫柔心」，表面上看和儒家提倡的所謂的「仁」很類似，其實就是「皇家之律」的本質內容的一個維度，也是康德所謂的「心中的道德律令」的一個維度。這一點，曾經被周族人準確把握並認真實踐了，這是人類有史以來的一次巨大的思想範式的革命，它要比傳統上單純依靠武力奪取的弱肉強食規則進步，也比單純依靠血緣世襲的憑空獲取規則進步，於是，憑藉用「道德」的合理性來替換「武力」與「世襲」的合理性，獲取了革命的巨大成功。

然而最爲要命的卻是，革命的成功不光是依靠「德」來獲取的，過程中還伴隨著武裝暴動，而最最要命的還在後面，革命成功之後的分封諸侯，依舊遵循了歷史上的「世襲」和「武功」傳統，這就等於是轉了一圈之後，又

回到了那個原生態文化的起點。

周民族從黃土高原上一些小河流的衝擊平原上起家，致力於農耕文明的發展，不斷成長壯大，最後入主中原，成就霸主地位，依靠的就是在農業文明基礎上所積澱起來的「德」。這個「德」體現在三個方面：一是以成年男子為核心的耕作技術的進步，包括牛耕、積肥、墾殖土壤、開渠引水等等；二是以婦女為核心的勤儉持家的生活作風；三是以祖先為核心的長幼有序的宗族倫常關係。這就構成了周族人所謂的「家」的重要觀念。所有這些，都可以在《詩經》文本中找到直接的證據。

第一方面最為典型的篇章就是《大雅・生民》，內容如下：

> 厥初生民，時維姜嫄。生民如何？克禋克祀，以弗無子。履帝武敏歆，攸介攸止，載震載夙。載生載育，時維后稷。

> 誕彌厥月，先生如達。不坼不副，無菑無害。以赫厥靈。上帝不寧，不康禋祀，居然生子。

> 誕寘之隘巷，牛羊腓字之。誕寘之平林，會伐平林。誕寘之寒冰，鳥覆翼之。鳥乃去矣，后稷呱矣。

> 實覃實訏，厥聲載路。誕實匍匐，克岐克嶷。以就口食。蓻之荏菽，荏菽旆旆。禾役穟穟，麻麥幪幪，瓜瓞唪唪。

> 誕后稷之穡，有相之道。茀厥豐草，種之黃茂。實方實苞，實種實褎。實發實秀，實堅實好。實穎實栗，即有邰家室。

> 誕降嘉種，維秬維秠，維穈維芑。恆之秬秠，是穫是畝。恆之穈芑，是任是負。以歸肇祀。

> 誕我祀如何？或舂或揄，或簸或蹂。釋之叟叟，烝之浮浮。載謀載惟。取蕭祭脂，取羝以軷，載燔載烈，以興嗣歲。

> 卬盛于豆，于豆于登。其香始升，上帝居歆。胡臭亶時。后稷肇祀。庶無罪悔，以迄于今。

第二點的典型篇章是《大雅・大明》，其內容如下：

> 明明在下，赫赫在上。天難忱斯，不易維王。天位殷適，使不挾四方。

> 摯仲氏任，自彼殷商，來嫁于周，曰嬪于京。乃及王季，維德之行。

大任有身，生此文王。維此文王，小心翼翼。昭事上帝，聿懷多福。厥德不回，以受方國。

天監在下，有命既集。文王初載，天作之合。在洽之陽，在渭之涘。

文王嘉止，大邦有子。大邦有子，俔天之妹。文定厥祥，親迎于渭。造舟爲梁，不顯其光。有命自天，命此文王。于周于京，纘女維莘。長子維行，篤生武王。保右命爾，燮伐大商。殷商之旅，其會如林。矢于牧野，維予侯興。上帝臨女，無貳爾心。

牧野洋洋，檀車煌煌，駟騵彭彭。維師尚父，時維鷹揚。涼彼武王，肆伐大商，會朝清明。

第三點的典型篇章是《大雅·文王》，其內容是：

文王在上，於昭於天。周雖舊邦，其命維新。有周不顯，帝命不時。文王陟降，在帝左右。

亹亹文王，令聞不已。陳錫哉周，侯文王孫子。文王孫子，本支百世。凡周之士，不顯亦世。

世之不顯，厥猶翼翼。思皇多士，生此王國。王國克生，維周之楨；濟濟多士，文王以寧。

穆穆文王，於緝熙敬止。假哉天命。有商孫子。商之孫子，其麗不億。上帝既命，侯于周服。

侯服于周，天命靡常。殷士膚敏，裸將于京。厥作裸將，常服黼冔。王之藎臣，無念爾祖。

無念爾祖，聿修厥德。永言配命，自求多福。殷之未喪師，克配上帝。宜鑒于殷，駿命不易！

命之不易，無遏爾躬。宣昭義問，有虞殷自天。上天之載，無聲無臭。儀刑文王，萬邦作孚。

《詩經》文本中肯定有很多真實的歷史要素在，但不可能全部都是真實發生過的歷史，有些內容只能是詩人心中對自己歷史的一種擬構而已，其實，就連宇宙的歷史都是被人類擬構出來的〔註20〕，更何況是詩人自己的民族史

〔註20〕〔英〕保羅戴維斯，上帝與新物理學〔M〕，徐培譯，長沙：湖南科學技術出版社，2007：111。

呢？那麼，究竟哪些是真實發生過的歷史，我們從《詩經》文本中已經無法獲知了，因此，要想還原出那個時代的真實面貌，幾乎是沒有可能的。我們更多地還是通過維度還原的辦法，在耦合圖式的指導下，考察其不同維極上呈現出來的意向性。

上述這些詩歌文本的內容不盡相同，但主題卻是出奇地相似，都在極力炫耀周的建國偉業，其目的是昭然若揭的，那就是想令其統治基業香火綿延，萬世永存。這無形中已經重蹈了夏商兩朝的覆轍了。

周革商命之初，本來是想用「德」這個標準來替代傳統上血緣世襲制度並給自己的政權賦予合法性，在對於商朝的末世帝王商紂進行大肆道德批判的同時，也意識到自我約束和自我批評的重要性，詩歌的表述是及其凝練的，其中蘊含著的，正是詩性智慧：殷鑒不遠，在夏后之世。

但德治的方法並沒有避免周代重蹈夏商覆轍的命運，夏桀與商紂的身影在周幽王身上重現，彷彿靈魂附體一般無法擺脫。而這段歷史，正是《詩經》文本形成的重要文化背景。

我們從《詩經》文本中發現了一條重要線索，那就是周王朝的興衰歷史，伴隨著從「后妃之德」到「後宮之亂」的過程，其首篇《關雎》是整個周代歷史的一個重要「徵兆」，那就是：「家天下」的思維模式。君子和淑女的最終目的是要成家的，所謂的「后妃之德」就是相夫教子。周王朝興起與此息息相關，其覆滅也與此息息相關。被總結出來的歷史邏輯是：周代開國之君——文王的母親（摯仲氏任）與妻子（大邦有子，俔天之妹）都是淑女，而周幽王為之烽火戲諸侯的那個褒姒已經不是淑女而是妖女了，這就很類似於讓商紂王失去江山的那個妖女妲己。那麼，按照君子配淑女的邏輯，妖女所配必然是暴徒，這就是邦家不保的根源。

《小雅·南山有臺》有云：「樂只君子，邦家之基。」其潛臺詞是：后妃之德，邦家是依。這就是「家天下」的思維模式。家天下思維模式，也就是儒家所總結出來的「齊家治國平天下」。其邏輯是：母親是兒子的楷模，丈夫是妻子的楷模，家庭是國家的楷模。最為有意思的是，這種思維方式把婦女的美德抬高到了邏輯預設的地步：孟母與文王之母是同樣的「家」的原型典範。女子出嫁的「嫁」字，就是採用「因女」為家的意思，因此，家天下的思維模式必然尋求一種母性的力量作為邏輯依託，拓展開來就是大地母親，再拓展開來就是混沌未分的大母神。

　　這其實就是典型的模相態時空滯留的思維方式。這種思維方式呈現在夢中，就是反夢，也就是類似於鏡像式的手性對稱。君子與暴徒，淑女與妖女，正義與邪惡，好與壞，美與醜等等，全部都是這樣的耦對，夢中夢見其中之一，就是對應另一方面的徵兆，歷險旅途中的小王子看見的是醜陋的老太婆這個徵兆，對應的就是美女；處於病魔狀態的賈瑞面對風月寶鑒的正面——體態婀娜的王熙鳳的時候，對應的反面就是一堆白骨；《關雎》作為《詩經》文本的初始篇章寄託著所有周族人的君子淑女與后妃之德的彌天大夢，對應的正是無法避免的周幽王烽火戲諸侯的歷史結局。

第五章　門道縱橫：《詩經文本》的繹理碼位

　　繹理碼位的表達式爲：EYC，也就是索緒爾所謂的「概念所指」，是西方邏各斯中心主義思維方式的產物。但概念不就是理念，而是理念的表象，叔本華認爲「概念」是特殊的表象：

　　　概念是一類特殊的表象……是只在人的心智中才有的……只能被思維，不能加以直觀……〔註1〕

　　叔本華在強調抽象概念和直觀表象之間的差別時，也同時區分了兩種不同的思維方式，二者互爲遮蔽和盲區，因此，對於整體人類思維來說，就構成了必要的互補，但如果想從一個維度出發直接到達另一個維度，就幾乎是不可能的。〔註2〕

〔註1〕〔德〕叔本華，作爲意志和表象的世界〔M〕，石沖白譯，北京：商務印書館，1982：74。

〔註2〕叔本華認爲：知或抽象認識的最大價值在於它有傳達的可能性和固定起來被保存的可能性。……爲了傳達於別人，那就要先把直觀認識固定爲概念才能合用……（但）任何人都有他自己直接的直觀的（一套）相術和病理症候學，不過對於這些事物的標誌，有些人又比別人認識得更清楚些罷了……概念於此無能爲力……概念好比鑲嵌的手藝一樣，不管是如何細緻，但是嵌合的碎片間總不能沒有界線，所以不可能從一個顏色，毫無痕跡地過渡到另一顏色。……把概念分而又分，還是永遠不能達到直觀中的那種細膩分限；而這裡作爲例子的相術恰好有賴於這種細膩的分限。……直觀永遠是概念可近不可即的極限。這也是何以在藝術中不能用概念獲得良好成績的理由。如果一位歌唱家或音樂家用反覆思索來指導他的演出，那就會是死症。〔德〕叔本華，作爲意志和表象的世界〔M〕，石沖白譯，北京：商務印書館，1982：96～98。

概念是區別於理念的一種特殊的表象，理念則是永恆不變的物自體世界。〔註3〕

那麼，我們為什麼要引用叔本華的理論來刻意區分概念和理念的不同之處呢？概念是一個特殊的表象，這種思想符合耦合圖式理論的「意向碼位」說，或者叔本華給我們提供了一個有效證據來證明「概念」的「意向碼位」屬性，它並不是一個終極所指，並不停留在索緒爾的「概念所指」上不動。在詩歌文本中，作為「草木鳥獸蟲魚」的範疇大體上來說是清晰的，但如果滯留在這些概念範疇上，詩性智慧就無法呈現。如果「概念」本身就是一個特殊的表象，那麼，表象總是可以進一步被表象的，而那進一步被表象的東西，就是掩藏在詩歌文本中的詩性智慧。

門，是一個非常具有象徵色彩的意象，也是一個典型的「耦」。它提供了一個通道的同時，也提供了一個界限：打開的時候，它連通了兩個空間；關閉的時候，它屏蔽了兩個空間。既斷開，又連接，是「耦」的典型特徵，也是門的重要屬性和功能。正因為「門」擁有這樣的功能屬性，所以，生物學家們在將生命形態劃分類別的時候，才用到「門」這個詞，形成生物界的門類種系：界（Kingdom）、門（Phylum）、綱（Class）、目（Order）、科（Family）、屬（Genus）、種（Species）。這裡的「門」，是僅次於「界」的下位概念，因此，它在概念範疇的網絡中，承載著非常重要的提綱挈領作用。傳統上的演繹推理，就是以這個概念網絡為前提來進行的。比如說：凡人皆有死，蘇格拉底是人，所以蘇格拉底是要死的。

這種三段論式的推理必須依賴界限分明的概念網絡，將大前提、小前提和結論這三個判斷連接成一個邏輯嚴密的演繹推理。或者說，三段論式的演繹推理，實際上已經蘊含在概念網絡中了：所有的上位概念，都統攝下位概念，形成層層套嵌的倒立著的樹形結構，每一個節點處，就是一個門限，也就是一個耦。

〔註3〕叔本華認為：概念是抽象的，是從推理來的。概念在其含義圈內完全是不確定的，只在範圍上是確定的。概念是任何人只要有理性就得而理解和掌握的，只要通過詞匯而無須其他媒介就可傳達於人的，它的定義就把它說盡了。理念則相反，儘管可作概念的適當代表來下定義，卻始終是直觀的。並且理念雖然代表著無數的個別事物，卻一貫是確定的；它決不能被個體所認識，而只能被那超然於一切欲求，一切個性而上升為認識的純粹主體的人所認識……〔德〕叔本華，作為意志和表象的世界〔M〕，石沖白譯，北京：商務印書館，1982：324。

現在的問題是，在耦合圖式系統中，繹理維極所推演出來的那些道理，並不局限於這種三段論式的演繹推理。對於同一個網絡節點來說，它實際上連接著三個時空相態，那是一個門道縱橫的三叉路口，賦值著完全不同的意向性：上下位之間的賦值關係是演繹推理的基礎，左右橫向的賦值關係是類比推理的基礎，前後貫向的賦值關係是鏡像推理的基礎。同一個節點在不同時空相態之下，承擔的是不同的賦值機制，形成不同的邏輯門限，分別對應的是：場態邏輯，境態邏輯，模態邏輯。

在具體的詩歌文本中三個時空相態所激活的意向性，用公式分別表示為：
場耦激活：（EYC）｜……；境耦激活：（EYC）∫……；模耦激活：（EYC）⊙……。

在維度未分之時，「肉體──精神」維度與「表感──理念」維度糾纏在一起，所以當我們說「理念世界」的時候，就包含著「陰陽莫測之謂神」和「現象背後的規律」這樣兩個維極。當欲望動機維度和認知維度分開之後，繹理維極中就獨自承擔起理性認知的意向性，發展出「神諭」意識；而把「陰陽不測」歸到了「徵信」維極上去，就發展成了徵兆意識。神諭是不可變通的，是永恆的「理念世界」到來的前奏，所以，我們稱繹理維極的原型為「理靈」，是在原型圖式投射到繹理維極上的意向性。用公式表達為：（EYC）𝄐……。

人類的生命意志投射在繹理維極上的原型是自然神話，它構成門類縱橫的概念網絡世界以最切近的初始賦值機制，那是人類關注現象背後的自然規律的意向性。奧林匹斯山上的那些自然諸神們身上之所以呈現出的與人類相同的特性，甚至包括貪婪、嫉妒、仇恨、淫蕩等等負面屬性，就是在引導人們關注普遍的人性和相應的物性（比如日神的時光屬性），也就是人和宇宙相互耦合著的欲望時空的自然屬性，這是場態邏輯生成的前提，也是文藝復興以來的近現代科學文明的思想基礎。

按照法國學者羅蘭‧巴特的說法，像《詩經》這樣古老的文學經典文本，屬於「複數之文」，他進一步闡釋：

這類文乃是能指的銀河系，而非所指的結構；無始；可逆；門道縱橫，隨處可入，無一能昂然而言：此處大門；流通的種種符碼蔓延繁生，幽遠恍惚，無以確定（既定法則從來不曾支配過意義，擲骰子的偶然倒是可以）；諸意義系統可接收此類絕對複數的文，然

其數目，永無結算之時，這是因爲它所依據的群體語言無窮盡的緣故。〔註4〕

第一節　場耦激活：超限邏輯——越閾表達

一般來說，命題是蘊含在邏輯範疇中的一種判斷，比如當我們說「動物」的時候，其中就蘊含著「人是動物」這個判斷。在語言表達層面上，判斷是由一個動詞承擔的，這個動詞的抽象形式被凝縮爲英語中的「be」，漢語中的繫詞「是」與其大致相當。關於命題的作用，福柯說：

> 命題之於語言，如同表象之於思想……事實上，正是命題使聲音符號脫離其直接的表達價值並且最終在其語言學可能性中把它確立起來……命題所必不可少的三要素：主詞、謂語和它們之間的聯繫……所有的名詞性的命題都包含了一個動詞的看不見的存在……語言的入口處在於動詞突然湧現的地方……動詞起斷言作用……沒有這個詞，萬物都將沉默不語，並且，儘管同某些動物一樣，人們將可能十分有效地使用自己的聲音，但是，所有這些從樹林中發出的叫喊聲從未能結成巨大的語言鏈條。〔註5〕

命題，也正是索緒爾符號學的「能所關係」所呈現出來的核心內容，因爲上下位概念之間的關係就是能所關係：在種屬序列中呈現爲概念範疇，而在能指鏈中呈現爲命題。那麼，這個核心內容與語言的詩歌功能有關係嗎？索緒爾可是將其完全獨立出來從而使他的符號學與修辭學分離開來。但是，這種邏各斯中心主義式的驅離只能是畫地爲牢的做法，它同柏拉圖否定感官維度的眞實性一樣無效。比如，詩歌文本經常遭遇到「人是會思考的葦草」這樣的句式，它雖然用一個繫動詞「是」連接兩個名詞，但完全不考慮「人」和「葦草」在邏輯範疇上的關係錯位：「人」和「葦草」之間不構成上下位概念關係，因此，在邏輯範疇網絡中尋找不到系聯二者的線索。因此，「是」的這種系聯功能就成爲一種「越閾表達」或「超限表達」，也就是超越選擇限制規則的表達行爲，構成詩歌編碼的主要機制，也就是傳統修辭學所謂的「暗喻」。

〔註4〕〔法〕羅蘭·巴特，S／Z〔M〕，屠友祥譯，上海：上海人民出版社，2000：62。
〔註5〕〔法〕米歇爾·福柯，詞與物〔M〕，莫偉民譯，上海：上海三聯書店，2001：123～127。

　　越閾表達不只是表現爲判斷上的範疇跨越，也表現在名詞和動詞之間選擇搭配組合上的衝突。比如說「石頭在狂吠」，也是一種越閾表達。還有通感，比如「聽到了顏色」，也是一種越閾表達。

　　在上古漢語中，繫詞「是」還沒有進化出來。但這並不表示古代漢語缺乏判斷：「窈窕淑女」與「君子好逑」之間就已經構成了判斷，只不過這不是一種純粹的範疇判斷，而是一種關係判斷。《詩經》文本中雖然缺乏直接的越閾表達，但存在很多間接的越閾表達，比如《旱麓》中有：「瑟彼柞棫，民所燎矣。豈弟君子，神所勞矣。」「瑟彼柞棫」是「民」用以「燎祭」天神所焚燒的對象，而「豈弟君子」則是「神」所慰勞的對象。在焚燒的對象和慰勞的對象之間，存在著一種因果關係，那就是因燎祭的行爲而引起慰勞的行爲，也就是說，整個詩句包含著這樣的因果判斷：燎祭行爲是慰勞行爲之原因，慰勞行爲是燎祭行爲之結果。

　　我們首先把所有包括擁有判斷語氣和繫詞「是」在內的判斷句和被其他動詞所連接而構成的句子，全部看作是合乎範疇邏輯的命題，因此都被賦值爲繹理碼位，表達爲：EYC；然後按照主體的在場體驗形成超限邏輯推衍，表達爲（EYC）｜⋯⋯。結果就得出一系列超越於範疇邏輯限制的特殊關係，諸如因果關係、價值關係、審美關係、隱喻關係等等。

　　超限邏輯給詩歌文本帶來充裕的活力，亞里士多德所說的詩人善於使用隱喻等修辭手法的天賦，本質上就是這種應用超限邏輯的能力。其邏輯起點是永恆的「理念世界」，按照蘇格拉底和柏拉圖的說法，藝術世界是對理念世界的二次模仿，而境耦激活的本質，就是要激活這種潛在的模仿鏈條，從而還原出一個「理念世界」的邏輯預設來。

　　從傳統的命題邏輯和修辭學的角度來看，「生物」是「動物」和「植物」的共同上位概念，因此，從「生物」到「動物」和「植物」之間的推演過程，就是「演繹」的；相反，從「動物」和「植物」到「生物」的推演過程就是「歸納」的；而「動物」和「植物」之間的彼此推演，則是「類推」的。

　　類推，其實也隱含著共同的上位節點，只不過那個上位節點不是直接的，而是間接的，是超越直接上位節點而上溯到更高層的間接上位：「人」和「葦草」的共同上位可以越過「動物」和「植物」而追溯到「生物」那裡去。不過，從涉身哲學的角度來說，是將所有的節點都看做是耦連在一起的，於是就會在「家族相似性」的意義上，超越共同的上位節點而直接發現彼此之間

的關聯性，從而產生不同的激活效應。

萊考夫就認為，「屬」其實是「種」的隱喻。〔註 6〕這就意味著所有的上位概念都可以看作是下位概念的隱喻表達，也就是所謂的概念隱喻。於是，我們就可以把繹理碼位的隱喻情況（從詩性智慧的角度來審視的）區分為四類：橫向的節點之間的隱喻關係，就是依靠家族相似性所形成的類比推理；縱向的節點之間的隱喻關係，就是依靠上下位之間的種屬關係所形成的邏輯蘊含；貫向的節點之間的隱喻關係，就是依靠鏡像投射反身自指；神論則是將推理的邏輯起點上推到一個絕對主宰但又未知的秩序符號——「神」的所指意向性。

當我們把繹理碼位看作是一個隱喻系統的時候，就連上下位之間的種屬邏輯關係都被看做是隱喻，於是，以類推作為最基本的思維方式而得出的「理念世界」就呈現出來了。〔註 7〕

在中國古代文化中，用父子關係類推君臣關係，得出「齊家治國平天下」的家國理論，就是用家中的所有關係來對應國中的所有關係，最終家國不分，後宮干政，裙帶縱橫。這種類推方法充斥著整個《詩經》文本，俯拾即是。比如《魚藻》中的：「魚在在藻，有頒其首。王在在鎬，豈樂飲酒。」從「魚在藻」到「王在鎬」形成一種類推關係，由此而聯想到的就是「王」的遭遇和命運與「魚」相同。

《詩經》文本中幾乎所有的「興」和一部分的「賦」都具有類推效應。正是依靠類推，詩歌文本將符號抽象的概念範疇意向化為可感覺可觸摸的道理，它可以把地球看作是一個人體，土塊是其肌肉，岩石是其骨骼，江河是其血液，大海是其膀胱等等。

〔註 6〕萊考夫在《超越冷靜的理性：詩學隱喻實用指南》中指出：屬是種的隱喻，世界上的事物秩序呈現為「偉大的存在之鏈」屬：人類、動物、植物、複雜事物、自然物理事物。龐玉厚、劉世生，認知詩學與生態詩學〔J〕，外國語文，2009（02）：18。

〔註 7〕所謂的類推，就是從關係的相似性角度來進行推理。福柯把類推看作是像似性的一種，他說：第三種相似性是「類推」（『analogie）。這個古老的概念早已為古希臘科學和中世紀思想所熟知……例如，星星與星星在其中閃光的天空的關係也許也可以在這樣一些東西中找到：在植物與土地之間，在生物與生物居住的地球之間，在諸如礦石之類的鑽石與埋藏鑽石的岩石之間，在感覺器官與因這些器官而富有生氣的面孔之間，在皮膚雀斑與隱藏這些標記的身體之間。參見：〔法〕米歇爾‧福柯，詞與物〔M〕，莫偉民譯，上海：上海三聯書店，2001：29。

　　《詩經》文本中的「興」，作為「先言他物以引起所詠之詞」（朱熹語）的表達方法，本質上來說就是繹理碼位的在場激活，也就是類推。「關關雎鳩，在河之洲」和「窈窕淑女，君子好逑」之間，就存在著類推關係：河洲是雎鳩的家園，淑女是君子的家園（淑女的出嫁給君子建構了一個家園）。「桃之夭夭，灼灼其華」與「之子于歸，宜其室家」也存在著類推關係：桃花盛開是子實滿枝的前兆，女子出嫁是家丁興旺的前兆。

　　《詩經》文本中的「賦」，按照朱熹的說法就是：「敷陳其事而直言之者也。」最典型的就是《芣苢》文本，通篇都在「直言其事」。但由於「芣苢」中所蘊含著的信念力量是幫助婦女懷孕，於是，表面上「直言其事」的採摘芣苢行為就暗含著一種類推關係：從採摘芣苢之子，類推為採摘胚胎之子。

　　《采薇》文本中的：「昔我往矣，楊柳依依。今我來思，雨雪霏霏。」是非常明顯的「直言其事」，作者講述昔日之往和今日之來的不同場景。但明眼人一看就知道，這不只是描寫場景，其中蘊含著作者的傷感在內：「楊柳依依」和「雨雪霏霏」是兩個時節的標記，也是戰士出征（送往）和歸來（迎來）的見證，時光荏苒，春去冬來，作者在戰場上經歷了刀槍劍戟、浴血拼殺之後，終於僥倖生還，而家裏的父母妻兒又經歷了怎樣的變化，現在尚不得而知。類推的邏輯是這樣的：從「楊柳依依」到「雨雪霏霏」中呈現出季節時間的變化，由此類推開去就是：家裏父母妻兒是否安康，別來無恙乎？

　　傳統上對於有些文本的闡釋，存在著到底是賦還是興的分歧，歷來紛紜眾說，莫衷一是。比如《行露》第一章三句：「厭浥行露，豈不夙夜，謂行多露。」到底是興還是賦呢？從繹理碼位在場激活的角度上看，這個問題就可以擱置不論了。夜行有露會弄濕衣褲，帶來麻煩，這和無理取鬧的男人給我帶來無釐頭的訴訟之間存在著可以類推的關係。詩人的心中肯定沒有「興」和「賦」的概念，他就那麼隨便吟唱開去，自然就水到渠成，形成了詩性智慧。

　　有的時候把繹理碼位的在場類推誤讀為象表碼位的「比」，就會形成理解上的偏差，比如《相鼠》文本，歷史評價為「太粗」，原話是明代學者王世貞說的，陳子展先生在《詩經直解》一書中加以引用說：「愚見《相鼠》，民俗歌謠之言，誠不免於『太粗』。蓋刺統治階級荒淫無恥之詩。《毛傳》云：『雖居尊位，猶為闇昧之行。』是也。」之所以被認為「太粗」，主要是沒有理解其內部嚴密的類推邏輯，而只是滯留於表面的形象對比上，以為作者是拿老

鼠的皮和人的儀表來作比喻呢。實際情況不是這樣的，我們先看一下《相鼠》文本內容：

> 相鼠有皮，人而無儀！
>
> 人而無儀，不死何為？
>
> 相鼠有齒，人而無止！
>
> 人而無止，不死何俟？
>
> 相鼠有體，人而無禮。
>
> 人而無禮！胡不遄死？

首先，作為「諷刺統治階級荒淫無恥之詩」，是沒有問題的，表層詩意已經很是明確了，詩人甚至用「不死何為」、「不死何俟」、「胡不遄死」等類似咒語的方式來表達一種痛恨，這就很像民間流行著的那種責罵行為，因此，從這個意義上講，的確似乎有點「太粗」。但俗語有言：話糙理不糙。這首詩中所蘊含著的理，實在是很耐人尋味的。

詩人拿老鼠和人來類比，言外之意很明確，那就是，連老鼠都具有的東西，人卻沒有，這樣的人還活著有什麼意思呀？問題是，詩中所運用的類比推理是否合適，或者是否有「太粗」之嫌呢？所謂的類比推理，就是指對於不同的關係進行比併和類推，即：如果 A 和 B 是某種關係，C 和 D 也同樣是某種關係，那麼，就可以說 A 和 B 之間的關係就等同於 C 和 D 之間的關係。比如說：大地與江河是整體與部分的關係，人體與血脈也是整體與部分的關係，因此就可以說，江河就是大地的血脈。

《相鼠》文本中的老鼠的「皮」、「齒」、「體」三者之間的關係，是從外到內協調一致地統一在老鼠身上的三種功能：皮，是儀表，是外在的形象和樣態；齒，是作為齧齒類動物的老鼠的主要行為工具，老鼠的一生中絕大部分時間都在用於咀嚼，很多時候不是為了吃東西，而是為了磨牙，它們的牙齒如果不經常打磨，就會快速生長，最終無法使用，因此，可以把「齒」看作是老鼠行為的象徵符號，說「相鼠有齒」，主要就是在說老鼠有一種固定的始終如一的行為，這種行為雖然是老鼠的本能，但在詩人看來就是擁有一貫的行為操守，有行為底線；體，是包括四肢在內的整個身體，擁有最本質的生命機能，是內在於老鼠的本質屬性。

而對於人來說，「儀」、「止」、「禮」這三者之間的關係，就是外在儀表、行為舉止、內在精神從外到內地統一在人身上的功能屬性，這就與老鼠的

「皮」、「齒」、「體」三種功能屬性形成了完美的關係對應：人的儀表是最外在的功能屬性，行為舉止是人品人格是否有標準有底線的標誌，禮則作為內在的精神信仰構成人的本質屬性，是人區別於動物的標誌。這樣，一個非常完整的類比系統就呈現出來了，推理的精密程度令人歎為觀止，何粗之有？

第二節　境耦激活：理據邏輯——諧音指明

繹理碼位的境耦激活，是在追問命名理據的過程中實現的。其實，當符號被確認為是墨子「名實耦」的時候，一個潛在的問題就隨之而來了，那就是關於命名理據的追問：這個「耦」究竟是任意約定的，還是理據關聯的？中國古代先秦諸子和古希臘智者們都有過關於「名實」問題的爭論，像《荀子·正名》中所說的那樣：「名無固宜，約之以命，約定俗成謂之宜，異於約則謂之不宜。」〔註8〕就是典型的約定說，這與索緒爾的理論是一致的。相反的情況則是理據說，漢代劉熙的《釋名》一書這就是這一觀點的典型實踐，這也是充斥著詩歌文本中的諧音雙關表達效應的邏輯前提，甚至民間習俗中也普遍存在著用實物通過其名稱的諧音來表達祝願意思的情況（比如用「棗」和「粒子」兩種實物來諧音「早立子」，用「斧頭」來諧音「福」），其實道理都是一樣的——名實可分。被充分利用了的諧音命名所形成的雙關效應不是簡單的「約定俗成」或者「任意性」，那其實是能指給所指賦值的相似性理據——諧音，這種命名的相似性理據中蘊含著某種重要的表達效果就是：諧音相關表意，這樣，就可以脫離名稱所指代的「實物」，而在諧音雙關中延宕出詩歌文本的言說之「志」，這就是我們所謂的「指明效應」。如果「苤苢」只是作為指稱一種植物及其種子的任意性符號代碼的話，那麼，欲望主體就只能停留於在境的物性體驗上，如果追問其命名理據，和「胚胎」聯繫起來，就形成一種類推效應，詩人之「志」就很容易被揭示出來。這也就形成了一種擁有境耦激活效應的類推鏈條：欲望主體——名理耦——境耦效應——諧音雙關。

所謂指明，就是將詩歌文本編碼中的「名理耦」中隱而不顯的命名理據指示出來，其目的在於提供解碼詩歌文本中所蘊含著的「志」之線索和密鑰，從而將原本是個體在境體驗的物性揭示出來讓大家分享，並以此來構成詩歌

〔註8〕〔清〕王先謙，荀子集解〔M〕，北京：中華書局，1988：420。

文本信息的激活機制——繹理境耦激活。傳統名物訓詁中存在著很多關於命名理據的闡釋，但不是針對詩歌文本的編碼機制而言的，只是泛泛而論。漢代劉熙的《釋名》就是這樣一部闡釋學著作，而三國時吳人陸璣的《毛詩草木鳥獸蟲魚疏》，則是一部專門針對《詩經》文本中出現名物的闡釋著作。關於指明的重要性，福柯說：

> 使語言的起源重見天日，也就是要重新發現語言尚是純粹指明的初始時光。並且，通過這種方法，人們應該既說明語言的任意性（因爲能進行指明的可以不同於被它們所指明的，恰如一個舉動可以不同於它所針對的對象一樣），又說明語言與其所命名的深遠關係（因爲一個特殊的音節或詞總是被選擇用以指明一個特殊的物）。對活動的語言所作的分析，符合第一個要求，而對詞根的研究，則可以符合第二個要求。……因爲第一件事說明了符號取代被指明的物，而第二件事則驗證了符號永久的指明力量。〔註9〕

所有的命名，如果從理據上認定其能指和所指關係的話，就是追問二者的理據性。命名理據的本質，是能指和所指諧音相關，當我們讀到「芣苢」就聯想到「胚胎」的時候，實際上就是在利用諧音相關的命名理據。

但詩歌文本中的指明，不是一般的命名理據性闡釋，而是指明文本中先行呈現的符號能指與表達詩人之「志」的終極能指或潛在能指之間所形成的諧音相關效應，這在詩人來說，是一種有意識地「指明」，彷彿給出征探險的英雄送出的「阿里阿德涅線團」那樣，留出一條解碼的線索，或者說是賣了一個破綻，一個表露心中之「志」的苗頭或徵兆，讀者一旦領會了這種「指明」，就能夠在比較深層的意義上解碼詩歌文本。「諧音雙關」作爲詩歌文本的編解碼機制，從嚴格意義上說需要兩個能指完全「同音」，寬泛意義上說也可以指兩個能指「雙聲疊韻」的情況。因此，詩歌文本中韻腳上的字，都可以看作是兼具「諧音雙關」效應的編碼機制。或者換一種說法就是，詩歌文本中的指明有兩種情況，一種是命名理據上的，一種是韻律上的。

從本質上講，詩歌文本中的指明效應是一種選擇的結果。雙聲疊韻和韻腳上的字是爲了「言志」而故意選擇的，擁有某種命名理據的字更是故意選擇的。之所以選擇「雎鳩」而不選擇「鴛鴦」（同樣是水鳥而善匹），是爲了

〔註9〕 〔法〕米歇爾・福柯，詞與物〔M〕，莫偉民譯，上海：上海三聯書店，2001：142。

諧音「述」和「求」；之所以選擇「茉苢」而不選擇「車前」和「當道」，是為了諧音「胚胎」；之所以選擇「桃」而不選擇「杏」，也是為了諧音「兆」。

瞭解了指明性原則，還可以解決很多傳統上遺留下來的眾說紛紜的問題。比如，古往今來的注釋文本層出不窮，但牽強和分歧之處卻時有發生，其主要原因就是把某些字詞的訓詁與詩歌文本的編碼機制分離開來，勉強遷就於某一短語上的邏輯語義，而忽視文本整體的「言志」需求。下面我們就舉《關雎》中的「流」字為例，來說明這個問題。

眾所周知，任何一個訓解《詩經》文本的人，都無法迴避《毛傳》等漢代人的訓詁學著作，很多後學者都爭相祖述之而不敢越雷池半步，遭遇解釋不通的地方，就只好牽強附會，強作解人。對於「參差荇菜，左右流之。」一句中的「流」字，《毛傳》的解釋為：「流，求也。」《爾雅·釋言》為：「流，求也。」很可能是抄襲《毛傳》的。《爾雅·釋詁》為：「流，擇也。」和「求」的意思差不多，也有借鑒《毛傳》之嫌。那麼，《毛傳》為何要把「流」解釋成「求」呢？我們一時也不得而知，但這實際上卻等於給後學者們出了一道難題，於是不同的闡釋紛紜而出。清代陳奐《詩毛氏傳疏》中說：「古流求同部。流本訓求，而詁訓云求者，流讀與求同，其字作流，其意為求，此古人假借之法也。凡依聲託訓者例此。」清代馬瑞辰《毛詩傳箋通釋》中說：「流通作摎。《後漢書·張衡傳》注：『摎，求也』；《文選·思元賦》作『樛』，舊注云：『樛，求也』。『求』意同『取』，《廣雅·釋言》：『摎，捋也』，『捋』謂取之也。」兩位清代學者的說法不盡相同，但大致意思是從聲音通假的意義上來判別「流」本身就有「求」義，而且在別的文本中搜尋了很多相同的用例，更為重要的是，馬瑞辰先生竟然將「流」的闡釋遷延附會到「摎」和「樛」二字上去，如果照這樣的方法進行下去，不但了無頭緒，而且不得要領，因為詩歌文本的編碼機制是特殊的。

傳統的訓詁學在闡釋《詩經》文本的時候，總是要尋求一個在所有文本中都通用的確詁來，但實際上他們不知道，詩歌文本的編碼是不會滯留在某個確定的意義上的，它不同於在一般的散文中所要求的邏輯明晰性，而有的時候恰恰相反，故意在字面意思之下隱藏著一個所要表達的「言外之意」，以求達到某種謎語、讖語、神諭般的效果，而詩性智慧本身就是一個意向雲團，它總是期盼著隱喻地表達和言說，彷彿算命先生那樣總是留有迴旋餘地，而故意不把事情說得太過明確。詩歌文本中的諧音雙關，就是要收穫這樣的一

種「朦朧」效應。因此，從某種意義上說，詩歌用韻本身，除了語音上的韻律協調之外，就是要起到一種語意上的關聯貫通的作用，也就是首先確定一個用以「言志」的符碼，然後就以它為標準來確定一個韻腳，彷彿《紅樓夢》裏的姑娘們用給定的命題韻腳來賦詩行令那樣，其實，那些貫通詩歌文本的韻腳之字，並非在所有的文本中都擁有相同的義項，也不一定都能夠互相假藉使用。

因此，「參差荇菜，左右流之。」一句分明就是水流將荇菜沖的左右搖擺的樣子，其中的「流」就是「水的流動」的意思，根本沒有必要牽強附會為「求」，它是在諧音雙關著「求」，而不是必須闡釋為「求」，二者之間無所謂「依聲託訓」的「通假」，而是語帶雙關的表達方式，是指明性的文本編碼機制的應用。這和同一首詩歌文本中的「雎鳩」的「鳩」和「河之洲」的「洲」都不能訓解為「述」和「求」是一個道理。

其實單就這句詩而言，行為主體根本就不是人，而是緩緩的流水，除了諧音雙關「述」和「求」之外，還有另外一層象徵意義。老子有言曰「上善若水」，君子的求偶行為既然能從「雎鳩」的「關關」和鳴聲中獲得啟示，難道就不能從潺潺流水的溫婉從容中領悟出智慧嗎？男子的求偶行為往往容易急躁冒進，我們從後面的「求之不得，輾轉反側」中也看得出來，這就真的有從潺潺流水對於參差荇菜的溫婉態度中獲得啟悟的必要了。其結果就是後面的行為：一邊採荇菜，一邊唱山歌，甚至琴瑟鐘鼓全部用上了。這是否就是求偶的男子從潺潺流水中領悟了致命的禪機之後才獲取的進展呢？

如果將用韻這種寬泛的諧音雙關都看作是詩歌文本的特有編碼機制的話，那麼，《詩經》文本除了大部分不押韻的《頌》詩之外，其他押韻的部分都可以嘗試著從韻腳中尋求用以「言志」的符號編碼，其原理就在於釋理碼位的在境激活，從指明中收穫諧音雙關的表達效果。比如：《葛覃》中的「覃」有「延伸」的意思，雙關女子出嫁，將生命延伸到夫家；《桃夭》中的「桃」擁有「徵兆」的意思，雙關女子出嫁給夫家帶來的好兆頭；《樛木》中的「樛」有「就」或者「纏繞」的意思，雙關「福祿」像「葛藟」纏繞「樛木」那樣伴隨「和樂君子」；《芣苢》中的「芣苢」諧音雙關「胚胎」（據聞一多考證），詩歌伴隨採芣苢女子的行為，擁有了某種咒語巫術的功能意義——幫助婦女懷孕。如果說以上舉的這些還有「景」中含「情」的意味，也就是說即便不從諧音雙關的角度來分析，也可以從情景交融的表現手法上獲得「一切景語

皆情語」的闡釋，那麼，下面的這首詩歌文本中的韻腳字恐怕就是例外了。

《東門之池》文本內容如下：

> 東門之池，可以漚麻。
> 彼美淑姬，可與晤歌。
> 東門之池，可以漚紵。
> 彼美淑姬，可與晤語。
> 東門之池，可以漚菅。
> 彼美淑姬，可與晤言。

我們在進行文本分析的時候，固然可以著眼於「池」字，從弗洛伊德關於女性象徵符號（池象徵女陰）的意義上來進行心理學分析，但那是象表碼位的原型激活效應。如果從諧音雙關的角度來分析的話，那麼，分別使用的「麻」、「紵」、「菅」就全都作為一個諧音雙關的編碼呈現，其目的是要引出「歌」、「語」、「言」來，這可是追求愛情的真正武器：必須首先能夠對上歌，說上話，聊上天，然後才有可能進一步發展關係，收穫愛情。因此，與「彼美淑姬」對歌與通話，正是呈現在詩歌文本中的男主人公所要表達的「志」，當然，最終的「志」是要收穫美女的芳心，也都蘊含於其中。而「麻」、「紵」、「菅」本身的所指意義幾乎不被文本所彰顯，如果讀者滯留在這三種植物分別是什麼樣的、有什麼功用等問題上，那就徹底與詩歌文本的編碼信息無緣謀面了。

指明效應甚至還可以將文本的編碼機制延伸到文本之外超越於詩人創作本身的意向性上去，這就形成了羅蘭·巴特所謂的「可寫之文」，也就是可以不斷被讀者所改寫和重新創作的「複數之文」，比如文本《氓》中的「氓」，根本不在韻腳上，詩歌作者也沒有刻意渲染「氓」的諧音效應，彷彿只是通過文本敘事來感慨女主人公的命運不濟，或者頂多是反應了當時普遍的女性低下社會地位和悲慘命運。但運用指明性原則，我們就可以通過「氓」的諧音效應這個密鑰進入一個詩人自己也不一定能夠意識到的深層領域（也可能是詩人的有意而為，只是後來的讀者們沒有領會），發現蘊含了超越於對女主人公個體命運反思之外的普遍人性的盲區效應：那個盲區不只是針對「氓」這個男人的「二三其德」，而且是在女主人公身上存在的普遍的人性特點。下面我們就對《氓》文本所揭示的這種基於普遍人性的盲區效應，嘗試著進行分析。

　　《氓》文本中的「氓」，其實就是「民」，「民」在《說文解字》中，被許慎闡釋爲「眾萌也」。「民」字的甲骨文和金文寫法，都像用一把錐子刺瞎眼睛，也就是人爲地使人變成「盲目」者，這可能向我們訴說著當時奴隸們的真實遭遇，後來被說成「眾萌」的這群人，是在隱喻的意義上來彰顯他們蒙昧無知的生存狀態——像盲目者那樣被遮蔽著光亮。

　　然而，盲目還只是淺層次的隱喻，更深層次的隱喻是「盲心」，是從「氓」的諧音上引申出來的詩性智慧。表面上看，文本是寫一個女主人公的遭遇，實際上，它是在揭示著人類對於自身人性盲區的不自知，就像俄狄浦斯王那樣無法躲避被神諭所告知的命運那樣，一步步走向自己的盲區。我們分析如下：

　　詩歌文本開篇就從「氓之蚩蚩」開始了人類之盲的揭示，青年男子那「蚩蚩」的音容笑貌的確憨態可掬，也可能很帥氣、很強壯、很陽光，總之是從外在的容貌上表現出很光鮮亮麗的一面來，這著實很具有殺傷力，即便已經被女主人公當場識破了「匪來貿絲，來即我謀」的真實意圖，但女主人公還是情意綿綿地「送子涉淇，至于頓丘。」而且臨別還不忘記叮囑青年男子要尋找一個「良媒」，並私自定下了秋天作爲婚期。如果從「蚩蚩」之貌而獲得好感並私定終身，這就是「盲於貌」。

　　人在青春期的時候，往往又是「盲於性」的，經常被旺盛分泌的荷爾蒙所衝昏頭腦，男女之間相互欣賞的基本要素都是動物學意義上的第二性徵：男的要身體強壯，女的要容貌豔麗。所謂的一見鍾情，多半是以此爲基礎的，帥氣也好，漂亮也罷，本質上說都是基於相互之間本能的性吸引。

　　一旦偷食禁果之後，情感可能急劇升溫，於是就從「盲於性」變成「盲於情」，兩人依依不捨、流連忘返、情意綿綿、依依惜別。最後在分手的時候就開始謀劃婚姻之事了，於是就「盲於禮」——要尋找「良媒」，這反應了當時的社會習俗對於「媒」的要求已經成爲男女締結婚姻的常態禮節，因此，任何人類個體都無法超越於這個世俗的約束，而之所以稱之爲盲區，就是因爲它不但與真正的愛情無關，還會殘虐和扼殺愛情。

　　伴隨故事情節的發展，我們發現的真實情況是：女主人公就像俄狄浦斯王那樣無法迴避地徑直走向了自己的命運，無論是忠厚老實的「蚩蚩」相貌，還是帥氣陽光的青春氣息，或者是一見鍾情的依依惜別，還有特意尋找來的「良媒」，都無法挽回那個神諭的宿命——最終被拋棄。因此，「盲」作爲人

性中最大的一個弱點，還將繼續演繹下去，直至它的歸宿。

接下來，就是望眼欲穿地等待和期盼，這是「盲於性」和「盲於情」的進一步延續，青春期的女孩子一旦偷嘗了禁果，就無法阻遏那洶湧而來的生理渴求，在這種生理渴求之下，一切都無所顧忌，生命肆無忌憚地張揚著這種渴望：一日不見如隔三秋，思念之情無法遮掩，以至於聲淚俱下，「泣涕漣漣」，全無少女的羞澀與矜持；一旦相見便忘情於打情罵俏、男歡女愛、「載笑載言」。這到底是「性」還是「情」，或者二者兼而有之，已經無法分辨清晰了，其實很多青年人往往都是把「性」當作「情」來看待的，以為「愛」就是渴望給予或者得到滿足，從某種意義上說，也可以看作是「性」的需求遮蔽了「情」，或者是以「性」代「情」了。因此，那一日不見如隔三秋的彼此思念，多半是基於一種性的饑渴。把饑渴說成「思念」，這本來就是一種有意無意的「盲」，這就直接導致了女主人公將這種基於性饑渴的「思念」誤以為是可以託付終身的兩情相悅的美滿姻緣的開端。

接下來的事情就都順理成章地進展了，但女主人公已經開始步入自己的下一個盲區了——「盲於卜」。占卜算命，掐算男女的生成八字是否相合，即便在當下，也很流行，如果把這個看作是一種娛樂還可以，當真的話就很危險了，而我們的女主人公恰恰就當真了。於是，在「爾卜爾筮，體無咎言」之後，就順利完成婚禮。這就是「盲於卜」，女主人公完全相信了占卜巫師所說的話，當然，從心理學的角度講，她欲望著這個結果，巫師是順著她的意願來說的，她沉浸在自己給自己設定的盲區之中。

同樣，婚禮也不能免俗：「以爾車來，以我賄遷。」這就是當時的嫁女習俗，父母是要給出嫁的女兒拿陪嫁的禮品的，這就是「盲於俗」。在婚姻嫁娶的時候，有很多習俗要遵守，其實所謂的陪嫁禮品，不只是物品而已，還擁有相當多的祝福含義，甚至是巫術意義上的功能，比如懷抱斧頭諧音「福」，懷揣大棗和栗子諧音「早立子」等等，各種陪嫁禮品可能都有自己的獨特意義在。這就是民間的習俗，陪嫁禮品中傾注著父母對出嫁女子的美好願望和祝福，但事實往往並不能如願，因此，這很可能又是一個騙局，把女主人帶入了「盲於俗」的遮蔽中。事情的發展果然如此。

接下來，詩人又藉由女主人公之口對「盲於耽」進行了深刻的闡釋，可謂是鞭闢入裏、精湛至極，將詩性智慧演繹得淋漓盡致。所謂「耽」，就是沉溺、沉湎、深陷於情色之中。詩人強調了「士之耽」和「女之耽」的不同，

這實際上是揭示了男女因性別差異，而在愛情盲區中所呈現出來的截然不同的個人際遇：男子可以移情別戀、另覓新歡，女子則深陷其中不能自拔。這不是主張男權思想，而是在用詩性智慧展現一個真實的自然法則：在基因的操縱下，所有的雄性動物都傾向於遍地播撒種子，所有的雌性動物都傾向於選擇最優秀的種子來繁殖後代，二者的目的都是要努力複製自我，一個是為了保證數量上最多，一個是為了保證質量上最好。因此，女子的「盲於耽」是基因帶來的盲區效應，這對於當下的人們來說差不多是常識，而對於兩三千年前的詩人來說，我們只能說是一種敏銳的直覺把握，是詩性智慧在閃爍。

緊接著，女主人公又對「氓」的「盲於德」進行了嚴厲的指責：士也罔極，二三其德。在詩人看來，那個笑嘻嘻的「氓」根本就是一個德盲，他根本就沒有道德約束感，因此，道德對於他來說形同虛設。因此，女子如果寄託於道德約束的力量來挽救婚姻，也是無濟於事的，因此說她是「盲於德」，也就是盲信道德的約束力。道德，只是用來譴責別人的價值系統，而對婚姻缺乏任何的法律約束力和保護力。因此，千萬不能輕信那些謙謙君子們的滿口仁義道德，一旦輕信了，就自然構成了你自己的一種遮蔽、陷阱和盲區。

女主人公還曾經想用勤奮勞動的方式來挽回這段婚姻，它「夙興夜寐，靡有朝矣。」然而，一切的努力，都無濟於事，終日勞作也無法挽回失敗的婚姻，這就是「盲於勞」。

在婚姻徹底失敗之後，女主人公離開了那個見異思遷、移情別戀的男人，回到自己父母兄弟的身邊，本以為手足之情可以慰藉她那顆受傷的心靈，但是千萬沒有想到的竟然是：「兄弟不知，咥其笑矣。」——這是對女子「盲於親」的揭示：作為天下至親的兄弟姐妹都無法理解她，那可是她從小到大一直相依為命的真正家人呀。這已經是她對人生賴以寄託希望的最後一根稻草，也是她體驗人生溫情的最後一絲期盼，是感受人生冷暖的最後一道底線，可是，她寄託於親人理解之上的泡影頃刻之間就被「兄弟不知」的「咥其笑矣」給打破了，那是多麼的無情、冷漠與忽視呀！她終於痛苦地發現，原來所謂的「親情」，也是一個誤區。因此說，她是「盲於親」。

最後，詩人藉由女主人公之口對最初的「盲於誓」進行了深刻反省。曾經的「信誓旦旦」，如今還婉然在耳，可是，那個人已經「反」其誓言而行之了。那麼，這樣的誓言，除了提供遮蔽的盲區之外，除了形成自欺欺人的騙局功能之外，除了給女主人公安置一個人生的陷阱之外，除了誤導你進入人

生的誤區之外，還有其他別的什麼功能呢？因此，是之謂「盲於誓」。

　　整首詩歌文本，全部籠罩在一個從「氓」字那裡獲取的諧音效果之中，那個諧音所意指的就是詩人用詩性智慧的編碼所建構起來的迷宮，其中藏著一個「志」——詩人想要揭示出來的人性弱點，那就是需要解讀成「萌」或「盲」的盲區效應。詩人期盼著通過詩歌文本傳遞出一種詩性智慧就是：人生的遮蔽無處不在，尤其是在婚姻愛情中，表現得尤其多樣化，林林總總，不一而足。這些人生的盲區，就像一連串的陷阱一樣，令人猝不及防，只要稍作滯留，就會陷入青蛙困境中不能自拔。下面我們就將詩歌文本所揭示出來的人性的一系列盲區效應在詩歌文本之後標記出來：

氓之蚩蚩，抱布貿絲。　盲於貌

匪來貿絲，來即我謀。

送子涉淇，至于頓丘。　盲於性

匪我愆期，子無良媒。

將子無怒，秋以為期。　盲於禮

乘彼垝垣，以望復關。

不見復關，泣涕漣漣。　盲於情

既見復關，載笑載言。

爾卜爾筮，體無咎言。　盲於卜

以爾車來，以我賄遷。　盲於俗

桑之未落，其葉沃若。

於嗟鳩兮！無食桑葚。

於嗟女兮！無與士耽。

士之耽兮，猶可說也。

女之耽兮，不可說也。　盲於耽

桑之落矣，其黃而隕。

自我徂爾，三歲食貧。

淇水湯湯，漸車帷裳。

女也不爽，士貳其行。

士也罔極，二三其德。　盲於德

三歲為婦，靡室勞矣。

夙興夜寐，靡有朝矣。　盲於勞

言既遂矣，至於暴矣。

兄弟不知，咥其笑矣。　盲於親

靜言思之，躬自悼矣。

及爾偕老，老使我怨。

淇則有岸，隰則有泮。

總角之宴，言笑晏晏。

信誓旦旦，不思其反。　盲於誓

反是不思，亦已焉哉！

第三節　模耦激活：模態邏輯——神話蘊含

模耦激活，實際上就是激活了模態邏輯。模態邏輯所對應的自然語言的詞彙是「必然」或者「可能」。對應的思維方式就是神話，在此，人不是人（這是違背形式邏輯的），而是：一半是天使，一半是野獸，是獅身人面像，是牛首人身的帝嚳，是人面蛇身的伏羲等等。

模耦的最大特點是鏡像性，人類從神話主角中看到的是自我的影像，也就是鏡像出自我來，也就是反身自指。也可以反過來說，是人類將自己在模時空相態下的欲望投射到繹理維極上去，就形成了這些神話角色。這種神話思維與圖騰思維不同的地方在於，圖騰物完全是那個動植物本身。

神話思維真實地將人類的自然屬性揭示出來，因此就形成了古希臘眾神們身上所攜帶著的人性弱點，這也構成了柏拉圖和蘇格拉底批判荷馬的根本原因。這的確形成了東西方文化之間非常強大的反差，儒家的孔子對於《詩經》的態度可是「一言以蔽之曰思無邪」的呀，關於這一點，葉舒憲先生曾經評價到：

> 孔子在拒斥神話的同時推崇詩歌，這無異於拒絕接受神話的非理性內容而接受了神話思維的非邏輯形式，而這種神話思維的非邏輯形式對於奠定中國哲學思維的傳統、塑造中國特殊的理性人格形態均有不可估量的潛在作用。〔註10〕

其實，最關鍵的問題還不是內容與形式是否理性，而是理性的內容和形式都處於不同時空相態之中。內容與形式是不可絕對分割開來的，在場理性

〔註10〕葉舒憲，詩經的文化闡釋〔M〕，西安：陝西人民出版社，2005：407。

用的是形式邏輯，在境理性用的是類比邏輯，在模理性用的是模態邏輯。而就「神話思維」來說，其內容的確是非理性的，但就其形式而言，則不完全都是非邏輯的，古希臘神話就蘊含著推演邏輯，那就是把命運作為一切的邏輯起點，就連諸神和英雄們也必須服從；而《詩經》中則蘊含著更多的類比邏輯，從動物和植物的自然屬性中引譬連類出人的社會屬性，所謂的「后妃之德」就是從「雎鳩」鳥的善匹行為中類推出君子淑女的匹偶行為，彷彿這就是天經地義的真理。也就是說，演繹推理和類比推理都是在強調某種「理」，但「理」的形式和內容都是不同的，因為它們各自存在於不同的時空相態中，唯一相同的是它們擁有相同的「繹理」維極這個意向性。

當柏拉圖和蘇格拉底建構自己的理想國的時候，已經進入到場相態空間中了，滯留在此所看到的世界，不光表象是假的，神的身上擁有人性的弱點也是不可以接受的，因為它違背了「神就是神」這個同一律，形成了「神不是神」這樣一個悖論。

孔子的思維方式與《詩經》引譬連類的類比方法相一致，都是遵從「立象見意」這個邏輯預設的，所以孔子是不批判《詩經》的。也就是說，柏拉圖和蘇格拉底所說的理性，與孔子所堅持的理性，不管是形式還是內容，都是不同的。因為他們處於不同的時空相態當中，所依據的邏輯預設不同，得到的理性也自然不同。

笛卡爾的「我思故我在」，說的就是在場；拉康的「我思故我不在」，說的就是在境。在場相態，依賴理性思考的邏輯預設來獲取；在境相態依賴感性知覺的邏輯預設來獲取。「我思故我在」中的「我」是在場相態的「我」，「我思故我不在」中的「我」是在境相態的「我」，在境相態下的「我」是只能通過感官閾限內的耦合效應來得到的，因此，我思故我（感性的我）不在——用在場思考的方式反而得不到肉體和感官的我。

這裡，我們以《大雅·生民》中的神話情節為例，來闡釋模時空相態下的理性演繹過程。

后稷出生後的種種奇蹟，都是周族自我意識在神話世界中的投射，是他們心目中的英雄祖先的象徵符號，他們從這個象徵符號中鏡像出一個理性世界，作為農業文明的全部依託。眾所周知的是，農業種植依賴的是播種行為，而播種行為的表象則是一種「拋棄」，專門揀選那些最為優良飽滿的種子來拋棄，而這種拋棄意味著更大的收穫，也就是所謂的「春種一粒粟，秋收萬顆

籽」。這種理性意味著：要在捨棄與收穫之間獲取生的平衡，也就是在「捨」和「得」這兩個極端對立之間，找到了一種賦值之「耦」。

可是，漢代人的坐實闡釋，全面遮蔽了這種詩性智慧，將詩歌文本降格為歷史文本，不但造成了當時的重大誤解，而且還給後代人帶來了很多麻煩，它無形中提供了一種文化語境，作為學術思考和研討的大前提被放置在某種源頭處，如果後代人不仔細甄別，而將這種誤讀所造成的「源頭」效應看作是真實的詩性智慧的大前提，麻煩可就大了，簡單說就是把一個紙老虎當作真老虎來對待，豈不是現實版的「無的放矢」嗎？按照詩性智慧來解碼詩歌文本，后稷根本就沒有被拋棄過。因此，圍繞「棄子」之說所做的一切研究都是無效的。

自從漢代史官司馬遷將「棄子」說記載在《史記》文本中，詩歌文本《生民》中的那個富於象徵性的藝術符號——真，就開始逐步被坐實為信史資料了。司馬遷在《周本紀》中對於姜嫄和后稷的故事作如下敘述：

> 周后稷，名棄。其母有邰氏女，曰姜原。姜原為帝嚳元妃。姜原出野，見巨人跡，心忻然說，欲踐之，踐之而身動如孕者。居期而生子，以為不祥，棄之隘巷，馬牛過者皆辟不踐；徙置之林中，適會山林多人，遷之；而棄渠中冰上，飛鳥以其翼覆薦之。姜原以為神，遂收養長之。初欲棄之，因名曰棄。

在這段敘事中，司馬遷一開始就從后稷「名棄」這個命名上強調了后稷出生後被拋棄的信史意向性，又在結尾處再次強調如此命名的原因——「初欲棄之，因名曰棄。」至於為何要拋棄這個剛剛出生的孩子，他在敘事中杜撰的理由是「以為不祥」，而《生民》文本中卻只說「無災無害」。更為重要的是，司馬遷對於《生民》文本中「克禋克祀」的求子細節故意隱匿不說，就充分暴露出這樣一種敘事心態：「禋祀求子」而又「無災無害」，這和「以為不祥」之間顯然構成了嚴重的自相矛盾，因此只能選擇臆測的「以為不祥」來作為「棄子」的理由，而不能兼列詩歌文本的具體細節內容而造成敘事邏輯的混亂。由此看來，司馬遷對於「棄子」的傳說應該是信以為真的，否則就不會如此苦心孤詣地釐清敘事的邏輯脈絡。但，有一個事實是明確的，那就是：他無意中破壞了詩歌文本編碼的完整性，並造成了信息的嚴重丟失，更為主要的是，他給後來的研究《生民》文本的學者們杜撰了一個虛構的大前提——棄子。

情況也很可能是這樣的：在漢代，關於《生民》故事的闡釋，已經在民間演繹成了確鑿無疑的「棄子」定論。而司馬遷的《史記》文本只不過是對於民間流傳故事的復述而已。如果是這樣的話，就意味著，對於詩歌《生民》文本的誤讀，是一種集體無意識造成的，那就是：把詩歌文本當做了信史文本來解碼了。但不管如何，一個被誤讀了的虛構的大前提至少在漢代已經形成了。於是，面對這樣一個杜撰出來的大前提，當《詩經》研究進入到現當代的學科融合的背景下，學者們通過歷史學、文化人類學以及社會學的視角所形成的闡釋結論就出來了，諸如「殺長宜弟」、「淘汰儀式」等等說法，都是基於這個大前提的。那麼，如果這個大前提根本就不成立，所有這些說法及其考證，就沒有任何意義了。

關於歷史文本和詩歌文本的編解碼區別，早在亞里士多德就曾經關注過。在他的名著《詩學》中明確表達了關於詩歌文本信息內容的意向性範圍：

不可能發生但卻可信的事，比可能發生但卻不可信的事更為可取。〔註11〕

那麼，究竟什麼事情是「不可能發生但卻可信的事」呢？那就是夢想中的事情。真實的人類歷史，是充滿著苦難和艱辛的，往往是不如意的，人們在這樣真實的歷史當中依靠信念的支撐苦苦掙扎著，幻想著那些可望而不可及的事情，而這些，就構成了詩歌文本的最好內容。然而歷史文本要求記載的卻是真實發生過的事情，不管是願意的還是不願意的，是歡樂的還是痛苦的，在古代生產力水平極其低下的情況下，更多的歷史現實都是和人們的幻想南轅北轍的，也就是說，幻想中的事情，基本上都是在現實中無法發生的。因此，從本質上講，詩歌文本和歷史文本所傳遞出來的信息應該是彼此矛盾的，亞里士多德正是在這個意義上，強調著「詩學」（相當於我們的「文藝學」）文本信息的意向性或價值取向。但史詩文本中，的確包含著自相矛盾的成分。

眾所周知，「民以食為天」是古代初民在經歷了種種饑荒苦難甚至是流離失所、餓殍遍野、易子而食的厄運之後所形成的民族共識，這就決定了農業文明的最大夢想：在播種後有收穫，在捨棄種子之後，能夠帶來收益，也就是我們前述的農業文明的「理性」。實際上，在生產力水平極其落後的情況下，農業文明多半是靠天吃飯的，任何的天災，哪怕是一場冰雹，一陣狂風，都可以瞬間將這種夢想著的「理性」粉碎掉，於是，那夢想著的「理性」就逐

〔註11〕 〔古希臘〕亞里士多德，詩學〔M〕，陳中梅譯，北京：商務印書館出版，1996：170。

漸演變成一種急切的渴望，一種殷切的期盼，甚至是一種望眼欲穿的祈求。而這祈求化作傾注的符號載體，就成爲了「后稷」。

因此，在后稷的別名「棄」中所蘊含著的故事，並非莫須有的虛妄的「拋棄孩子」的歷史的真實，而是實實在在、真真切切的欲望的虛構，那就是：不可能發生但卻可信的事。

在這裡，歷史的真實與欲望的虛構之間，形成一對奇妙的鏡像。這就是模態時空下的模態邏輯，在必然與可能之間徘徊著的竟然是：既是，又非；既捨，又得。

第四節　原型激活：神諭邏輯——讖語效應

永恆不變的理念，也就是世界本身的秩序和規律，這就是繹理碼位的原型，比如花草樹木，彼此之間都存在著天然的界限，即便你不用概念去界定它，它也是按照自己的本來面貌呈現著的，在其內部存在著井然的秩序性，但這些秩序又是需要人爲認知的，更爲重要的是，人還可以把這些範疇化了的天然秩序統合起來，歸結爲一個渾圓的整體。這就是神話邏輯所揭示的秘密。

從本質上講，神也就是我們所謂的「理靈」，它不完全是迷信的對象，也不是單純的情感傾注符號或精神信仰對象，而是一個未知但可以進行演繹推理的存在維度。古代漢語中的「神」——是意指雷電中所蘊含的神秘力量。

《說文解字》：申，神也。七月陰氣成體，自申束。甲骨文字形是：𝌆。金文字形是：𝌆。《說文解字》：電（電），陰陽激耀也。從雨從申。金文字形是：𝌆。《說文解字》：神，天神引出萬物者也。從示申聲。金文字形：𝌆。

這種來自於閃電的神秘力量，可能構成我們生命起源的契機。在生命源起的實驗中，用閃電來激發原始湯，以模仿生命最初在地球上誕生的過程；構成生命活動的新陳代謝，基本上都是在電磁力的層面上進行的；場導效應中所形成的攜帶基因信息的電磁輻射很好地闡釋了基因突變的定向性（並非都是對 DNA 序列的隨機干擾破壞）；雙胞胎之間的心靈感應存在著和無線電波通訊相類似的信息傳遞機制；宇宙背景輻射中應該蘊含著足以影響地球生命的智慧信息系統。近百年來突飛猛進的科學技術已經證明了，事實上存在著一個神秘的編碼者：當我們利用無線電通訊設備的時候，信息通過電磁波

來傳遞，而飛鳥在空中飛翔，穿越這些攜帶信息的電磁波，它們卻無法從中獲取任何關於人類談話的信息，可這並無法證明信息編碼的不存在，在這裡，對於穿越電磁波的飛鳥來說，我們就是上帝，而在另外一種情景中，我們就成為上帝眼中的飛鳥了。

《荷馬史詩》中的自然神，本質上是一個象徵符號，那就是理性的原型，它依靠的是戰勝了代表野蠻的父親而獲得的理性統治秩序。宙斯作為天空和雷電之神，作為生殖力量被象徵著，到處播撒生命的種子，這與大地上的萬物復蘇、種子萌生伴隨雷光電閃而呈現的情形相互耦合著。這是一個三位一體的宙斯：生殖力是原型，閃電是概念，成就閃電現象的電磁原理是理念。

因此我們說，神話原型和圖騰原型是相互對抗的，分別位於繹理維極和象表維極；宗教原型和巫術原型是相互對抗的，分別位於徵信維極和物實維極。

神諭是一種定型了的命運，是無法改變的邏輯預設，這點與「永恆理念」僅差一步之遙。

神諭在詩歌文本中呈現為讖語功能。而自然神話在本質上是充滿著神諭色彩的寓言，擁有讖語或判詞的表達功效，這就是古希臘神話故事及其《荷馬史詩》的迷人之處。激活程序需要首先將詩歌文本中呈現出來的符號進行繹理碼位的賦值定位：EYC；然後進行原型激活：（EYC）$\oint$……。

神話的原型，是世界通用的：被神諭告知的命運是永遠都繞不過去的難題，即便像泰坦諸神和宙斯這樣的神靈都無法逾越，那麼像俄狄浦斯、阿喀琉斯、普羅米修斯、西西弗斯等英雄就更是無法逾越的。而諸神和英雄的命運，也就是人類命運的象徵。

如果把一個民族的興衰史看作是一個現實演繹著的文本的話，那麼，在這個宏大敘事中，《詩經》文本就可以看做是伴隨周王朝興衰歷史的神諭。今天，當我們用事後諸葛亮的眼光來看，很多篇章都彷彿構成了個體人物、諸侯國、整個朝代命運的讖語，需要等待歷史故事情節的進一步展開之後，才能得到最終的驗證。雖然《詩經》文本沒有像古希臘神話故事那樣直接呈現為神諭式的預言，但由於詩性智慧是一種耦合智慧，具有一種跨越時空的預見功能，這和作夢、占卜、算命之類的預見功能很相似（只不過它們都呈現在徵信維極的原型意向上）。夢中顯現著欲望主體的意向痕跡，占卜巫師和算命先生也往往藉由事主身上無意中透露出的某些端倪，來推演事情可能的進

展方向及其結局，而神諭則是直接地告知命運的結局和必然結果。

因此，凡是預示著某種必然結果的跡象，我們就可以把它定義爲「準神諭」，它雖然沒有委託文本中的某個角色出來直接告知，但卻通過文本的敘事功能，成功地隱含了某個必然的結局。這或許屬於詩歌文本的自我暴露功能吧，它將詩人內心深處的某種潛在意向性，隱微地呈現出來，甚至作者本人都不自知。

我們認爲，從《詩經》文本的跨越時空的神諭功能上看，《國風》是每一個諸侯國命運的讖語，《雅》是周王朝命運的讖語，《頌》是整個中華民族「家天下」歷史週期律命運的讖語。

《國風》的讖語效應，我們舉《秦風》爲例來說明。

《秦風》中的詩篇，已經從字裏行間透露出後來秦國的發展脈絡和基本走向，秦始皇的種種行爲，早在距離其 500 多年前呈現在詩歌中的「風習」就初露端倪。我們可以從《車鄰》、《駟驖》、《小戎》、《黃鳥》、《無衣》等詩篇中，考察這些在文本中肆然裸奔著的前兆。

漢代人在《詩經》文本各篇的標題之下寫了類似於題解的文字，稱之爲「毛詩序」，《關雎》篇前爲「大序」，其餘篇前則爲「小序」。「大序」總論《詩經》內容主旨，認爲其反映了當時各個諸侯國的政治狀況：

> 治世之音安以樂，其政和；亂世之音怨以怒，其政乖；亡國之音哀以思，其民困。〔註12〕

《小序》則以具體的歷史來解說詩歌，也就是所謂的「以詩證史」。具體指出各篇的時代背景，政治狀況，所牽涉的人物事件，以及詩歌文本中所透露出來的詩人的價值評判，也就是所謂的「美刺」說。

但不管「大序」還是「小序」，都是針對當時的社會政治事件來說的，都是從狹義的「詩言志」的「志」來說的，而不是我們所說的詩歌文本的神諭效應或「自我暴露」功能。比如《車鄰》的「小序」就說：「美秦仲也。秦仲始大，有車馬禮樂侍御之好焉。」〔註13〕

陳子展先生《詩經直解》在《車鄰》文本第一章後注釋中，引明朝人孫礦的話說：「陡出寺人字，絕有陋致，隱然微諷意。可見秦寺人重。後來趙高之禍，已兆於此。」〔註14〕由此可見，《車鄰》文本中這種徵兆效應已經被前

〔註12〕〔清〕阮元校刻，十三經注疏〔M〕，北京：中華書局，1980：270。
〔註13〕〔清〕阮元校刻，十三經注疏〔M〕，北京：中華書局，1980：369。
〔註14〕陳子展，詩經直解〔M〕，上海：復旦大學出版社，1983：376。

輩學者們關注過。《車鄰》原文如下：

> 有車鄰鄰，有馬白顛。
>
> 未見君子，寺人之令。
>
> 阪有漆，隰有栗。
>
> 既見君子，並坐鼓瑟。
>
> 今者不樂，逝者其耋。
>
> 阪有桑，隰有楊。
>
> 既見君子，並坐鼓簧。
>
> 今者不樂，逝者其亡。

　　孫礦非常敏銳地把握到「寺人」這個蛛絲馬蹟，並從此聯想到「趙高之禍」，並非刻意牽連、過度解讀之舉。雖然從詩人的行文本身還看不出他有這麼遠的「志」，但詩性智慧中的確已經隱約透露出一種必然的歷史結局，那就是：秦國依靠崇尚武力和斬首之功的價值導向，一步步走上了憑藉武裝力量平定諸侯爭霸的戰國局面，最後向「以法爲教，以吏爲師」的一統天下邁進。而正所謂「成也蕭何敗蕭何」，武功和吏治成就的是萬世霸業的繁榮假象，其內部正在醞釀著趙高「指鹿爲馬」、「二世而亡」的必然命運。就連詩人自己也無法想到這種 500 年後的結局，其徵兆卻呈現在詩人所創作的文本中，這就是詩性智慧的超越之處或「複數之文」的衍生特質。

　　同樣在《車鄰》文本的後兩節所呈現出來的及時享樂思想，也恰恰就是大秦帝國二世而亡的必然徵兆。唐代的杜牧用《阿房宮賦》來總結這個歷史故事和秦帝國滅亡的教訓：「六王畢，四海一，蜀山兀，阿房出。……歌臺暖響，春光融融；舞殿冷袖，風雨淒淒。……一肌一容，盡態極妍，縵立遠視，而望幸焉。……滅六國者，六國也，非秦也。族秦者，秦也，非天下也。嗟乎！使六國各愛其人，則足以拒秦；使秦復愛六國之人，則遞三世可至萬世而爲君，誰得而族滅也？秦人不暇自哀，而後人哀之；後人哀之而不鑒之，亦使後人而復哀後人也。」

　　完成統一大業的秦始皇極盡奢侈享樂之能事，將《車鄰》文本中所描寫的那位祖先——「始大」的秦仲之「並坐鼓瑟」、「並坐鼓簧」行爲遠遠地拋在了歷史的盡頭，假如他真的在天有靈，也只能落得個望洋興歎的結局了。但令秦仲所不自知的是，有一個文化的基因，已經在他的血脈身軀中蠢蠢欲動了。

　　如果說，《車鄰》文本中還只是釋放出後來秦帝國命運的兩個信號——吏治和縱樂，那麼，還有一系列的其他信號，也都接二連三地在《秦風》組詩中釋放出來。

　　《駟驖》文本描述的是秦襄公田獵之事，其實就是尚武精神的顯現，是武力征服的價值取向在狩獵場上的演練。

　　《小戎》文本是讚美秦襄公討伐西戎之詩，所描述的全部是戰馬的樣態及其身上的裝飾，詩人不厭其煩地展現那些非常生僻的用以專門指稱戰馬身上所佩戴的特殊用具的詞匯，其目的就在於要彰顯這種戰場上的人與馬縱橫馳騁的颯爽英姿，其尚武的價值取向溢於言表。

　　《無衣》文本「小序」說：「刺用兵也。秦人刺其君好攻戰，亟用兵，而不與民同欲焉。」〔註15〕但所謂「刺用兵也」，並不屬實，實際上詩中宣揚的是一種與國王同仇敵愾的思想，這不只是從文本中讀出來的，我們可以結合《春秋左傳》記載，來瞭解一些具體的歷史背景。《春秋左傳·定公四年》記載了秦哀公應楚臣申包胥之請，出兵救楚拒吳而賦此詩的情況：「初，伍員與申包胥友。其亡也，謂申包胥曰：『我必復楚國。』申包胥曰：『勉之！子能復之，我必能興之。』及昭王在隨，申包胥如秦乞師。曰：『吳為封豕長蛇，薦食上國，虐始於楚。寡君失守社稷，越在草莽，使下臣告急。』曰：『夷德無厭，若鄰於君，疆場之患也。逮吳之未定，君其取分焉。若楚之遂亡，君之土也。若以君靈撫之，世以事君。』秦伯使辭焉，曰：『寡人聞命矣。子姑就館，將圖而告。』對曰：『寡君越在草莽，未獲所伏，下臣何敢即安？』立，依於庭牆而哭，日夜不絕聲，勺飲不入口，七日。秦哀公為之賦《無衣》。九頓首而坐。秦師乃出。」〔註16〕此詩今天讀來，那「與子同袍」的慷慨誓言和為朋友不惜兩肋插刀、生死與共的英雄氣息還清晰地躍然在紙，呼之欲出。

　　《黃鳥》文本則是真實地記錄了一個人殉故事，正如「小序」所說的那樣：「哀三良也。國人刺穆公以人從死，而作是詩也。」〔註17〕據《春秋左傳·文公六年》記載：「秦伯任好卒，以子車氏之三子奄息、仲行、鍼虎為殉，皆秦之良也。國人哀之，為之賦《黃鳥》。」而據《史記·秦本紀》記載：「穆公卒，葬雍，從死者百七十七人。秦之良臣子輿氏三人，名曰奄息、仲行、鍼虎，亦在從死之中。秦人哀之，為作歌《黃鳥》之詩。」人殉制度在先秦

〔註15〕〔清〕阮元校刻，十三經注疏〔M〕，北京：中華書局，1980：374。
〔註16〕〔清〕阮元校刻，十三經注疏〔M〕，北京：中華書局，1980：2137。
〔註17〕〔清〕阮元校刻，十三經注疏〔M〕，北京：中華書局，1980：273。

時代普遍存在，這種輕易地就將活人作爲殉葬品活埋的習俗，和秦始皇統一天下之後的焚書坑儒行爲之間存在著非常密切的聯繫。古代帝王的貪婪欲望被「成者王侯敗者寇」的弱肉強食邏輯演繹得心安理得而又淋漓盡致，一旦成功征服世界，就成爲「普天之下莫非王土、率土之濱莫非王臣」的爲所欲爲之霸主，臣民對於他們來說，就像自己的財產和家畜一樣，可以隨意處置，因此，一旦身死，就要拉活人來殉葬，爲了鉗民間的議論和誹謗之口，就可以焚書坑儒。直到後來的「罷黜百家獨尊儒術」，後來的「文字獄」，都是如此。《黃鳥》文本用詩人的哀傷情懷爲歷史的演進標記出久遠的徵兆，那徵兆就呈現在詩歌文本中，彷彿在說：後世故事，肇始於此，綿延不絕，立詩爲證。詩歌文本，在有意無意之間，產生的這種神諭效應，是詩性智慧的本質屬性。

《雅》是周王朝命運的讖語，主要反映在對於圖騰祖先的追溯上。神話思維和圖騰思維正好分別位於繹理維極和象表維極這兩個極端意向上，因此，眞正的英雄歷險是需要超越圖騰意識的。《大雅·生民》是《詩經》文本中最具有古希臘神話色彩的篇章，但讀起來總有一點異樣感，后稷作爲英雄始祖，其歷險征途僅僅局限於從出生到呼吸這段及其短暫的時光，之後的工作都是原生態的就地取材，再也沒有經歷過任何的陷阱和磨難，也極不可能有贏得寶物回歸的過程。很顯然，這是一個沒有走出原生態農業文明之門檻的象徵符號，它只是經歷了類似植物移植這樣的一次在境激活，而沒有更加超越的遠行和歷險，沒有嘗試尋求一種異域文化衝擊的渴望和實踐，最終導致了封閉自足的小農經濟的生產模式的形成。

從《小雅》首章初句的「呦呦鹿鳴，食野之苹」到《大雅》末章末句的「維今之人，不尙有舊」，整個《雅》篇都沉浸在這種田園牧歌式陶醉、消遣、懷舊、抑鬱的氛圍中，沉湎於「日出而作，日落而息」的原生態情緒裏，不肯主動邁出向次生態文明進軍的腳步，從而導致了周王朝最終沉淪在從分封建制到諸侯割據、稱霸一方、各自爲政、自封爲王的初始亂象中，走了一圈又回到了起點。

《頌》的神諭意義更加長遠，它構成了整個中華民族歷史週期律的讖語。關鍵就在於，它將一個朝代存亡的邏輯預設安置在與普通動植物相同的競爭規則上：種族視野。這種種族視野對於自己的族類及其祖先與那些非我族類者持有不同的態度，就像日本靖國神社所供奉的甲級戰犯那樣，不管他們在

戰爭中犯下何等慘絕人寰的罪行，都被本民族當做英雄來崇拜。這一點，只要我們翻開《周頌》、《魯頌》、《商頌》中的任意一篇，都能讀出為自己的祖先歌功頌德的信息來。或者也可以說，「頌」這個字本身就已經揭示出這些文本的內容基本意向性了。即便到了今天，可能仍有很多人覺得很正常，屬於人之常情。但早在兩千多年前古希臘的柏拉圖，就已經提出「哲學王」的概念了。哲學王是超越種族界限的一種智慧之王，它不同於世襲王和戰勝王。

而普遍存在於《頌》中的這種種族視野，也正是導致中國歷史週期律的根源：所有的開國之君都欲望著基業永保，血脈相續，但所有的「非我族類」者們也都覬覦著那個位置，在暗自盤算著「皇帝輪流做、明年到我家」的同時，也在不斷地積蓄著爆發的能量，一旦遭遇天災人禍、有機可乘的時候到來，就可以高喊「王侯將相寧有種乎」的口號，帶領那些同仇敵愾的民眾揭竿而起，於是革命由此發生，歷史又重新開始，站在一治一亂的起點處——準備循環。

結　語

　　對於利用圖式療法來治療精神疾病的心理醫生來說，耦合圖式是開放的
健康圖式，也就是和「適應不良圖式」相對立的「適應良好圖式」。〔註1〕「適
應良好圖式」的一個最大特點就是：作爲一個生命個體，它是一個基於物質、
能量和信息不斷耗散和開放著的耦合系統，而不是自給自足的封閉的孤立結
構。

　　心理醫生們所謂的「早期適應不良圖式」，是指那些生命個體在兒童期遭
遇的各種損傷和挫敗而形成的圖式記憶——也就是弗洛伊德意義上的個體潛
意識。那麼何爲「適應不良」呢？每一個生命個體都需要面對各種各樣的環
境，概括起來就是兩大類：順境和逆境。順境和逆境構成主體之於環境的兩
個極端意向性，都是與主體適應的具體情況耦合在一起的。對於一個具體情
境中的主體來說，任何無限誇大兩個極端狀況的適應，都屬於「適應不良圖
式」。過度誇大順境，會形成過度的情感依賴和行爲無能；過度誇大逆境，會
形成過度的挫敗定勢和懦弱性格。如果一個主體能夠從順境中看到危機，從
逆境中發現機遇，那麼，一個「正反合」的耦合圖式就形成了，這就是所謂
的「適應良好圖式」。

　　一個社會文化形態，固然也存在著對於環境的適應性問題，當然也就存
在著適應不良和適應良好的區別。過於單一的維極滯留，是適應不良圖式的
典型特徵。也就是說，凡是不能夠進行充分「正反合」的民族文化——也就

〔註1〕 參見：〔美〕傑弗里・E・楊、珍妮特・S・克洛斯科、馬喬里・E・韋夏，圖
　　　　 式治療：實踐指南〔M〕，崔麗霞等譯，北京：世界圖書出版社，2010：5～
　　　　 40。

是因地域上的封閉而沒有進行過強烈衝突和系統融合的文化，都因維度缺失而形成適應不良圖式——也就是榮格意義上的民族集體無意識。由於某個集群內的所有生命個體都面對著共同的地域時空、自然環境以及社會風俗，要求每一個生命個體去進行耦合適應，因此就形成相應的集團式的早期適應不良圖式。

古代的詩歌文本，因其所賴以生成的文化背景不同，本身自然也會存在著維度缺失的問題。但對於鑒賞者來說，藝術文本只是提供了一面鏡子，從它那裡映現出來的不只是作者的意圖，還有讀者的欲望，也就是讀者的適應圖式。讀者的適應圖式如何，直接關係到藝術鑒賞的層次和深度。

當讀者的耦合圖式建構起來之後，適應不良的藝術文本會得到一定程度的維度還原和恢復。當我們不分地域上的東西南北而把所有民族的人類祖先全部看做是自己的祖先，把所有的人類文明史以來的智慧成果全部看做是智慧的結晶繼承下來的時候，一個維度豐盈而又開放健康的耦合圖式就形成了。用這樣的耦合圖式來針對任何藝術文本所進行的鑒賞，就形成耦合解碼。

通過系統的耦合解碼，我們發現，家國意識是整個《詩經》文本的核心觀念和價值取向。植物以大地為家，寄生蟲以宿主為家，動物以固定的水域或者陸地為家，人則以封閉的空間區域（洞穴和房屋）為家。「家」的本質屬性，就是一塊封閉的領地，這就是「家國」。領地意識及其行為，是導致古今一切戰爭的根源，是從動植物世界中繼承而來的本能。

《詩經》文本中所呈現出來的「家國」意識是非常清晰的，這實際上就是蘊藏在詩歌文本中最低維度的「志」。從詩性智慧揭示人類意識的各種盲區的角度看，《詩經》文本呈現出來的家天下思維模式，就是在系統地展現這種盲區，這個盲區是過度滯留於「境模」時空的遮蔽效應所導致的。

《關雎》被安排在《詩經》文本的第一篇，肯定是經過詩歌文本的編輯者細心考慮過的，因為它將家國思想渲染得淋漓盡致。文本的首章就用水鳥「雎鳩」賴以生存的水中陸地這個家園——「洲」，用以隱喻人類與一切動植物的生存繁衍所必須依靠的領地。正是這種領地意識，提綱挈領，貫穿著整個《詩經》文本。所有的謳歌讚美、慨歎哀愁、勸諫諷喻等等，全部圍繞著這個「家」中心展開。

家國意識中所養熟的文化，就是家天下的家族倫理和宗法制度。家族倫理和宗法制度是維護家長制的兩件法寶，前者側重於對「中程者」進行賞賜，

後者側重於對「不中程者」進行懲罰，這就是中國文化中儒家和法家並行的邏輯根源。

一個小小的水中陸地——洲，是水鳥賴以棲居的天然家園。人類文明的家園也和這種水中陸地擁有著密切的關係，那是因爲構成我們生命形態的主要成分就是「水」，而進化的步伐又驅使著我們從海洋中走出來與水生動物家族說再見，這也就是人類的四大原生態文明都源於內陸江河的關鍵，它們包括：尼羅河、恒河、底格里斯河與幼發拉底河、黃河與長江。

水中陸地，對於人類來說也就是內陸河的沖積平原，構成農業文明的搖籃，是人類初民時代以來安置的第一個文明之家。周民族的祖先以黃河的分支——姜水爲發源地（現具體位置有爭議，一說是寶雞市渭濱區的清姜河，一說是寶雞市岐山縣的岐水。不過二者都在寶雞市境內，爲炎帝故里。）此後，沿著黃河一路向東遷徙進發，依靠農耕文明不斷發展壯大，最終經過克商伐紂，奪取天下。因此，那個作爲水中陸地的「洲」，象徵意義非同凡響，它不只是雎鳩鳥的家園，更是周氏族的農業文明賴以發源的起點。

成功奪取政權之後，周氏族就擁有了「天下」之家，於是：「溥天之下，莫非王土；率土之濱，莫非王臣。」（《小雅・北山》）面臨著這麼大的一個家園，如何管理和統治就成了一個問題。但也不是什麼難題，按照本能的思維定勢，就是分封制：將所有的領地分封給兄弟子孫以及功臣們，然後施行家族式管理。

分封制的主導思想就是家天下，家天下的主導思想就是領地意識，領地意識的主導思想就是「畫地爲牢」。植物的本能就是牢牢吸附在大地上，農業文明受到植物生存方式的啓發，把「腳踏實地」看作是安身立命的根本，這就是物實維極的邏輯預設。

周氏族的祖先被追溯到一個名爲「姜原」的女子那裡，但實際上，「姜原」（「嫄」字是後起的）這個符號中所蘊含著的意義，絕不僅僅指稱一個女人。首先，「姜」是一個氏族名稱，「女」字底反應出母系氏族的信息，最初與「羌族」（也可能就是羌族分化出來的一支）同屬於游牧部落；其次，「原」就是內陸江河的衝擊平原，也就是農業文明所賴以發源的肥沃土地。

周氏族最直接的男性始祖被追溯到「后稷」，這也是一個擁有多維意向性的象徵符號。它既可以意指一個人、一個祖先、一個氏族部落、一個官職、一種穀物、穀物的種子、穀物之神靈、農業神等等，總之，它是農業文明的

靈魂。

因此，姜原和后稷，就構成了土地與植物相互耦合的象徵符號，物實維極上的「家」由此而誕生。其中蘊含著植物依賴土地的根脈意識和價值取向，就將人們的思維方式牢牢地束縛在「大地母神」的原型意象上。

可以說，整個《詩經》文本幾乎就是圍繞著「家」這個核心意向性展開的。那些「草木鳥獸蟲魚」，全部是大地上出產的物品，為人類提供可資利用的物質實體；那些牽腸掛肚的兒女情長，全部都是力比多與荷爾蒙的本能驅使；那些丈夫和妻子們的思念，那些子女對父母以及兄弟姐妹們的情感，那些關於婚姻嫁娶的習俗倫理等等，都是圍繞著「家」形成的。

正是這種圍繞著「家」的價值觀念，埋下了戰亂與稱霸的種子。周天子想依據「家天下」來做家長，被分封的諸侯國則想依據「家邦」來稱霸一方。不管大家還是小家，都是一個封閉的領地，每一個家，就是一個劃分出來的院落，每一個家都擁有一個家長，每一個家長都想擁有更多的領地。於是，西周初年的分封制，逐漸演變成了春秋時期的五侯稱霸，戰國時代的七雄割據，最後則是分崩離析，被秦帝國所一一瓦解而覆滅。

非常具有戲劇性意義的是，戰國七雄的最後決戰發生在齊國和秦國之間。而這兩個諸侯國，都不是周天子的直系血親。二者曾經分別自封為「帝」，都有一匡天下而獨自稱霸的野心。由此看來，那個作為生存領地的「家天下」，真的具有一種本能而強大的誘惑力，人人都想擁有，個個都在覬覦，看到眼紅心跳處，誰都要在心底裏發出類似於當年項羽面對秦始皇出遊的壯觀情境時的暗自低語：「彼將取而代之」。

戰亂的始作俑者是「家天下」的觀念支配下所形成的分封制，而各個諸侯國紛紛滅亡，最終統一天下的秦帝國也二世而亡，同樣是「家天下」的觀念在作祟。中國歷史上「分久必合、合久必分」的歷史週期律，其罪魁禍首就是「家天下」的價值取向和思維方式。

「家天下」的觀念，將「成王敗寇」的動物規則演繹得淋漓盡致。那些生命形態們，像植物與細菌一樣佔據領地而生存繁衍，互相爭奪與廝殺，目的就是為了不斷拓展自己的生存空間。這就是人類戰爭的最本質根源。

詩歌文本蘊含著的詩性智慧，就像神諭一般，也像讖語一般，需要將時空拓展開來進行驗證和揭示謎底。因此，正是在這個意義上說，詩歌文本不是一個人寫就的，也不是一個時代產物，而是需要眾多的參與者共同完成，

最終將詩性智慧呈現出來，彰顯出來。詩歌文本只是以一個謎面的形式呈現出來的謎語，或者是一個神諭，或者是占卜的一個貞兆，等待歷史的驗證和闡釋。《詩經》文本超越作者的思維閾限，向我們展示著一種非常自信的盲區效應：家天下觀念。正是這種物實維極高度滯留所形成的「家天下」思維定勢，將中華民族帶上了無法掙脫的歷史週期律上來，無法自拔。「家天下」觀念，也就是「私天下」觀念，和「天下為公」的觀念正好相反。在「家天下」觀念的邏輯預設之下，國法就是家法或者宗法，道德就是家庭倫理，君臣關係等同於父子關係。這裡沒有真理和正義的土壤，只有等級秩序和實用利益。

參考文獻

1. 蔡錚雲，從現象學到後現代〔M〕，北京：商務印書館，2012：140。

2. 〔法〕雅克・德里達，論文字學〔M〕，汪堂家譯，上海：上海譯文出版社，2005：13～15，16，25，49。

3. 〔美〕約瑟夫・坎貝爾 Joseph Campbell，千面英雄〔M〕，朱侃如譯，北京：金城出版社，2012：1，11～13，21，52～55，165。

4. 趙毅衡，符號學文學論文集〔C〕，天津：百花文藝出版社，2004：9～12，175～183，283，291，292，318，323，324，362，529。

5. 洪湛侯，詩經學史〔M〕，北京：中華書局，2002：156～177，275。

6. 夏傳才，二十世紀詩經學〔M〕，北京：學苑出版社，2005：49，53，58，64～65，75，85，86，105，114～118。

7. 胡適，中國哲學史大綱〔M〕，北京：東方出版社，1996：16。

8. 葉舒憲，詩經的文化闡釋〔M〕，西安：陝西人民出版社，2005：2，359～365，407。

9. 聞一多，聞一多全集第四卷〔C〕，上海：三聯書店，1982，5～7。

10. 聞一多，神話與詩〔M〕，長沙：湖南人民出版社，2010：158～161，162，163，279，288。

11. 王浩，論孟子引詩的特點及成因〔J〕，寧夏師範學院學報 2007（9）：11～15。

12. 郝明朝，《荀子》引《詩》說〔J〕，聊城大學學報（哲學社會科學版），2002（4）：84～89。

13. 葉文舉，《墨子》《莊子》《韓非子》說詩、引詩之衡鑒〔J〕，安徽師範大學學報（人文社會科學版），2004（1）：88～92。

14. 梁啓超，中國近三百年學術史〔M〕，北京：東方出版社，1996：209。

15. 〔德〕馬丁·海德格爾,路標〔M〕,孫周興譯,北京:商務印書館,2000:366。

16. 馬克思恩格斯選集第 21 卷〔M〕,北京:人民出版社,1965:315。

17. 〔英〕保羅戴維斯,上帝與新物理學〔M〕,徐培譯,長沙:湖南科學技術出版社,2007:111。

18. 〔美〕約翰·塞爾,心靈、語言和社會〔M〕,李步樓譯,上海:上海譯文出版社,2006:37,67。

19. 涂記亮、陳波,蒯因著作集第四卷〔C〕,北京:中國人民大學出版社,2007:463。

20. 譚戒甫,新編諸子集成:墨辯發微〔M〕,北京:中華書局,1964:166,168。

21. 〔德〕黑格爾,邏輯學〔M〕,楊一之譯,北京:商務印書館,1966:71。

22. 〔德〕康德,純粹理性批判〔M〕,藍公武譯,北京:商務印書館,1960:330～367,145。

23. 〔美〕托馬斯·庫恩,科學革命的結構〔M〕,金吾倫、胡新和譯,北京:北京大學出版社,2012:1～200。

24. 〔瑞士〕皮亞傑,結構主義〔M〕,倪連生、王琳譯,上海:商務印書館,1984:77。

25. 〔美〕愛德華·奧斯本·威爾遜,新的綜合—社會生物學〔M〕,陽河清編譯,成都:四川人民出版社,1985:58。

26. 李學英,信息接受論〔M〕,武漢:湖北教育出版社,1994:163～170。

27. 陳鼓應,老子注釋及評介〔M〕,北京:中華書局出版社,1984:163,148,223。

28. 〔英〕保羅·戴維斯,上帝與新物理學〔M〕,徐培譯,長沙:湖南科學技術出版社,2007:150。

29. 〔比利時〕普里戈金從存在到演化〔M〕,曾慶宏、嚴士健、馬本堃、沈小峰譯,北京:北京大學出版社,2007,50。

30. 〔奧〕弗洛伊德,精神分析引論新編〔M〕,高覺敷譯,北京:商務印書館,2004:44～60。

31. 〔德〕海德格爾,路標〔M〕,孫周興譯,北京:商務印書館,2000:80,90,366,418～419。

32. 〔意〕維柯,新科學〔M〕,朱光潛譯,北京:商務印書館,1989,197～198,229,235～236,236～238。

33. 〔德〕漢斯—格奧爾格·伽達默爾,哲學闡釋學〔M〕,夏鎮平、宋建平譯,上海:上海譯文出版社,2004:61,63～65。

34. 〔法〕米歇爾‧福柯,詞與物〔M〕,莫偉民譯,上海:上海三聯書店,2001:8,14,29,47~49,103~104,108~111,123~127,142,172。

35. 〔法〕莫里斯‧梅洛-龐蒂,知覺現象學〔M〕,姜志輝譯,商務印書館,2003:8,181。

36. 羅根澤,說諸子〔M〕,上海:上海古籍出版社,2001:201。

37. 〔奧〕埃爾溫‧薛定諤,生命是什麼〔M〕,羅來鷗、羅遼復譯,長沙:湖南科學技術出版社,2011:128~129。

38. 〔奧〕馬赫,感覺的分析〔M〕,洪謙、唐鉞、梁志學譯,北京:商務印書館,1997:7,77。

39. 李宜燮、常耀信,美國文學作品選〔C〕,天津:南開大學出版社,1991:283~297。

40. 〔法〕茨維坦‧托多羅夫,象徵理論〔M〕,王國卿譯,北京:商務印書館,2005:264~265。

41. 〔美〕N‧維納,控制論〔M〕,郝季仁譯,北京:科學出版社,2009:102。

42. 〔奧〕維特根斯坦,哲學研究〔M〕,李步樓譯,北京:商務印書館,2005:48。

43. 〔美〕維納,人有人的用處——控制論與社會〔M〕,陳步譯,北京:北京大學出版社,2010:13,79。

44. Francis Crick,驚人的假說——靈魂的科學探索〔M〕,汪雲九、齊翔林等譯,長沙:湖南科學出版社,2001。

45. 姜堪政、袁心洲,生物電磁波揭密——場導發現〔M〕,北京:中國醫藥科技出版社,2008:1~229。

46. 〔美〕布魯斯‧H‧利普頓,信念的力量〔M〕,喻華譯,中國城市出版社,2012:34~61,100,111~114,124~125。

47. 〔英〕道金斯,自私的基因〔M〕,盧允中、張岱雲譯,科學出版社,1981。

48. 〔瑞士〕卡爾‧古斯塔夫‧榮格,榮格文集第五卷:原型與集體無意識〔M〕,徐德林譯,北京:國際文化出版公司,2011:6~7,17。

49. 〔英〕羅素,心的分析〔M〕,賈可春譯,北京:商務印書館,2010:172。

50. 〔美〕本傑明‧李‧沃爾夫論語言、思維和現實——沃爾夫文集〔M〕,高一虹等譯,長沙:湖南教育出版社,2001:265。

51. 〔瑞士〕費爾迪南‧德‧索緒爾,普通語言學教程〔M〕,高名凱譯,北京:商務印書館,1980:101。

52. 王琯,公孫龍子懸解〔M〕,北京:中華書局,1992:42。

53. 譚戒甫,公孫龍形名發微〔M〕,北京:中華書局,1963:146。

54. 朱炳祥，中國詩歌發生史〔M〕，武漢：武漢出版社，2000：47，80～81。

55. 丁峻、陳巍，具身認知之根：從鏡像神經元到具身模仿論〔J〕，華中師範大學學報（人文社會科學版），2009（第48卷第1期）：132～136。

56. 〔美〕詹姆斯·卡拉特，生物心理學〔M〕，蘇彥捷等譯，北京：人民郵電出版社，2012：253。

57. 〔德〕馬丁·海德格爾，存在與時間〔M〕，陳嘉映、王慶節譯，北京：三聯出版社，2006：32～45。

58. 李恒威、盛曉明，認知的具身化〔J〕，科學學研究，2006（4）：184～190。

59. 龐玉厚、劉世生，認知詩學與生態詩學〔J〕，外國語文，2009（02）：18。

60. 〔瑞士〕卡爾·古斯塔夫·榮格，榮格文集第九卷：象徵生活〔M〕，儲昭華 王世鵬譯，北京：國際文化出版公司，2011：17。

61. 吳世雄、際玉華，原型語義學：從家族相似性到理想化認知模式〔J〕，廈門大學學報（哲學社會科學版）2004（2）：57～63。

62. 〔法〕羅蘭·巴特，S／Z〔M〕，屠友祥譯，上海：上海人民出版社，2000：62。

63. 〔德〕馬丁·海德格爾，面向思的事情〔M〕，陳小文、孫周興譯，北京：商務印書館，1996：1～29。

64. 〔德〕格羅塞，藝術的起源〔M〕，蔡慕暉譯，北京：商務印書館，1984：26。

65. 朱自清，詩言志辨〔M〕，長沙：嶽麓書社出版，2011：7。

66. 〔古希臘〕亞里士多德，詩學〔M〕，陳中梅譯，北京：商務印書館出版，1996：47，170。

67. 〔古希臘〕柏拉圖，理想國〔M〕，郭斌和、張竹明譯，商務印書館，1986：407。

68. 〔奧〕弗洛伊德，釋夢〔M〕，孫名之譯，北京：商務印書館，1996：115，648。

69. 馬元龍，雅克·拉康：語言維度中的精神分析〔M〕，北京：東方出版社2006：103，145，161～162。

70. 〔德〕叔本華，作爲意志和表象的世界〔M〕，石沖白譯，北京：商務印書館，1982：71，74，55，57，96～98，124，166～167，190～191，258～259，393。

71. 〔德〕埃利希·諾依曼，大母神：原型分析〔M〕，李以洪譯，北京：東方出版社，1998：3。

72. 〔法〕馬塞爾·莫斯、昂利·於貝爾合，巫術的一般理論：獻祭的性質與功能〔M〕，楊渝東、梁永佳、趙丙祥譯，桂林：廣西師範大學出版社，

2007：20～21，30。

73. 錢大昕，十駕齋養新錄卷一〔C〕，北京：商務印書館 1937：17。

74. 趙沛霖，興的起源——歷史積澱與詩〔M〕，北京：中國社會科學出版社，1987。

75. 葉舒憲，原型與跨文化闡釋〔C〕，廣州：暨南大學出版社，2002：234～247。

76. 〔美〕Christopher Vogler，作家之旅：源自神話的寫作要義〔M〕，王翀譯，北京：電子工業出版社 2011：3，27。

77. 〔清〕阮元校刻，十三經注疏〔M〕，北京：中華書局，1980：2287。

78. 龐玉厚、劉世生，認知詩學與生態詩學〔J〕，外國語文，2009（02）：17。

79. 〔法〕列維－布留爾，原始思維〔M〕，丁由譯，北京：商務印書館，1981：104。

80. 〔德〕馬丁·海德格爾，在通向語言的途中〔M〕，孫周興譯，北京：商務印書館，2005：13，152。

81. 〔法〕列維－斯特勞斯，野性的思維〔M〕，李幼蒸譯，北京：商務印書館，1997：7。

82. 吳思敬，心理詩學〔M〕，北京：首都師範大學出版社，1996。

83. 溫長路，《詩經》中的藥物與治療學思想〔J〕，江蘇中醫藥，1991（07）：38。

84. 曹書傑，后稷傳說與稷祀文化〔M〕，北京：社會科學文獻出版社，2006：183～228。

85. 〔美〕Michael S，Gazzaniga，Richard B，Ivry，George R，Mangun，認知神經科學——關於心智的生物學〔M〕，周曉林、高定國等譯，北京：中國輕工業出版社，2011：51～93，375～382。

86. 〔美〕詹姆斯·卡拉特，生物心理學〔M〕，蘇彥捷等譯，北京：人民郵電出版社，2012：253。

87. 〔英〕魯珀特·謝德瑞克，狗狗知道你要回家——探索不可思議的動物感知能力〔M〕，蔡承志譯，汕頭：汕頭大學出版社，2003：326，358～377。

88. 郭淑雲，致幻藥物與薩滿通神體驗〔J〕，西域研究，2006（3）：71～77。

89. 包剛，植物與巫術〔J〕，大自然探索，2000（4），10～11。

90. 〔法〕莫里斯·古德利爾，禮物之謎〔M〕，王毅譯，上海：上海人民出版社，2007：18～19。

91. 〔清〕阮元校刻，十三經注疏〔M〕，北京：中華書局，1980：79～82，82，160，270，273，347，369，552，2173。

92. 〔德〕埃德蒙德‧胡塞爾，邏輯研究〔M〕，倪梁康譯，上海：上海譯文出版社，2006：152～189。

93. 張俊賓《詩經》重言知多少〔J〕現代語文（語言研究版），2011（05）：49～50。

94. 朱光潛，詩論〔M〕，北京：北京出版社，2005：209。

95. 錢鍾書，管錐編第一冊〔M〕，北京：中華書局，1979：74。

96. 〔蘇〕Д，Е，海通，圖騰崇拜〔M〕，何星亮譯，桂林：廣西師範大學出版社，2004：65，75，104，105，124，201。

97. 〔英〕詹‧喬‧弗雷澤，金枝〔M〕，徐育新、王培基等譯，北京：中國民間文藝出版社，1987：727～729。

98. 趙沛霖，興的起源——歷史積澱與詩〔M〕，北京：中國社會科學出版社，1987。

99. 傅亞庶，中國上古祭祀文化〔M〕，長春：東北師範大學出版社，1999：11～15。

100. 林惠祥，文化人類學〔M〕，北京：商務印書館，1934：233。

101. 〔奧〕弗洛伊德，圖騰與禁忌〔M〕，文良文化譯，北京：中央編譯出版社，2005：121～142。

102. 〔德〕康德，實踐理性批判〔M〕，韓水法譯，北京：商務印書館，1999：177。

103. 〔奧〕弗洛伊德，精神分析引論新編〔M〕，高覺敷譯，北京：商務印書館，2004：44～62，69。

104. 黃漢平，拉康與後現代文化批評〔M〕，北京：中國社會科學出版社，2006：100。

105. 〔美〕菲爾柯西諾 Phil Cousineau，英雄的旅程——與神話學大師坎貝爾對話〔M〕，梁永安譯，北京：金城出版社，2011：19。

106. 蒙梓，中國的感生神話〔J〕，學術研究，1991（06）：90～96。

107. 〔清〕王先謙，荀子集解〔M〕，北京：中華書局，1988：420。

108. 陳子展，詩經直解〔M〕，上海：復旦大學出版社，1983：376。

109. 〔美〕傑弗里‧E‧楊、珍妮特‧S‧克洛斯科、馬喬里‧E‧韋夏，圖式治療：實踐指南〔M〕，崔麗霞等譯，北京：世界圖書出版社，2010：5～40。